ポスト・
コロナショックの
授業づくり

奈須正裕　編著

東洋館
出版社

刊行に当たって

新型コロナウイルスのパンデミックは、わずか数か月で世界の景色を一変させてしまった。我が国の学校も例外ではなく、二〇二〇年三月の全国一斉休校から始まり、過去に経験のない長期での閉鎖を余儀なくされる。その間、全国の先生方は「子どもの学びを止めない」を合言葉に、家庭学習用の教材作成に尽力し、慣れないオンライン学習にも果敢に挑戦してきた。

なんとか学校再開にこぎつけた後も、分散登校への対応や感染症対策に追われる一方、失われた授業時数をどうやってカバーし、予定していた学びを年度内に実現するか、思案に暮れる毎日であろう。さらに、いつまた襲ってくるかもしれない再度の感染拡大に備え、休校中に得た経験や教訓に基づき、様々な準備を進める必要もある。何より、今回のコロナショックを通して多くの教育関係者が気付いたのは、そもそも子どもを自律した能動的な学び手、アクティブ・ラーナーに育て上げることこそが学校が最優先で取り組むべき課題であり、そして抜本的なコロナ対策にもなるということであった。

本書は、これらコロナショックが学校にもたらした数々の課題について理論的・実践的な検討を加え、明日からの授業づくりに具体的に生かせる情報や洞察を、多様な事例とともに提供することを第一の任務としている。検討を要する課題は、次の三つに集約することができるだろう。

・慢性的な時数不足の下でも、子どもたちに質の高い学びを保障するにはどうすればよいか？

・再び休校を余儀なくされても、子どもたちの学びを止めない学校とするにはどうすればよいか？
・いかなる事態が生じてもびくともしないよう、子どもたちをアクティブ・ラーナーに、さらに持続可能な社会の創り手に育て上げるにはどうすればよいか？

これら三つの課題と正対し、実際的な解決を図ることが今、全ての学校に求められているわけだが、懸命に思索し、果敢に挑戦すればするほど、その過程で新たな問いが自ずと立ち現れてくるだろう。それは、「そもそも学校での学びはどうあるべきか」ないしは「これからの学校は子どもにとってどのような場所であるべきか」といった、より原理的で長期的な検討を要するものであるにちがいない。これらの問いに対し、今後に備えるべく考察を深めるのが、本書の第二の任務である。

本書の基底に通奏低音のように流れているのは「ピンチをチャンスに変える」あるいは「転んでもただでは起きない」という発想である。繰り返しヨーロッパ全土を襲ったペストの大流行は、一四世紀には、ペストの猛威に為す術もなかった教会の権威を失墜させ、ルネサンス誕生の契機をもたらし、一七世紀には、通っていたケンブリッジ大学の封鎖に伴う故郷での長期休暇という思索の機会を若きニュートンに与え、結果的に物理学の誕生を導いた。このように、昔も今もパンデミックは人類にとって大きな試練ではあるが、常に人類はそれを乗り越えるとともに、その過程において新たな価値を創造し、それ以前とは異なる世界を切り拓いてきた。

教育関係者の多くは勤勉で努力家である反面、概して保守的で変革を嫌う。しかし、現在の状況はおよそ「例年どおり」や無自覚な「普通」を許さない。そのことは、これまでなぜそれを「普通」として繰り返してきたのか、果たしてそれでよかったのか、他の行き方はなかったのか、といった問いを自らに向かってごく自然に発する引き金となり得る。

学校再開から三か月が過ぎ、多くのことが惰性という非実存的な魔力の仕業によりなんらの根拠もないまま元に戻ろうとし始めている今こそ、ぜひ、自らの手でこの引き金を引いてほしい。今このときが、そもそも世界に冠たる水準の学校教育を実現してきた日本の学校と教師にとって、さらなる高みを目指すまたとない好機であると、私たちは確信する。また、そのためにこそ、本書は編まれた。

二〇二〇年四月、小学校において二〇一七年に改訂された学習指導要領が全面実施を迎えたが、前年度の三月からそのまま継続された長期休校の真っ只中にあった全国の小学校に、およそ新たな教育課程の実施という高揚感を認めることはできなかった。新しい学習指導要領に期待を寄せていた人々の中からは「出鼻をくじかれた」と嘆く声も聞かれたが、私も含め今回の改訂に関わった者の多くが、改訂が「なんとか間に合ってよかった」との感慨を抱いていることを、ここに記しておきたい。

子どもたちを「持続可能な社会の創り手」にまで育て上げるべく、資質・能力を基盤とした学力論、各教科等の特質に応じた見方・考え方、教科等横断的な視点でのカリキュラム・マネジメントなどの方策を講じた学習指導要領となっていたことが、コロナショックへの対応において、またポスト・コロナショックにおける授業づくりを構想し実践する上で極めて大きな力になると、私たちは確信する。それが具体的にどういうことなのかについても、本書で丁寧に述べていきたい。

なお、本書は本年六月に刊行された『ポスト・コロナショックの学校で教師が考えておきたいこと』（東洋館出版社）の問題意識やモチーフを継承し、授業づくりやカリキュラムの開発というより限定された問題について、さらに踏み込んだ議論の展開を意図して編纂された。学校と子どもを巡るより広範な問題とその対処については、同書を併せて参照いただければ幸いである。

二〇二〇年八月
奈須正裕

目次

第１章

ポスト・コロナショックの授業づくりにおける三つの問い

奈須正裕／上智大学教授

第一の問い どうすれば、時数不足の下でも子どもに質の高い学びを保障できるか？

1 子どもたちは学びたがっている

教師と子どもにとっての幸いなる時間

二〇二〇年三月からの長期休校ではっきりしたのは、子どもたちは学校で学びたいと願っているということである。何が大切かは失ってみてはじめて分かるとよく言われるが、「勉強なんて」と言っていた子たちも含め、学校が再開され久々に登校した子どもたちの口をついて出てきたのは「学校で勉強がしたかった」「先生やみんなとする授業は楽しい」という言葉だった。「友達に会えるのと給食がおいしいから、子どもたちは学校に来ている」などと揶揄されることもあったが、子どもたちは友達や給食と並んで授業が楽しみであり、少なからず期待してもいたのである。

ならば、この健気な気持ちに応えるべく、とびきり楽しい、そして学びがいのある授業を提供するのが学校と教師の任務であろう。実際、先生たちもそう思ったにちがいない。子どもたちと一緒に授業で深みのある経験をすることが、教師にとって何よりの喜びだからである。懸命に教えたことが奏功して子どもたちが分かる、できるようになることはもちろん、逆に子どもの豊かな発想にこちらがハッとさせられ、ことの本質に気付かされることもしばしばである。

そんな学びの世界に心ゆくまで浸りたい。いくらディストピア的な空気が世の中に蔓延しようとも、子どもたちと共に一旦教室に入ってしまえば、そこに学びと育ちのユートピアを現出させることは十分に可能である。しかも、そこでの経験が、将来子どもたちが主体となって世界の人々と手を携え、輝かしい未来を切り拓いていくのを力強く支える。これまでもそうであったはずだが、コロナショックを経て、このような学校の役割に対する社会の期待は、今後一層、高まってくるだろう。

思えば、あなたもそのために教師になったのではなかったか。パンデミックで世界が不調に陥っている今こそ、教師としての本懐を遂げるべきときである。改めて初心に返り、覚悟を決め、希望に胸膨らませて子どもたちの待つ学校へと向かいたい。

不安という魔物

しかし、残念ながら多くの学校で事態はそのようには展開しなかった。なぜなら、教師たちの熱い視線がもっぱら、新たな気持ちで学びを切望している目の前の子どもにではなく、年度内に終わらせなければならないのにただの一ページも進んでいない教科書や、失われた休校期間分のスケジュールを先送りして超過密になっている年間指導計画の表へと向けられていたからである。

かくして、授業を少しでも速く進めること、教科書を一ページでも多く終わらせることが優先されがちになった。中には、子どもと授業を楽しむどころか、懸命な思考から生まれる多様で個性的な子どもの語りに耳を傾ける余裕すらもてない日々を送っている教師もいる。

もっとも、現実はさらに複雑であった。子どもたちの心と身体が長期休校から復調し、以前のように生き生きと学べるようになるには、相応の時間が必要だったのである。そしてそこはやはり教師、敏感に反応し、決して無理はさせない。子どもたちの様子を丁寧に見取り、やさしく寄り添いながら、徐々に調子を整えていった。しかしそのことが、いよいよ進まない教科書との板挟みの中で、教師の気持ちを追い詰めていく。

これらは全て、煎じ詰めれば**授業時数を巡る問題**へと帰着する。長期休校によって膨大な時数が失われ、さらに再度の感染拡大がいつなんどき起きるかもしれない。慢性的な時数不足への不安は、今年度の授業とカリキュラムを巡る最も基底的で深刻な問題の一つと言えよう。

この不安を解消しない限り、教師は落ち着いて授業づくりに取り組めない。そしてそれでは、最も大切な目の前の子どもたちへと意識を向かわせることができないのである。

不安は心の自由を奪う魔物である。その魔の手から逃れるには、正体を見極めることが不可欠であろう。存外、時数不足という魔物も「正体見たり枯れ尾花」なのかもしれない。

そこでまず、改めて授業時数と教科書の位置付けを確認する。その上で、資質・能力を基盤とした学力論に立つ二〇一七年版学習指導要領の趣旨に即して、時数不足にあえぐ今年度の授業をどのように展開していけばよいか、二つの原理とそれに基づく具体的方策を挙げながら整理していきたい。

2　改めて授業時数と教科書の位置付けを確認する

標準授業時数とは何か

我が国では授業時数を巡る問題は全て、「標準授業時数」に基づいて議論する必要がある。ここで

表1　2017（平成29）年版小学校学習指導要領の標準授業時数

区分		第1学年	第2学年	第3学年	第4学年	第5学年	第6学年
各教科の授業時数	国語	306	315	245	245	175	175
	社会			70	90	100	105
	算数	136	175	175	175	175	175
	理科			90	105	105	105
	生活	102	105				
	音楽	68	70	60	60	50	50
	図画工作	68	70	60	60	50	50
	家庭					60	55
	体育	102	105	105	105	90	90
	外国語					70	70
道徳の授業時数		34	35	35	35	35	35
外国語活動の授業時数				35	35		
総合的な学習の時間の授業時数				70	70	70	70
特別活動の授業時数		34	35	35	35	35	35
総授業時数		850	910	980	1015	1015	1015

は小学校を例に述べていくが、標準授業時数とは、学校教育法施行規則第五一条の別表第一で定められた授業時数を、学校における教育課程編成の際の「標準」とするという考え方である（表1）。「標準」とは何を意味するのか。また、この表の数値は日々の教育実践にどのような影響を与えるのか。

「標準」という言葉には、歴史的な経緯が関係している。学習指導要領が「試案」と称され、法的拘束力をもたなかった一九四七年版、一九五一年版では、指導に弾力性をもたせる観点から、年間総授業時数及び各教科の授業時数について、教科や学年によっては「何時間～何時間」あるいは「何％～何％」と表記されることもあった（表2、表3）。なんとも自由度の高い示し方に驚かれると思うが、イギリスをはじめ現在でも教科等ごとの時数を国が細かく規定していない事例は存在する。

学習指導要領が法的拘束力をもつことになった一九五八年版では、授業時数を学校教育法施行規則の別表で定めることとし、各学年における各教科等の年間の授業時数及び各学年の年間の授業時数が「最低授

表2　1947（昭和22）年版小学校学習指導要領（試案）における授業時数

教科＼学年	1	2	3	4	5	6
国語	175(5)	210(6)	210(6)	245(7)	210-245 (6-7)	210-280 (6-8)
社会	140(4)	140(4)	175(5)	175(5)	175-210 (5-6)	175-210 (5-6)
算数	105(3)	140(4)	140(4)	140-175 (4-5)	140-175 (4-5)	140-175 (4-5)
理科	70(2)	70(2)	70(2)	105(3)	105-140 (3-4)	105-140 (3-4)
音楽	70(2)	70(2)	70(2)	70-105 (2-3)	70-105 (2-3)	70-105 (2-3)
図画工作	105(3)	105(3)	105(3)	70-105 (2-3)	70(2)	70(2)
家庭					105(3)	105(3)
体育	105(3)	105(3)	105(3)	105(3)	105(3)	105(3)
自由研究				70-140 (2-4)	70-140 (2-4)	70-140 (2-4)
総時間	770(22)	840(24)	875(25)	980-1050 (28-30)	1050-1190 (30-34)	1050-1190 (30-34)

業時数」として示された。しかし、この硬すぎる規定は様々な問題や議論を引き起こす。

まず、非常災害や伝染病等が年度末に発生するなど、やむを得ない事情がある場合には最低授業時数を下回ることが許容されていたが、逆に言えばよほどのことがない限りこの時数を確保することが求められていたわけで、これが各学校に相当な努力と緊張感を強いることになった。また、教育の成果は時間数のみならず、教師の指導力や指導方法から大きな影響を受ける。関係者の意識を量的な側面にのみ向かわせがちな最低時数を示すことは、教育の本質や学校の実態からみて必ずしも適切ではないとの批判がなされた。さらに、子どもたちの能力や適性等の伸長を図り、地域や学校の実態に即応した教育を行うには、各学校において適切な授業時数を定めることが必要であるとの指摘もあった。

これらを受け、一九六八年版学習指導要領では、年間授業時数を「最低」から「標準」へと改めた。その後も「標準」が何を意味するか、また上回る場合や下回る場合の許容範囲とその根拠を巡り様々な議論がなされ、いくらかの変化もあったが、現在は以下のようなところに落ち着いて

表３　1951（昭和26）年版小学校学習指導要領（試案）における授業時数

学年 / 教科	１　２	３　４	５　６
国語 算数	45%〜40%	45%〜40%	40%〜35%
社会 理科	20%〜30%	25%〜35%	25%〜35%
音楽 図画工作	20%〜15%	20%〜15%	25%〜20%
家庭	／	／	
体育	15%	10%	10%
計	100%	100%	100%

備考

(a) この表は教科の指導に必要な時間の比率だけを示しているが，学校はここに掲げられた教科以外に教育的に有効な活動を行う時間を設けることがのぞましい。

(b) 教科と教科以外の活動を指導するに必要な一年間の総時数は，基準として次のように定められる。

第１学年および第２学年　　870時間
第３学年および第４学年　　970時間
第５学年および第６学年　　1,050時間

いる。

すなわち、別表第一に定める授業時数が「標準授業時数」と規定されているのは、①指導に必要な時間を実質的に確保するという考え方を踏まえ、各学校においては、地域の状況や子どもたちの実態を十分に考慮して、子どもの負担過重にならない限度で別表第一に定めている授業時数を上回って教育課程を編成し、実際に上回った授業時数で指導することが可能であること、②別表第一に定めている授業時数を踏まえて教育課程を編成したものの、災害や流行性疾患による学級閉鎖等の不測の事態により当該授業時数を下回った場合、その確保に努力することは当然ではあるが、下回ったことのみをもって学校教育法施行規則第五一条及び別表第一に反するものとはしないといった趣旨を制度上明確にしたものとの理解である。

実際、二〇二〇年五月一五日の「新型コロナウイルス感染症の影響を踏まえた学校教育活動等の実施における『学びの保障』の方向性等について（通知）」においても「新型コロナウイルス感染症対策のための臨時休業により、学校教育法施行規則に定める標準授業時数を踏まえて編成した教育課程の授業時数を下回ったことのみをもって、学校

教育法施行規則に反するものとはされないとされていることも踏まえ、児童生徒や教職員の負担軽減にも配慮すること」（四頁）を明言している。

それどころか、「平成三〇年度公立小・中学校等における教育課程の編成・実施状況調査」では、前年度の二〇一七年度実績で年間の総授業時数の全国平均が、小学校五年生で一〇四〇・二単位時間（標準授業時数は九八〇単位時間）、中学一年生で一〇六一・三単位時間（標準授業時数は一〇一五単位時間）と、多くの公立小・中学校で標準授業時数を超えて授業を実施していたことが明らかとなった。これに対し文部科学省は、二〇一九年三月二九日の「平成三〇年度公立小・中学校等における教育課程の編成・実施状況調査の結果及び平成三一年度以降の教育課程の編成・実施について」において「教師が崇高な使命を持って授業を実施されたことを示すもの」としながらも「各学校の指導体制を整えないまま標準授業時数を大きく上回った授業時数を実施することは教師の負担増加に直結するものであることから、このような教育課程の編成・実施は行うべきではなく、仮に標準授業時数を大きく上回った授業時数を計画している場合には、指導体制の整備状況を踏まえて精査して教師の時間外勤務の増加につながらないようにするなど、教育課程の編成・実施に当たっても学校における働き方改革に十分配慮することが求められる」としているほどである。

というわけで、まずは安心していただきたい。

学校の裁量下にある八週分の余白

前掲の別表第一に示された数値は、授業の一単位時間を四五分とした場合のものである。授業の一単位時間について、かつては小学校学習指導要領の第一章総則に「四五分を常例とし、学校や児童の実態に即して適切に定めるものとする」との規定があった。しかし、一九九八年以降は「各学校において、各教科等の年間授業時数を確保しつつ、児童の発達段階及び各教科等や学習活動の特質を考慮して適切に定めるものとする」としか書かれておらず、授業の一単位時間を四五分とする法令根拠はすでに存在しない。したがって、四〇分授業や六〇分授業を行ってもいいし、それらを適宜組み合わせてもかまわない。ただし、その場合にも四五分×別表第一の数値分の時間量、三年生の社会科を例に取れば、四五×七〇＝三一五〇分を確保することが求められる。

なお、別表第一は、小学校一年生は年間三四週、二年生以上は三五週を想定している。したがって、音楽科で言えば、一年生、二年生ともに週当たり四五分の授業を二単位時間実施するイメージになる。また、特別活動の授業時数は三四ないし三五となっているが、別表第一には、この時数は「小学校学習指導要領で定める学級活動（学校給食に係るものを除く。）に充てるものとする」との規定があり、学校行事を含めた様々な活動についてはこの表の外枠で計画・実施することになる。

それらに必要な時間、さらに自然災害やインフルエンザ等による臨時休業や学級閉鎖等に備えての予備時数も含め、通常、小学校は四三週程度で年間の学校教育計画を立案している。つまり、法令上規定された標準授業時数は三五週分であり、実際に学校が稼働している四三週との間には、学校の裁量により自由に運用できる八週分の余白がある計算になる。

もちろん、細かな時数の規定がないとはいえ、学校行事は学習指導要領に定められた必須の教育活動であり、また祝祭日等、学期中の休日分の授業はどこかで実施する必要があるので、形式的に三五週あれば大丈夫というわけにはいかない。しかし、それにしても八週分、つまり**ほぼ二か月の時間が各学校の裁量下にあるという事実**は、多くの人にとって意外に思えるのではないだろうか。

ちなみに、二〇二〇年度の四月新学期から五月末まで休校していたとして、ちょうど八週が失われたことになる。ほぼ全国の小学校が再開を果たした六月一日から数えて、年度末までに残された週数が、まさに三五週なのである。しかも、今年度は諸般の事情により、やむなく中止となった学校行事や地域行事も少なくないし、水泳指導の実施を見合わせざるを得なかった地域もある。まったくもって残念ではあるが、これらに充てる予定だった時数が結果的に温存されることにはなる。

したがって、すでに検討や実施が進んでいる長期休業期間の短縮や土曜登校等の工夫により、三週から四週程度を回復できれば、ほぼ当初の予定どおりの授業時数が確保できるだろう。少なくとも、標準授業時数を大きく下回るような事態には陥らないはずである。

「主たる教材」としての教科書

ここまでの話を「なるほど」と思いながらも、なおスッキリとはしない人も多いのではないだろうか。きっとそういう人は、標準授業時数や学習指導要領などではなく、教科書を年度内に終えられるかが不安だったにちがいない。それを授業時数の問題と、今の今まで考えていたのだろう。

驚くかもしれないが、基本的に教科書は授業時数の問題とはあまり関係がない。よく知られているように、教科書の位置付けは「**主たる教材**」である。教材である以上、どのような単元構成で用いるかによって、要する時数も大きく変化する。教科書会社は、各教材の背後に特定の単元構成を想定しており、その指導にそれぞれ何時間をかけるのが適当かを提案している。このあたりは教師用指導書の「研究編」等に丁寧な記載があるから、見たことがないという人はこの機会に確認してほしい。

いずれにせよ、そこに示された時数は特定の単元を前提としており、常に最適であるわけでも、最低限それだけ必要なわけでもない。もし、あなたがその教材を多少なりともアレンジして用いたなら、それだけでも要する時数は変わってくるだろう。したがって、仮に教科書に盛られた教材を全て用いたとしても、工夫次第で、さらに少ない時数で終わらせることは十分に可能である。

また、教科書が「主たる教材」であるとは、教育課程の編成に際し、教科書以外の教材を用いても一向にかまわないことを意味している。そもそも、学校と教師に課されているのは学習指導要領の十全な実施であって、教科書はその一手段にすぎない。教科書の全てのページを扱う必要はないし、扱いさえすればそれでよいわけでもないのである。

それどころか、複数の教科書を丁寧に比較するならば、全ての教科書に存在する教材なりページと、そうではないものがあることに気付くだろう。全ての教科書にあるものは必須であるが、一社のみが掲載しているものの多くは発展的な内容であり、必須ではない可能性が高いから、学習指導要領や文部科学省が各教科等別に提供している「解説」でしっかりと確認する。確認の結果、学習指導要領に照らして必須ではない、あるいは優先順位が低いと判断された教材やページについては、自信をもって軽重がつけられるし、保護者や地域にも説得力のある説明ができるだろう。

また、学習指導要領の内容と教科書の教材の対応関係を確認していけば、国語科を典型に、一つの内容に複数の教材が対応している場合があることにも気付くだろう。その場合、いずれか一方のみの教材を丁寧に扱うことで十分に内容の実現が図れないか、あるいはもう一方の教材の扱いを多少なりとも軽くする可能性はないかと考えるのは、教科書との付き合い方としてむしろ好ましい。また、二つの教材を積極的に関連付け、双方の学びに共通するものとそれぞれに独自なものを整理する工夫なども、内容のより深い理解や定着、他の文章や言語活動への転移に寄与する学習活動と言えよう。

教育課程編成に際し教科書は参考になるし、参考にすべきでもある。しかし、だからといって教科書の背後に想定されている教科書会社作成の単元計画や、その集成としての年間指導計画をそのまま学校の教育課程に流し込むのは、あまりに主体性のない無責任な行為である。そんな無責任で無自覚な教育課程の編成作業をしているから、長期休校のような不測の事態を前に、何をどうしたらよいのか分からなくなるのである。自分たちの頭と手から生まれた教育課程であれば、少々予定が変わったとしても、対処法などいくらでも思い浮かぶにちがいない。

教師の自律性と創造性

実際、授業の達人たちに聞くと、教科にもよるが、教科書会社推奨の時数よりかなり少ない時数で教科書を教えることは十分に可能だと言う。もちろん、いくつかの内容については採択教科書を使わず、オリジナルの教材を作成したりして年間の指導計画を組み立ててもいる。中には、標準授業時数の七割程度の時数で、学習指導要領が求める必須の内容をしっかりと実現してしまう人もいる。余剰の時数は、その教科等の目標や内容を踏まえ、さらに自身が重要と考える、あるいは子どもたちが求める発展的な学習活動の展開に用いるなど、創造的な指導計画の開発・実施に取り組んでいる。

つまり、少なくとも実践的には、標準授業時数よりも少ない時数での学習指導要領の十全な実現は不可能ではない。誤解のないように断っておくが、これは、国の定める標準授業時数がいい加減なものだとか、だから守る必要はないなどという議論ではまったくない。あくまでも、カリキュラムに関する純粋に理論的な議論として、**これだけの学習内容の実現にどれくらいの授業時数が必要十分かという問いに正確に答えるのは、そもそも極めて困難だ**ということを確認したいだけである。

学習指導要領にしたところで、個々の目標や内容に対しこういう理由でこれだけの時数が必要十分というのを正確に割り出し、それを積み上げてあの時数になっているわけではないだろう。例えば、今でこそ別表第一には様々な数値を認めることができるが、学習指導要領で言えば一九五八年版から一九八九年版までの間、ごく一部の例外を除いて、我が国の教科等の時数は全て三五（小学校一年生は三四）の倍数だった。これらの数字が、その教科等の週あたりの授業実施が一単位時間なら

三五、二単位時間なら七〇という判断の現れであることは、容易に想像がつく。つまり、三五の次は七〇まで飛び、さらに必要であれば一〇五になる。なんとも大雑把であり、仮に個々の目標や内容に対し必要十分な時数を割り出して積み上げていったのであれば、全てがこんな数字になるはずがない。

教科書も同様で、標準授業時数に合わせてページを埋めているのであって、もちろんそれぞれの教材や各ページの内容は十分に吟味されてはいるはずだが、さらに少ないページ数や時数で編集する可能性など、一度たりとも考えたことはないのではないか。だからこそ、実践的にはさらに少ない時数でも、あるいはいくつかの教材を扱わなくても、十分な学びが保障できたりするのである。

つまり、学習指導要領にせよ教科書にせよ、厳密な意味での時数の積算根拠はない。その点が、標準授業時数と同じく政策的に吟味・決定された数字であっても、予算金額等とはすっかり性格を異にしている。先に説明した「標準」を巡る議論も、まさにこのことと深く関係していた。

もちろん、これは我が国に限らない。いかなる国や地域の教育課程政策であっても、目標や内容ごとに吟味された積算根拠を伴う形で時数を確定しているわけではないだろう。だからこそ、イギリスのようにそもそも時数を国が定めないとか、一九五八年以前の我が国のように一定の幅をもたせるといった行き方もまた選択肢としてあり得るのであり、そこには十分な根拠も妥当性もある。

パンドラの箱を開けるような話をしてきたが、これもまた、今年度だからこそ可能となる思考にほかならない。私とて、長期休校による全国レベルでの膨大な時数の喪失という事態に直面しなければ、こんなことは考えもつかなかっただろう。しかし、だからこそピンチをチャンスに変えたい。

そして、学校と教師には、もっと**自律的で創造的**になってほしい。学校と教師にとって自律性と創造性が最も重要であるというのは常に真実であるが、何もかもが異常事態となっている今年度において、その重要性、真実性はいよいよ高まっていると言っていいだろう。

学習指導要領に基づき、教科書を参考としつつも、日々教育を生み出しているそれぞれの学校なり教室において、目の前の子どもにこの内容を十全に指導するのに**どれだけの時数がなぜ必要なのか**、個々の教師が自律的・創造的に思考し、判断してほしい。もちろん、そのためには教科等の内容や系統に関する研究が不可欠となってくるし、さらに教科等を闊達に横断する視点も望まれる。

何か斬新なことのように思われるかもしれないが、本来、各学校における教育課程編成とはこのような作業であるし、その作業には管理職や教務主任のみならず、全ての教職員がそれぞれの持ち場や専門性を踏まえて協働的に参画することが求められている。この作業に際し、学習指導要領には「教育課程の基準」として全国共通の拠り所を提供する役割が、教科書には教材の例示を通して学校と教師を力強くサポートする役割がそれぞれ期待されている。

学校と教師は教育課程編成の主体として、むしろこれらを創造的に活用する立場にある。二〇一七年版学習指導要領がカリキュラム・マネジメントという概念を導入して推進しようとしているのも、まさにこのような考え方にほかならない。本書の第二章には、実際にそのように発想し、実践した事例を掲載しているが、すると結果的にかなりの時数の圧縮ができることや、さらにどのような筋道でそれが可能になるかも、お分かりいただけると思う。

さて、同じように発想し、現に実践していったその先で、あなたの目には標準授業時数がどのように映るだろうか。学習指導要領も教科書も標準授業時数も、少なくともあなたを隷属させるものなどではなくなっているだろう。さらに、あなたの**教育実践創造のよきパートナー**となっていたなら、それはなんとも幸いなことである。なぜなら、学習指導要領や教科書に関わっている人たちは誰しも、そのことをこそ切に願い、日々尽力しているからである。

3　コンピテンシー・ベイスの学力論

コロナショックのさなかの二〇二〇年四月、小学校では二〇一七年版学習指導要領が全面実施を迎えた。新しい教育課程に期待を寄せていた人々からは「出鼻をくじかれた」と嘆く声も聞かれたが、私も含め改訂に関わった者の多くは「なんとか間に合ってよかった」と胸をなでおろしている。

そこには様々な意味があるが、とりわけ、二〇一七年版学習指導要領がその学力論を従来の内容中心から資質・能力を基盤としたものへと拡張したことが大きい。資質・能力とは、「有能さ」を意味する学術用語として教育学、心理学、言語学、経営学等で多様な意味合いで用いられてきたコンピテンシー（competencies）を訳出した行政用語である。以下、従来型の内容中心の教育の何がどう問題だったのか、そして、資質・能力を基盤とした教育とはどのようなものなのかを整理しておきたい。

内容中心の教育の何が問題か

長年にわたり、学校教育は領域固有な知識・技能、いわゆる内容（コンテンツ：content）の習得を最優先に進められてきた。しかし、要素的な知識・技能の習得それ自体は最終ゴールではない。習得した知識・技能を自在に活用して洗練された問題解決を成し遂げ、個人としてよりよい人生を送るとともに、よりよい社会づくりに参画することができるところまでを視野に入れる必要がある。つまり、全ての子どもたちを、今回のコロナショックのような不測の事態も含め、人生の中で出合ういかなる問題に対しても果敢に立ち向かい、これを効果的かつ創造的に解決できる**優れた問題解決者**にまで育て上げる。それが、学校教育の普遍な目標であったはずだ。

内容中心の教育は、この目標を学問・科学・芸術などの文化遺産から知識・技能を選りすぐり教授することで達成できると考え、現に実行してきた。なぜなら、それらは人類が成し遂げてきた革新的問題解決の成果の数々であり、子どもたちは習得したそれらの知識・技能を適宜上手に活用することで、同様の優れた問題解決を成し遂げながら人生を生きていくにちがいない、と考えたのである。さらには、例えば数学は知識の習得に際し、厳密な形式論理的思考を要求する。したがって、その過程では論理性や思考力が養われ、それは図形や数量以外の、それこそ政治や経済のような社会的事象の構造的理解や批判的吟味にも礎を提供するであろうと期待した。

このことは、内容中心の教育がその背後に大いなる学習の転移（transfer）を暗黙裡に想定していたことを意味する。しかし、心理学は一九七〇年代までに転移はそう簡単には起きないし、その範囲も限定的であることを証明してしまったから、この前提はもろくも崩れ去る。少なくとも、知識を教えて所有させておきさえすれば、それが必要となったときには自動的に想起され、その場面での問題解決に効果的に活用されるといったことは、極めて期待薄である。[1]

例えば、同じ平行四辺形の面積に関する知識を適切に用いれば正答できる問題であるにもかかわらず、授業で教わったとおりの尋ねられ方をするA問題の正答率が九六％だったのに対し、図形を地図中に埋め込んだB問題では正答率は一八％まで低下した（平成一九年度全国学力・学習状況調査：図1）。この事実は、学習の転移が簡単には生じないことを物語っている。

非認知能力の重要性と育成可能性

一方、デイビッド・マクレランドは、領域固有知識の所有や基本的理解を問う伝統的な学力テスト、学校の成績や資格証明書の類いが、およそ職務上の業績や人生における成功を予測し得ないことを多数の事実を挙げて論証した。[2] マクレランドによると、より大きな影響力を示したのは意欲や感情の自

次の図形の面積を求める式と答えを書きましょう。

(1)　平行四辺形

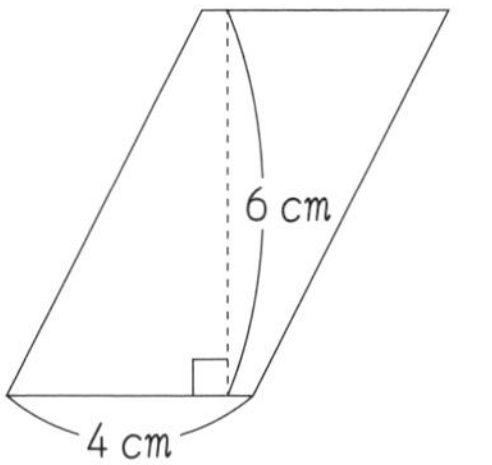

(3)　ひろしさんの家の近くに東公園があります。

東公園の面積と中央公園の面積では，どちらのほうが広いですか。

答えを書きましょう。また，そのわけを，言葉や式などを使って書きましょう。

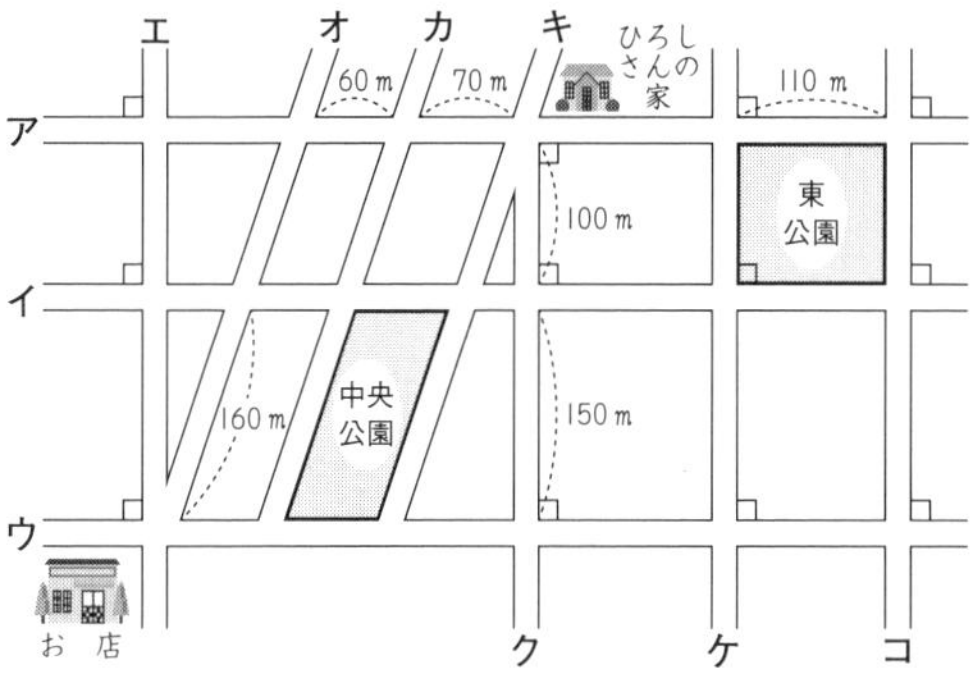

○　道路ア，イ，ウは，それぞれ道路ケに垂直です。
○　道路ア，イ，ウは，それぞれ道路コに垂直です。

図1　6年生算数のA問題（上）とB問題（下）、正答率：A問題96%、B問題18%
（「平成19年度全国学力・学習状況調査」の調査問題より）
小学校算数Ａ問題５（１）、小学校算数Ｂ問題５（３）

己調整能力、肯定的な自己概念などの情意的な資質・能力であり、対人関係調整能力やコミュニケーション能力などの社会スキルであった。

これら、いわゆる**非認知能力の重要性**は、大好きなおやつを一時的に先送りできるかどうかという四歳時点での自制心の高さが、彼らの将来をかなり正確に予測できるというウォルター・ミシェルの研究などによって、今や世界的に広く知られるところとなった(3)。おやつを待てた子は待てなかった子に比べ、青少年期に問題行動が少なく、理性的に振る舞い、大学進学適性試験（SAT）のスコアが二四〇〇点満点中、平均で二一〇点も高かった。また、成人後の肥満指数が低く、危険な薬物に手を出さず、対人関係に優れており、自尊心が高いとの報告もある。

しかも、近年の研究によると、感情の自己調整能力や社会スキルは生得的に運命付けられた不変な人格特性ではなく、幼児期からの意図的・計画的・組織的な教育によって十分に育成や修正が可能であり、大いに望まれてもいる。

学力論の原理転換

ならばいっそのこと、生涯にわたる洗練された問題解決の行使に必要十分なトータルとしての「有能さ」の実現を最優先の課題として、学校教育を抜本的にデザインし直してはどうか。これが資質・能力を基盤とした教育、いわゆるコンピテンシー・ベイスの教育の基本的考え方である。

それは、教育に関する主要な問いを「何を知っているか」から「何ができるか」、より詳細には「**どのような問題解決を現に成し遂げるか**」へと拡張ないしは転換させる。そして、学校教育の守備範囲を知識・技能の習得にとどめることなく、それらをはじめて出合う問題場面で効果的に活用する思考力・判断力・表現力等の汎用的認知スキルにまで高め、さらに粘り強く問題解決に取り組む意欲や感情の自己調整能力、直面する対人関係的困難を乗り越える社会スキルといった非認知能力へと拡充すること、すなわち学力論の大幅な刷新を求めるだろう。知識・技能についても自在に転移可能なものとなるよう、暗記的な状態から概念的な意味理解へ、要素的でバラバラな状態から相互に関連付き、全体として統合された在り方へと、その質を高めようという動きが活発である。

世界的な動向としては、まず、一九九七年から二〇〇三年にかけてOECDのDeSeCoプロジェクトがキー・コンピテンシーを提起し、国際学力調査であるPISAに導入した。一方、EUはキー・コンピテンシーを独自に定義し、域内における教育政策の共通枠組みとする。また、北米では二一世紀型スキルという名称の下、主に評価を巡って検討が行われ、その成果は後にPISAにも反映された。このような動きはイギリス、オーストラリア、ニュージーランド等にも波及し、現在、多くの国や地域でコンピテンシー・ベイスによるカリキュラムの開発や教育制度の整備が進行中である。

我が国に目を転じると、一九九六年に提起された「生きる力」の中に、すでに資質・能力を視野に入れた動きを確認できる。そして、二〇一二年には文部科学省内に「育成すべき資質・能力を踏まえた教育目標・内容と評価の在り方に関する検討会」が発足し、理論的な検討を進めた。

このような国内外の動向を踏まえ、学習指導要領改訂の在り方を求めて中央教育審議会は広範な議論を展開する。そして、二〇一六年一二月二一日に答申を出し、今後の学校教育が育成を目指すべき資質・能力を、以下の三つの柱に整理する（図２）。

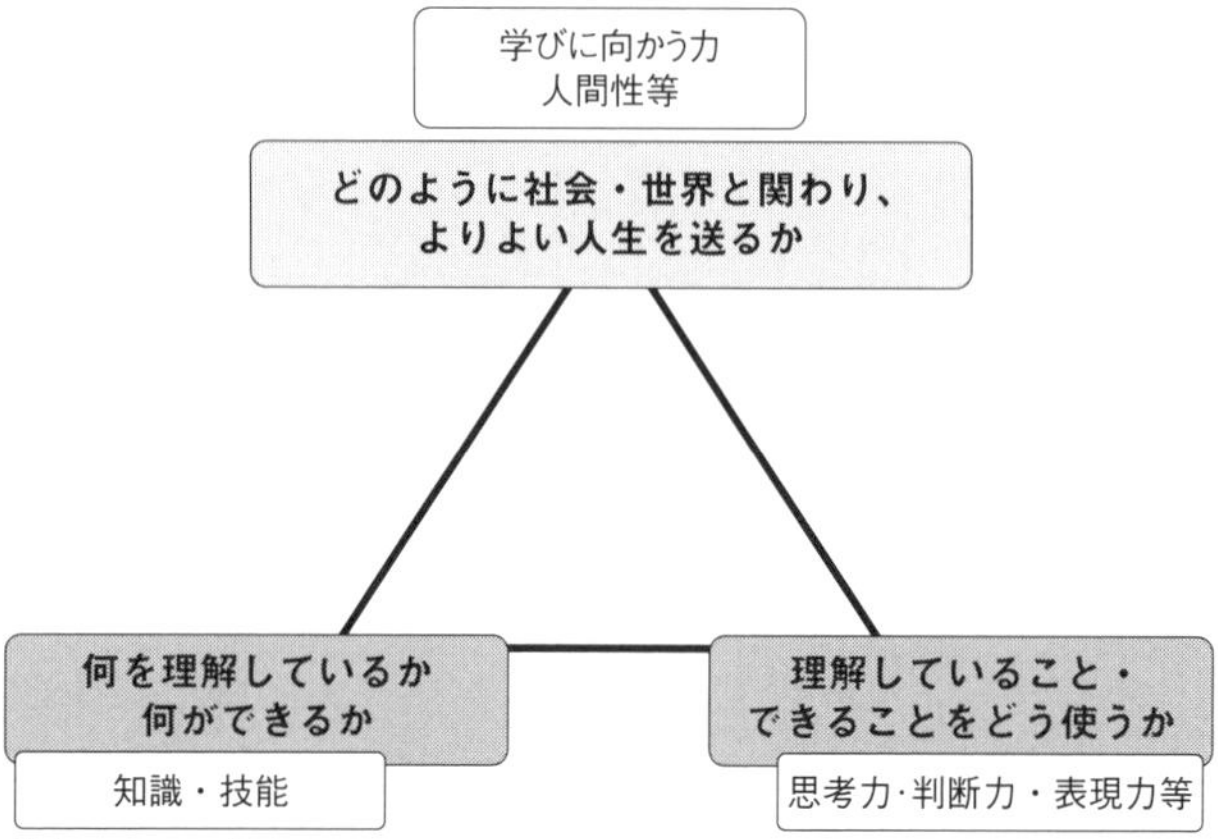

図２　資質・能力の三つの柱

①「何を理解しているか、何ができるか（生きて働く『知識・技能』の習得）」
②「理解していること・できることをどう使うか（未知の状況にも対応できる『思考力・判断力・表現力等』の育成）」
③「どのように社会・世界と関わり、よりよい人生を送るか（学びを人生や社会に生かそうとする『学びに向かう力・人間性等』の涵《かん》養）」

二〇一七年三月三一日告示の学習指導要領では、この資質・能力の三つの柱に基づいて各教科等の内容が刷新され、また各内容の指導を資質・能力の育成へとつなげるべく、「主体的・対話的で深い学び」の実現が授業づくりに求められることとなった。

4　学びは常に具体的な文脈の中で生じている

状況的学習

学力論が資質・能力を基盤としたものへと拡張されるのに伴い、授業づくりの在り方にも変化が求められる。その基本的考え方を表したのが「主体的・対話的で深い学び」の実現である。二〇一六年一二月の中央教育審議会答申では、次のように説明されている。

「『主体的・対話的で深い学び』の実現とは、特定の指導方法のことでも、学校教育における教員の意図性を否定することでもない。人間の生涯にわたって続く『学び』という営みの本質を捉えながら、教員が教えることにしっかりと関わり、子供たちに求められる資質・能力を育むために必要な学びの在り方を絶え間なく考え、授業の工夫・改善を重ねていくことである」(四九頁)。

ここには今後の授業づくりを考える上で大切なことがいくつも述べられているが、とりわけ注目すべきは「**『学び』という営みの本質を捉え**」という表現であろう。裏を返せば、これは従来の授業づくりが必ずしも十分に「学び」という営みの本質を捉えていなかったことを示唆するとも読める。実際、心理学や学習科学など「学び」に関する近年の研究は、私たちが授業づくりの基盤として無自覚に抱いてきた「学び」の観念とは、大いに異なる事実を数多く見出してきた。

わけても、人々の直観や常識に反するという意味で、近年の学習研究における最大の発見は、学習の転移がそうそう簡単には生じないということであろう。すでに述べたように、学習の転移に対する楽観的なまでに過大な期待は、内容中心の教育が今一歩のところで奏功しない主要な原因である。この点において、従来の授業づくりは「学び」という営みの本質を大きく捉え違えていた。

もっとも、研究の進展に伴い、この現象自体は特に不思議なことではないと考えられるようになってきた。人間の学習や知性の発揮は本来的に領域固有なものであり、文脈や状況に強く依存することが分かってきたのである。この考え方を状況的学習（situated learning）と呼ぶ。どのような状況で学ぶかが学び取られた知識の質を大きく左右するのであり、すると授業づくりのポイントは**文脈づくり、状況づくり**にあると言っても過言ではないということになる。

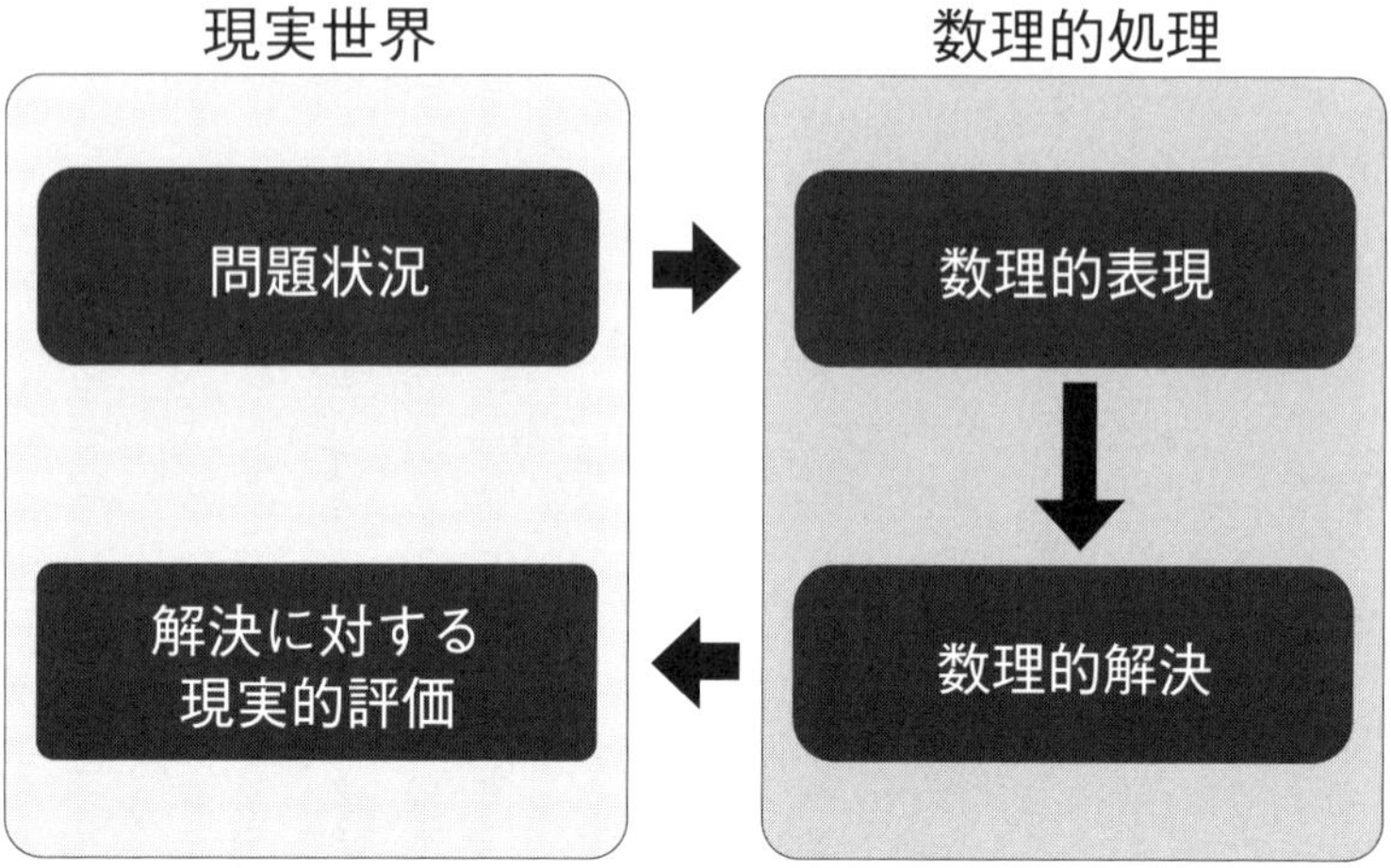
現実世界
数理的処理
問題状況
数理的表現
数理的解決
解決に対する
現実的評価
図３　現実世界と数理的処理の関係

ところが、従来の授業では習得した知識がどんな場面でも自在に使えるように、つまり転移するようにとの配慮から、むしろ一切の文脈や状況を捨象して純化し、一般的命題として教えてきた。状況的学習の考え方からすれば、この判断はまったくの誤りであり、習得した知識が「宝の持ち腐れ」に終わる最大の原因でもある。実際、なんらの文脈も伴わない知識は、同じくなんらの文脈も伴わないA問題のような特異な状況を除けば、現実の意味ある問題解決はおろかB問題にすら転移しない。

　現実世界で普通に行われている人々の実践から見れば、学校の学習活動の多くは教師や指導内容の都合から強引に導き出した不自然な文脈や状況で行われる、なんとも嘘くさいものとして映る。例えば、鶴亀算では鶴と亀の足を区別することなく数え上げるという状況が設定されるが、いかにも不自然だ。また、そんな授業ばかり経験するうちに、子どもたちも次第に「６０人乗りのバスがあります。１４０人を運ぶには何台のバスが必要ですか？」という問題に「2と3分の1台」と答えるようになる。ここで、「3分の1台なんてバスがあるの？」と尋ねると、現実にはあり得ないことを十分に承知はしている。にもかかわらず、「でも、正解だから」「学校の勉強はそういうもの」と平然と言い放つ。

　こんな質の学びで習得した知識や技能は、当然のことながら現実の問題解決に生きて働きはしない。図3に示すように、実際の問題解決は、まず現実世界における問題状況を、算数ならば数理的な処理に堪え得る形へと再表現し、次に計算その他の処理を施して数理的解決へと至り、さらにその解決に対する現実的な評価を行うことにより、ようやく終結を迎える。伝統的な授業の多くは、図3の右側のみをもっぱら扱ってきた、つまり教科の世界に閉ざされた学びになっていた可能性がある。そして、それこそが「3分の1台のバス」を生み出してきた。

オーセンティックな学習

　ならば逆に、具体的な文脈や状況を豊かに含み込んだ本物の社会的実践への参画として学びをデザインすれば、学ばれた知識も本物となり、現実の問題解決に生きて働く、つまり転移するのではないか。これが、オーセンティックな（authentic：真正の）学習の基本的考え方である。

　先のバスの問題も、実際の状況ではもっと複雑なのが一般的で、例えば「60人乗りのバスがあります。バスの運転手さんは35歳です。高速道路の制限速度は80キロです。140人を運ぶには何台のバスが必要ですか？」といった具合になる。PISAやB問題でも回答には不必要な冗長な情報が混在していることがよくあるが、それは何が必要な情報かを判断する、PISAでいう「情報の取り出し」が問題解決において欠くことのできない大切なプロセスだからである。

　もっとも、現状ではこんな問題を出すと、140を80で割る子や、140を60で割った後で35を足す子が現れたりするが、するとそういった子どもは、数理の意味を本当には理解していないことになる。これまでそれが露呈しなかったのは、テストも含め、正解するのに必要な数字しか与えられないなどという、なんとも嘘くさい文脈の問題ばかり出題されてきたからである。

つまり、現実の問題解決では図3の**問題状況から数理的表現へと至る段階**が重要で本質的なのだが、従来の授業はそこを不当にスキップしてきた。それを本来の在り方に戻したのがB問題であり、これこそが正答率低下の原因でもある。したがって、知識の活用を問う問題は難しいとか高度だなどという言い訳はやめにして、日々の授業の文脈をオーセンティックなものへと改革していきたい。知識の質が転移可能なものになるとともに、長期的には時数の圧縮も見込める。

例えば、わり算を教えた後の適用題で、わり算で解ける問題ばかり出題するから、子どもは何も考えずただただわり算を実行する。それではドリルと同じで、今日学んだはずのわり算という新たな数理の意味理解にはほとんど貢献しない。したがって、ここはわり算で解ける問題を二問、ひき算で解ける問題を一問、さらに解けない問題、例えば「140人の子どもがバスに乗ります。バスの運転手さんは35歳です。何台のバスが必要ですか?」といった問題も一問潜り込ませるのが得策である。

すると、最初こそ140を35で割る子どもが出るし、「先生、引っかけ問題じゃないか。ずるい」などと不満げに言うだろうが、かまわないから「人生は引っかけです。つまらないことに引っかからないよう、気を確かにもって毎日を大切に生きていきましょう」と、涼しい顔で言ってやればいい。

解けない問題を出すのは、現実世界の問題解決では、そもそもこの問題が解決可能かどうかから判断しなければならないからである。あるいは「先生、このままでは解けません」「バス一台が何人乗りかを教えてくれれば解けます」と言える子どもにしたいのであり、それこそがわり算を理解している状態にほかならない。どのような問題場面にどのような理由で適用可能なのか、適用条件は何で、どのような変換を施す必要があるのかまで伴っていてはじめて、知識は自在に活用可能となる。

心配しなくとも、子どもたちはすぐにポイントをつかみ、勉強や問題解決に対する構えまで劇的に変化させてくる。なぜなら、それが本来の姿、つまりオーセンティックであることは子どもたちにも直感的に分かるし、その方が断然いいと感じるからである。

オーセンティックな学習は難しくない。それは、授業の文脈を本来の自然なものに戻してやるだけのことである。少し慣れてくれば、むしろ従来の授業の文脈がいかに不自然で嘘くさいか、また、だからこそ子どもたちも学びにいまひとつ身が入らなかったのだということに納得がいくだろう。

「科学する」理科

オーセンティックな学習とは、本物の社会的実践に当事者として参画する学びの総称である。したがって、「科学する」理科、「文学する」国語、「アートする」美術等、学びの文脈や状況を**各教科等の背後にある本物の文化創造の営み**になぞらえていく授業もまた、オーセンティックな学習である。

例えば、理科の振り子の実験で、おもりを一個から順々に増やしていく操作があるが、特に指示しないと、おもりの先におもりを次々と吊るしていく子どもが結構いる。もちろん、ベテラン教師ならそのくらいは心得ているし、教科書の教師用指導書に注記がなされていたりもして、通常は先回りして誤った操作をしないよう、子どもたちに徹底した指示が出される。

しかし、それでは本物の実験状況と言えないのではないか。そう考えたある先生が、あえて誤った操作を見過ごす覚悟で授業に臨んだ。すると、なんと六グループ中、五グループまでが誤った操作で実験を開始したのである。この誤った操作では、振り子の糸の長さが長くなったのと同じなので周期に影響を与えるのだが、面白いことに誤った操作から得られたデータが、おもりが重くなれば周期は長くなるという子どもたちの予想と一致することから、実験は成功したと考えてしまった。

子どもたちは意気揚々と、おもりの重さと周期は関係があると結論付けた。そして、同じ高さの位置に複数のおもりを吊るすという正しい操作をし、おもりに関係なく周期は一定であると報告したグループに対し「君たち、何かミスをしたんじゃないの」と自信たっぷりに言い放ったのである。

授業は、さらに詳細に検討する中で、最終的には自分たちの方が誤った操作をしていたこと、またそれでも予想と一致した結果を出したのが多数派だったことから、ついつい自分たちが正しいと信じ込んでしまったことが深く内省される、興味深い展開となった。授業後、一人の子どもが「実験は何が正しいかがスパッと出るから面白いけれど、だからこそ慎重にやらないと、とんでもない間違いをする」との感想を聞かせてくれたが、同様の出来事は科学史上でも幾度となく繰り返されてきた。

振り子の法則性の理解が唯一の目的ならば、このような展開は無駄な遠回りに見えるかもしれない。しかし、振り子の学習を一つの事例（イグザンプル）として、科学という知識生成の独自な方法論やその背後にある「見方・考え方」まで併せてねらうのであれば、むしろ効率的であるとさえ言える。

コンピテンシー・ベイスの学力論では、個々のコンテンツなり教材に、それ自体の理解や習得がもたらす固有な内在的価値があることを認めつつも、併せて汎用的な資質・能力を育成する際の**イグザンプルとしての役割**を求める。また、このような視点でカリキュラムを点検するならば、例えば科学という知識生成の方法を感得するのに、どれだけの数とバリエーションのイグザンプルが必要十分かも明らかとなってこよう。そして、いかに従来のカリキュラムが冗長であり、内容的にも時数的にも大幅な削減や圧縮の余地が存在することもまた、明白となってくるにちがいない。

教科等横断的なカリキュラム・マネジメント

学びの文脈をオーセンティックなものにしていくと、しばしば学習内容が単独の教科等の枠組みを超え、複数の教科等を横断した学びになる。現実世界における人々の実践の多くは各教科等の枠内に収まりはしないから、これは自然なことである。また、学問・科学・芸術など文化創造の営みにおいても学際的な動きが活発であり、その意味でも自然であるばかりか、むしろ望ましいと言えよう。

二〇一七年版学習指導要領では、カリキュラム・マネジメントの中で教科等横断的な視点への言及がなされたが、それ以前から合科的・関連的な指導として推奨されてきており、積極的に取り組みたい。もちろん、形式的に複数の教科等の内容を合わせたり関連付けたりして指導すればよいのではなく、学びの文脈を本物に近付けていった結果、取り扱う学習内容が複数の教科等に及ぶということが大切である。つまり、多くの場合、合科的・関連的な指導や教科等横断的な視点の導入は、**オーセンティックな学習という原理の実践的なバリエーション**としてよりよく理解できる。

合科的・関連的な指導とか教科等横断的という言葉にとっつきにくさを感じる向きもあるようだが、運動会や遠足など楽しく思い出深い経験の後に、そのことを絵に描く、作文に綴るといった古くから実践されてきた学習活動からして、すでに図画工作科なり国語科と特別活動との関連的な指導と解釈できよう。そしてそれは、子どもの側に作文を書く必然性も材料もないのに、とにかく原稿用紙一枚分の作文を書かせるといった活動と比べれば、よほどオーセンティックな学習になっている。

もちろん、ただただ運動会の後で絵や作文の時間を設ければよいわけではなく、図画工作科なり国語科としての明確なねらいや学習内容の実現に関する周到な計画の下、なるほど今回の運動会の経験である必然性を伴って実践されることが大切である。さらには、今回の運動会での数々の思い出のうち何をどのように表すか、絵の構図を考えて描くという図画工作科の学習を、同じく場面をどのように切り取り伝えるかを主題とした四年生国語科の説明文教材「アップとルーズで伝える」(光村図書)の学習と関連付けて展開するといった工夫なども考えられよう。複数の教科等の学びが互恵的な関わりの中で支え合い、高め合うとともに、題材や主題を共有することによる時数の節約効果も見込めるなど、まさに教科等の間にウィン・ウィンな関係が構築できるのである。

合科的・関連的な指導や教科等横断的なカリキュラム・マネジメントの実践が盛んなものとして、総合的な学習の時間を核にした展開を挙げることができる。例えば、地域の川の環境問題に取り組む中で、理科、社会科、家庭科の内容はもとより、説得力のある論理的なレポートを書く学習で国語科、データを様々なグラフに表現し吟味する学習で算数科といった具合に、実に多くの教科等の学びが環境問題というテーマの下、無理なく統合されていく。欧米ではテーマ・アプローチなどと呼ばれ、やはりオーセンティックな学習を原理としているが、身近で切実な問題解決に挑む中で教科の学びを存分に活用する経験を通して、子どもたちは教科を学ぶ意義を深く実感するとともに、自分たちの地域生活を広い意味での科学の視点で吟味することの重要さをも感得する。文字どおり、生活と科学の実践的統合が実現されるのであり、学校教育が最終的に目指すべき学びの姿の一つと言えよう。

5　学びの意味を自覚化し整理・統合する

明示的な指導

状況的学習が示すとおり、学びは領域固有で状況に依存しているので、特に何もしないと、子どもたちは今日の学びを今日の教材や問題場面との関係でのみ把握して終わりにしてしまう。しかし、それでは領域や場面を超えて知識を自在に活用し、創造的な問題解決を成し遂げるには不十分である。

オーセンティックな学習は、先々その知識を活用するであろう本物の文脈で最初から学ぶことにより、知識の転移可能性を向上させる方策であるが、その文脈の本物性ゆえにかえって強烈な印象を子どもたちの記憶に残し、いわば知識を当初学んだ文脈に張り付かせてしまう。これは、オーセンティックな学習がもつ高い効果に伴うある種の副作用であり、知識の活用の仕方が定型的でその範囲も限定される、例えば職業的技能訓練のような場面であれば、特には問題にならない。しかし、さらに表面的には大いに異なる文脈や、未知の状況にまで転移の及ぶ範囲を拡張するには、**知識を当初学んだ際の文脈から引き剥がし**、自在に動き回れるようなものへとその質を飛躍的に高める必要がある。

例えば、先の振り子の実験で「どんな工夫が必要かな」と問えば、様々に試してみる中で、子どもたちは「何度も計って平均値を取ればよさそうだ」と気付く。この段階で教師は「誤差の処理」を理解したと思いがちだが、いまだ「振り子」という具体的な対象や状況との関わりでの気付きにとどまっていて、「誤差の処理」という抽象的で統合的な概念的理解にまで到達してはいない。

そこで、授業の最後に「どうして今日の実験では何度も計っていたの」と尋ねると、子どもたちは「理科の実験では正確なデータを得るためにいつもそうしているから」などと答える。ここで、「そうかなぁ。この前の検流計のときには何度も計ったりはしていなかったよ」と切り返せば、子どもたちは「だって、検流計はピタリと針が止まるから。ああ、そうか、同じ実験でもいろいろな場合があるんだ」とようやく気付く。

この発見をきっかけに、これまでの実験や観察の経験を総ざらいで整理し、それぞれの工夫を比較しながらその意味を丁寧に確認する授業を実施する。そして、整理の中で見えてきた、理科実験の成否を左右する「条件制御」「系統的な観察」「誤差の処理」等の中核概念について、今後子どもたちが自在に操れるよう、「**教科の言葉**」でしっかりとそれぞれの名称を確認するとともに、それらを用いて新たな実験や観察について思考を巡らせる機会を設ける。このように、何をどのように学んだかが誰の目にもはっきりと分かる明示的な（explicitあるいはinformed）指導を、段階を追って丁寧に進めることにより、子どもたちは次第に科学の方法論やその背後にある論理を深く理解していく。

いかに科学的な原理にのっとった実験や観察であっても、単に数多く経験しただけでは、科学的な「見方・考え方」や方法論を身に付け、自在に繰り出せるようになるには、なお不十分である。さらに、表面的には大いに異なる複数の学習経験を俯瞰的に眺め、相互に関連付けたり比較したりし、そこに共通性と独自性を見出すことで、統合的な概念的理解へといざなう必要がある。

「お道具箱」の整理

明示的な指導が最も奏功するのは、国語科である。例えば、五年生の年度当初に四年生までの教科書を全部持ってこさせ、全ての説明文教材について、そこで何を学んだかを振り返っていく。多くの場合、子どもたちは「たんぽぽの知恵」とか「大豆をおいしく食べる工夫」などと言う。学びが「たんぽぽ」や「大豆」など、教材文の題材や対象といった、たまたまの文脈に張り付いているのである。そこで、それら題材や対象のことは一旦脇に置いて、純粋に形式的な意味でどのような読解の着眼や方略を学んだのかを確認していく。少し時間はかかるかもしれないが、徐々に「問いと答えの応答関係」「具体例を挙げる順序」「列挙や対比など具体例同士の関係」「接続詞の順接と逆接」「事実と意見の書き分け」「題名に込められた意味」といったことが子どもなりの表現で想起されてくる。

さらに、複数の学年の学びを俯瞰的に見ていくならば、「問いと答えの応答関係」一つをとっても、実に多くの学びを経験してきたことが自覚されるだろう。最初にこの教材で「〜でしょうか」「このように〜のです」という関係を学んだこと、問いと答えの応答関係に注目することで説明文の構造が把握でき、上手く読解できること、学年が上がるにつれて問いと答えの間の距離が長くなり、その間に位置付く事例の数も増えてきたこと、文章によっては「〜でしょうか」「このように〜のです」ではなく、別な表現で問いの文や答えの文の働きをさせている場合があること、長い説明文では問いと答えの応答関係が複数あったり入れ子状態になっていたりすること、といった具合である。

万が一、ここでそういったものが一切想起されず、いつまでたっても「食べにくい大豆をおいしく食べられるようにする工夫」といったことばかりが出てくるようであれば、それはいかにあなたの、あるいはあなたの学校の国語授業が間違った方向で展開されていたかの証拠と言っていい。

もっとも、実際にはそういうことはまれで、学習経験を俯瞰的に整理・比較・統合していく中で、むしろ子どもたちがしっかりと学んでいることが改めて判明することの方が多い。問題の核心は、そこで手渡したはずの読解の着眼なり方略、いわば読解の「お道具」に明確な名前が付いていないこと、さらに子どもたちの「お道具箱」が一度も整理されてこなかった点にこそある。

子どもたちはなかなかにいい「お道具」をもっているのだが、それをもっていることを自覚しておらず、したがって実際に使うことができない。あるいは、使っていても何をどう使っているのか明晰には自覚していないので、読解には使えても文章作成では一切使えない。読解で学んだ着眼や方略は、最終的には文章作成に駆使できるところまでを視野に入れるべきだろう。すると、どうしても個々の**「お道具」の自覚化と命名、さらに「お道具箱」の整理**が不可欠であり、また有効になってくる。

なお、教科書にも読解での学びを生かして文章を書く活動が示されてはいるが、例えば「じどう車くらべ」（光村図書一年生）で学んだ「しごと」と「つくり」という着眼を活用して書く題材が同じ自動車では、知識を当初学んだ文脈から解き放ち幅広く転移可能とするには、距離が近すぎる。むしろ、生活科の学校探検で見つけた様々な部屋の秘密を「しごと」と「つくり」で書くという程度の距離感の方が、概念的な意味理解をねらうには適切であろう。「ハードルが高くなるのではないか」と心配するかもしれないが、自分が発見した秘密を友達に伝えるというオーセンティックな文脈になるので、子どもたちは意外なほど困難を感じないばかりか、「しごと」と「つくり」で説明するよさや、自分の説明が他者に伝わる喜びなどを、一層深く感得することができる。

さらに、「お道具箱」の整理が終わったら、早速これを駆使して新たな文章を読んでみたい。具体的には、命名した「お道具」の数々を短冊状の紙に記して教室の壁に貼り、いつでも参照できるようにした上で、五年生の教科書にある説明文教材を読んでみる。すると、国語が苦手だった子どももいきなりスラスラと、またかなり正確に読める。

と同時に、「こんな書きぶりははじめてだ」という箇所にもすぐに目がとまるだろう。それこそが、この教材を通して五年生で新たに学ぶ内容であるから、なぜそのような書きぶりをしているのか学び深めればよい。そしてここでもやはり、先に整理した「お道具」が使われる。すでにもっている「お道具」との積極的な比較や関連付けにより、今回の教材文で新たに見出した説明文読解の「お道具」の特徴や位置付けを、一層明確にすることができるだろう。しかも、単元全体として見た場合、従来よりもかなり少ない時数で全ての学習を終えることができるはずだ。

これは驚くに値しないばかりか、いかに従来の国語授業が不効率であったかを示唆している。実際、「お道具箱」の整理と整理した「お道具」の活用の繰り返しにより、大幅な時数の圧縮が可能となる。例えば、これを数年間徹底したある学級の子どもたちは、六年生では全ての内容と教材の学習を、標準授業時数の一七五時数に対し一〇〇時数で終えることができた。

今こそ求められる各教科等の内容系統への理解

明示的な指導では、その教科等の中で何度も繰り返し登場するものを取り上げ、見た目は大いに違っていても本質的には同じものの異なる現れにすぎないことを、分かりやすくはっきりと指し示すことがポイントになる。したがって、明示的な指導で扱うものの多くは、その**教科等における中核概念**ということになってくるし、中核概念を内容系統に沿い、また学年を追って繰り返し明示的に指導することにより、学習は深みを増すと同時にどんどん加速していく。すでにお気付きの方もいると思うが、これは一九六〇年代にブルーナーが構造の重視として提起した考え方に極めて近い。

例えば、かねてより小・中・高等学校を通じて、理科の化学領域では「粒子」を、物理領域では「エネルギー」を中核概念に据え、表面的には大いに異なる様々な事物や現象について、それらが同じ原理の異なる現れであるという統合的な概念的理解が、学習指導要領では目指されてきた。

教師がこのことを踏まえていれば、四年生の空気の圧縮の実験の際に子どもが書いたモデル図に対しても「みなさんが書いた図を見て、先生気が付いたんだけど、空気を押し縮めたときに粒の数が減っている人と、変わらない人がいる。どこからこの違いが生まれてきたのかなぁ」といった問いかけができる。さらに、こういった授業を単元や学年を超えて何度も繰り返すことで、子どもたちは次第に「粒子」や「エネルギー」という概念を理科学習における汎用的な思考の道具として身に付け、様々な現象の理解や予測に自発的に活用しようとするだろう。

同様に、五年生算数の多角形の内角の和の学習では、どんな多角形も基本図形である三角形に分割すれば上手く処理できるという概念的理解が鍵となるが、この知識は多角形の面積の学習でもそのまま活用できる。したがって、多角形の面積の学習に入るときに「このことを勉強するのははじめてだけど、似たような勉強は前にもやったよねぇ」と投げかけてみる。最初こそ子どもたちはポカンとしているが、教師の言っている意味を一度了解したならば、案外とそこから先は速い。数か月後には、子どもの方で先回りをして「今日から勉強することには、前に教わったあのことが使えるんじゃないかなぁ」などと言いだすようになる。

このような指導を徹底したある学校で、算数の授業の冒頭に「さて、今日の基準量は何かな」とつぶやく子どもに出会って驚いた。六年生算数の学習内容の多くは「基準量×割合」という構造を有しているが、子どもたちはすでに気付いており、自ら進んで新たな学習内容にこれを活用していたのである。こうなると、授業は子どもたち自身の意志と力によってどんどん加速する。

ちなみに、多角形は基本図形である三角形に分割すれば処理できるという知識をもう一段抽象化すれば、複雑な数理は単純な数理の繰り返しや積み上げとして再表現できる、という着眼になる。さらに一般化を進めれば、未習を既習にもち込むことが算数における問題解決の基本であるという理解に到達する。このように、その教科等ならではの中核概念の多くは**重層的な構造**を成している。

なお、これらは二〇一七年版学習指導要領でいう「各教科等の特質に応じた見方・考え方」と軌を一にしている。新しい学習指導要領では、その教科等ならではの見方・考え方を働かせて、特定の教材や単元にとどまらない、幅広く自在に活用の利く統合的な概念的理解の実現を目指す。

そして、これを着実に進めていけば、その副産物として時数の大幅な圧縮も見込める。中核概念を介して内容や教材を相互に関連付けることなく、個々バラバラのままスピードを上げて教え込むやり方では、せっかく学び取った知識も浅い水準の理解にとどまり活用が利かないばかりか、いずれは忘れ去られる運命にあり、長期的に見ればかえって不効率である。時数不足が心配な今年度だからこそ、各教科等の見方・考え方をしっかりと踏まえ、資質・能力の育成に邁進したい。

なお、このことからも明らかなように、資質・能力の育成においては、**各教科等の内容や系統に関する理解**が不可欠である。それも、既習事項を確認するといった上から下に向けての系統の把握のみならず、今教えていることが先の学年や学校段階でどのように発展していくか、そのために今ここで押さえるべきことは何かという、下から上に向けての系統の研究が望まれる。その意味では、実は一番難しいのは小学校一年生である。答えを出せるようにするだけなら、一年生の算数指導はさほど難しくはないが、先々の学びを支える概念的な理解を図るとなると、一気に難しくなる。いずれにせよ、各教科等の本質が系統も含めてクリアに見えてさえいれば、時数不足などまったく怖くはない。

6　新たな気持ちで学びを切望する子どもたちの思いに応える

資質・能力を基盤とした教育では、全ての子どもたちを、今回のコロナショックのような不測の事態も含め、人生の中で出合ういかなる問題に対しても果敢に立ち向かい、これを効果的かつ創造的に解決できる優れた問題解決者にまで育て上げることを目指す。その意味で、資質・能力は汎用的な特質をもつ必要があるが、それは一切の文脈や状況を捨象した学びによっては実現できない。

むしろ逆で、個々の内容について、現実に展開されている本物の社会的実践という豊かな文脈や状況の中で学ぶ、つまりオーセンティックな学習とすることにより、知識は転移可能となり生きて働く学びとなる。また、学びの文脈をオーセンティックなものにしていく中で、しばしば学習内容が教科等横断的な広がりや互恵的な関連をもつようになるのが、自然なことであり、望ましくもある。

さらに、そのようにして得られた多様な学びの意味を自覚化し、その教科等ならではの中核概念との関係で俯瞰的に比較・整理する中で、表面的には大いに異なる学習経験の間に存在する共通性と独自性に気付き統合的概念化に成功したとき、学びは強靭かつ柔軟に機能する汎用性を獲得する。

汎用性を求めるからこそ、その知識が現実世界で息づいている文脈や状況が不可欠なのであり、また、そのようにして得られた本物の学びについて、その意味を一段抽象度を上げて統合的な概念となったものが、汎用性の具体的内実なり正体にほかならない。

改めてこの地点から振り返るとき、内容中心の学力論に立つ従来型の授業の多くが、いかにも不自然な文脈であったり、なんらの文脈も伴わなかったりしていたことに気付くだろう。また、学びが一単元ごと、ときには一時間ごとに分断され、相互に孤立させられていたことも少なくなかった。その結果、せっかく学び取った知識も十分に活用が利かないばかりか、「この教科ではどんなことを学んだの」と問われても「いろいろ」としか答えられず、この教科のポイントは何かを指摘することすらできない。しかも、そのような質の学びや授業の方が、かえって多くの授業時数を必要とする。

オーセンティックな学習は、単元や授業の冒頭でこそしっかりと時間をかけなければならない場合があるが、追究が進めばその分は十分に取り戻せる。明示的な指導も、中核概念をはじめて導入する際には相応の時数を要するが、子どもたちが中核概念を拠り所に、日々の学びの奥に潜む共通性に気付くことで授業はどんどん加速し、結果的には大幅な時数の圧縮に結び付く。もちろん、オーセンティックな学習や明示的な指導は、時数の節約のために行うわけではない。資質・能力の育成や深い学びを求めていった結果、時数的にも従来に比べかなりの圧縮が可能となったにすぎない。

コロナショックにより、時数不足に対する不安が高まっている。この不安は学校や教師をして、教科書をスピードアップして教え込むといった戦略に走らせがちだが、およそ奏功しないばかりか、肝心の学力の質においても、未来を生きる子どもたちにふさわしいものとはならないだろう。

今こそ、二〇一七年版学習指導要領の趣旨を踏まえた授業づくりが求められる。それは、喫緊の課題である時数不足の不安を払拭してくれるのみならず、資質・能力の育成を着実なものとするにちがいない。何より、新たな気持ちで学びを切望する子どもたちの思いに応えることになるであろう。

コロナショックを前に、私も含め二〇一七年版学習指導要領の改訂に関わった者の多くが「なんとか間に合ってよかった」と胸をなでおろしているのは、実にこのような意味においてである。

(1) 奈須正裕「学習理論から見たコンピテンシー・ベイスの学力論」奈須正裕・久野弘幸・齊藤一弥編著『知識基盤社会を生き抜く子どもを育てる―コンピテンシー・ベイスの授業づくり―』ぎょうせい、二〇一四年、五四―八六頁。

(2) McClelland, D. 1973 Testing for competence rather than for "Intelligence". *American Psychologist*, 28, pp.1-14

(3) ウォルター・ミシェル著、柴田裕之訳『マシュマロ・テスト―成功する子・しない子―』早川書房、二〇一五年。

第二の問い
どうすれば、子どもの学びを止めない学校とすることができるか？

1　長期戦が予測されるコロナとの付き合い

前節では、コロナショックがもたらした授業時数不足への不安にどう対処するかを考えた。結論的に言えば、まさに「正体見たり枯れ尾花」であり、恐れるに足りないことが判明した。

さて、これでもうなんの不安もなく、子どもたちと共に学びの世界に心ゆくまで浸れるかというと、そうは問屋が卸さない。一旦収まったかに見えた感染が、再び拡大の兆しを見せているではないか。もっとも、これは我が国に限ったことではなく、世界的な状況である。新型コロナウイルスとの戦いというか付き合いは、どうも長期に及ぶことを覚悟しなければならないようである。

学校は、再度の休校を想定内とした学習指導体制づくりを構想しなければならない。どんな状況下でも、子どもの学びを止めない学校づくりである。実際、政府の休業要請があまりに唐突であったこともあるが、二〇二〇年三月の一斉休校の開始直後、全国のほとんどの学校が一時的にでも子どもの学びを止めてしまった。学校と教師にとっては痛恨の極みであり、屈辱的ですらあったと思う。

いずれにせよ、二度と同じ轍を踏むわけにはいかない。そのためには、通常の対面での授業以外の形態や方法、具体的には質の高いオンライン学習や家庭学習をいつでも実施できる体制を整え、子どもたちが学校に登校できなくとも、学びを継続できるようにすることが不可欠である。

オンライン学習という言葉は、よくもわるくも曖昧な表現で、実際には多様な実践展開の在り方を含み込んでいる。Ｚｏｏｍなどの遠隔会議システムを用いた同時・双方向での学習は、従来の対面授業にかなり近いものを実現できるし、多くはそれを目指してきた。

一方、動画も含めた多様な教材を作成し、子どもたちがいつでもどこからでもアクセスできるようにすることで、各自のペースやスタイルで学び深め、課題に取り組むというアプローチもある。いわゆるオンデマンド学習であるが、こちらは通信制高校や放送大学に近いと言えよう。なお、主にプリントなど紙の教材を持ち帰ったり郵送するなどして課題に取り組む家庭学習も、オンデマンド学習の一種としてよりよく理解できる。

また、感染が心配される中で学びを止めない学校づくりということでは、子どもたちが登校した際の三密（密閉・密集・密接）への対処も避けて通れない。教室内で一定のソーシャル・ディスタンスを確保すべく机と机の距離を離したり、校内の至るところに間隔を保つ目安となるラインを引くなどの対策を大急ぎで施した。もっとも、休み時間にはそんな状態が保持されるはずもなく、どこまで実効性があるのか、あるいは本当にそれが必要なのか、改めての議論が望まれるが、子どもたちのことを思えば、念には念を入れるというのは現状において順当な判断と言えよう。

本節では、これらの問題について様々な視点から検討を加えたい。まず、学校における三密を避ける方策について考える。次に、そこで見出した学びの在り方を家庭学習やオンライン学習、さらには対面授業の改善に生かす可能性を模索する。最後に、オンライン学習に不可欠なコンピュータなどデジタル・デバイスの導入と、その利活用の在り方について考えてみたい。

2　個が自律的に学ぶ学習で三密を避ける

学習空間の拡張

二〇二〇年五月二五日、政府によって四月七日に発出された緊急事態宣言がいよいよ解除されるというニュースを、学校関係者はなんとも複雑な感情の中で聞いていたのではないか。学校が再開でき、子どもたちを迎えられるのはもちろんうれしい。しかし、子どもたちが三密にならないよう、しっかりとした対策を校内の全ての空間に施す必要がある。これが実に難しい。

頻繁な利用が予想される手洗い場の床に、目立つ色のビニールテープでソーシャル・ディスタンスを保つための目印を貼ることから始まって、やはり本丸は教室である。メジャー片手に様々な机の配置を試してみるが、十分な距離を確保しようとすると、人数の多い学級では、どうしても全員を一度に教室に入れるわけにはいかない。かくして、分散登校という苦肉の策が当然のように広く実施され、一部では子どもの机にアクリル板を取り付けるという大胆な作戦も実行に移された。

子どものことを思う気持ちと様々な知恵に感心しながらも、私自身は違和感を禁じ得なかった。どうして、そこまで普通教室にこだわるのか。学校の床面積は結構広く、普通教室が占める割合は思いのほか低い。つまり、普通教室以外にも、校内には学びに使える空間がいくらも存在している。

三密を避ける方策の一つは、**学習空間の拡張**である。児童生徒数の減少に伴い、余裕教室はかなりの数に上るし、オープンスペースをもつ学校もあるだろう。広く開放的で換気条件のよいオープンスクールでは、冬の季節性インフルエンザによる学級閉鎖が少ないというのは、学校建築の専門家の間で以前から話題になっていた。特別教室や図書室なども稼働率を見ながら候補に加えたいし、さらに

写真１　オープンスペースでの個別学習の様子

写真２　普通教室での個別学習の様子

会議室や通路空間まで動員すれば、三密への対応可能性は飛躍的に高まる。

もちろん、普通教室を飛び出して広い空間で学ぶとなると、教師の声は全員には届かず、一斉指導は困難となる。では、どうするのか。教師のいちいちの指示や命令の下で学ぶのではなく、一人一人の子どもが、「主体的に学習に取り組む態度」の評価でも話題になった「学習の自己調整」を行い、今何をすべきか、**自身で判断して自律的に学び進められるようなシステム**を導入すればよい。

実践の具体的な様子は、写真１のようになる。手前と左奥の男児は、自身の判断で手に取った資料により個別での学びを進めている。右奥では三名の女児が、教師の助言を受けながら映像資料を見ている。今日的には、女児三名の距離はもう少し離したいところだが、もちろん容易に実現できる。

普通教室も使うが、子どもたちが広い空間に散らばって学ぶので、写真２に示すように十分なソーシャル・ディスタンスが無理なく確保できる。ちなみに、写真２では机上にマグカップが置かれている。寒い日にはお茶を飲んでほっこりと温まり、暑い日には十分な水分補給をしながら各自のペースでリラックスして学ぶ方が、子どもたちも集中でき、結果的に効率的である。

今日的には、このような学びの景色はEdtechと呼ばれるＩＣＴ

を駆使したシステムにより効果的に実現できるが、原理的には紙と鉛筆でも十分に実践可能である。

単元内自由進度学習

これは、一九七〇年代に、第四章にも登場する愛知県東浦町立緒川小学校において開発された「週間プログラム」による学習というシステムで、より一般的な名称としては「単元内自由進度学習」などと呼ばれてきた。(1) 一見、従来のプリント自習に似ているが、①自律的な個別学習が補助的な位置付けではなく単元全体に及ぶこと、②プリント以外の様々なメディアや操作教材、体験学習なども駆使すること、③単元開始時に各自が学習計画を立案し、自身で省察しながら学習を進めることで、メタ認知や学習を自己調整する能力の育成をねらう点などにおいて、大きく異なる。

まず、子どもたちは「ガイダンスプリント」

6年理科　自由進度学習「てこのはたらき」ガイダンスプリント

6年　　組　　名前

「疑問」その1
たかしくんとよしこちゃんのシーソー

見た目はふっくらしてるけど意外に軽い(体重30kg)、気の強い「よしこちゃん」。

見た目は細いけど意外と重い(体重70kg)、気の弱い「たかしくん」。二人はいつも仲良しで、今日もシーソーに乗りました。

すると、よしこちゃんは

「ちょっと、アンタ、そんなとこに座ってたらつりあわないでしょ！ 少しは考えてすわりなさいよ!!」

と、たかしくんに言いました。それを聞いたたかしくんはおろおろするばかり。

「どこにすわったらいいの？わかんない」と、今にも泣き出しそうです。

さて、たかしくんはどこに座ったらいいでしょう。

「疑問」その2
くぎ抜きのひみつ

「くぎ抜き」を使ったことある人いるよね。

どうして、こんなにかんたんに、くぎがぬけちゃうの??

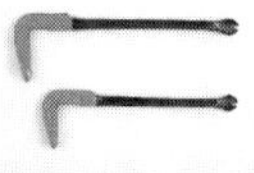

「挑戦」
「さおばかり」を作ろう。

昔から、人々はものを売買するときに「はかり」を使っていました。つりあいのきまりを利用した「さおばかり」です。

竹内先生も「さおばかり」を作ってみました。

キミも、正確な「さおばかり」を作って、竹内先生と勝負しよう！

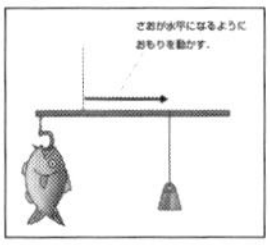

さあ、この学習を終えて、疑問や挑戦をクリアしよう！
・学習場所「第2理科室」
・持ち物
色鉛筆、はさみ、ファイル、教科書

資料1　ガイダンスプリント(2)

自由進度学習	理科「てこのはたらき」学習のてびき

名前

（標準時間８時間）

目標

・ぼうが水平につり合うときのきまりを調べる。
・「てこ」や「てこ」を利用した道具について調べる。
★チェック１　学習カード提出
・「さおばかり」か「てんびん」を作る。
★チェック２　作品の提出
・「てこ」のはたらきについて分かる。
★チェック３　チェックテスト

学習の流れ

学習内容	教科書	学習カード	答えカード
①てこのはたらきについて調べる。	P72、73	学習カード１	答えカード１
②力点や作用点の位置を変えると、どうなるかを調べる。	P74〜75	学習カード２	答えカード２
③てこ実験器で、どのようにすればつり合うかを調べ、つり合うときのきまりを考える。	P76〜79	学習カード２	答えカード２
④てこ実験器で、２カ所以上におもりをつり下げた場合について調べ、つり合うときのきまりを考える。		学習カード３	答えカード３
⑤てこを利用した道具について調べる。	P80〜83	学習カード４、５	答えカード４
★チェック１　学習カード１〜５を先生に見せる。			
⑥「さおばかり」か「てんびん」を作る。	P81、84	学習カード6	
★チェック２　作品と学習カード６を先生に見せる。			
⑦チェックテストをやる。	チェックテスト		
★チェック３　チェックテストを先生に見せる。			

---------- ここまでは、かならず終わりましょう。----------

発展学習	☆支点が、力点と作用点の間にない「てこ」のしくみを調べよう。
	☆たかしくんとよしこちゃんのシーソーの問題を解こう。
	☆学校の中にある「てこを利用した道具」を３個以上見つけよう。
	☆「もの作りカード」を参考にして、**つりあい**を利用した物を作ってみよう。
	☆「てんびん」や「てこ」についてパソコンで調べてまとめてみよう。

利用可能な時数

単元の目標と構成

評価＝チェックも多様な方法で

学習の流れと利用可能な学習材等

活動的・体験的な学びも取り入れる

早く進んだ子ども向けの発展学習

資料２　学習のてびきの例 (3)

（資料１）を受け取る。そこには、この単元で何を学ぶのか、それを学ぶとどんないいことがあるのか、日常生活や既習事項とどのような関わりがあるのか、単元を通して追究すべき問いは何か、単元終了時に何ができるようになっていればよいのかなど、通常の授業の「導入」に相当する情報が、子どもが一人で読んで分かるよう工夫して書かれている。

　次に、単元のねらい、時数、標準的な学習の流れ、利用可能な学習材（教科書、学習カード、メディアなど）や学習機会（実験、観察、調査、ものづくりなど）について、やはり分かりやすく記した「**学習のてびき**」（資料２）を手渡す。子どもたちは、学習のてびきによって教師からのより具体的な要求を理解し、与えられた時数の中で、要求を満たしつつ自分の興味や学習スタイルに応じた学習をいかに展開するかを考え、おおむね八時間から一〇時間程度の学習計画を立てる。

学習の進行は基本的に各自に委ねられるから、ある一時間を見ると、同じ学級の子どもが別の資料に接していたり、異なるカードや体験活動に取り組んでいたりするが、単元全体で見た場合に辻褄が合い、単元終了時に各自が単元のねらいを実現すればよいと考える。もちろん、心配な子もいるから、着実に学習が進められるよう、途中に二か所から三か所程度のチェックポイントを設けてあり、そこでは教師が必要な指導的役割を果たす（写真３）。

写真３　必要に応じて丁寧に実施される個別指導

また、学習の成果や足跡をポートフォリオにまとめて提出することが求められており、各自の学習状況もしっかりと評価できる。加えて、自身の学びを自らの責任と判断で記録し、他者にも分かるよう表現することは、学びの振り返りや意味付けの機会ともなり、メタ認知の育成に寄与するとともに、第一節で述べた統合的な概念的理解を促進する効果も期待できる。

何かとても斬新な感じがするかもしれないが、学習のてびきがもつ情報は、通常の単元指導案とほぼ同じである。**子どもたちに指導案を渡してしまおう**というのが、てびきの発想なのである。

よく「授業の主役は子どもだ」と言われるが、単元のめあてや単元全体の構成をちゃんと子どもたちに話し、子どもが納得した上で授業をやっていることは意外と少ない。主役であるはずの子どもが、いわばシナリオである指導案を受け取っていないのは、思えばおかしなことである。

3　文脈の把握から見た家庭学習、オンライン学習、対面授業

子どもの能力ではなく教材の問題

単元内自由進度学習は、家庭学習用の教材開発に対しても示唆的である。長期休校に伴い、学校は工夫を凝らしたプリントを作成し配布してきたが、上手く学べない子どもが続出した。

「いや、だからドリルのような教材なら子どもだけでもできるんですよ。ところが、教科書や資料を読んで考えたり、工夫して調べたりまとめたり、さらに自分の考えや意見を書くようなプリントになると、できない子どもが続出するんです。やる気がないわけじゃない。聞くと、取り組もうとしたものの、何をどうすればいいのか、見当が付かないらしい。やはり子どもたちだけでは、はじめて学ぶ内容について、考えたり理解を深めたりするのは無理なんじゃないですか」

家庭学習を巡って、このような思いを抱いている教師は少なくない。しかし、問題の多くは子どもがもつ学習の自己調整能力の不足にではなく、教師が作成した教材の側に起因している。

単元内自由進度学習のような一人一人の子どもが自律的に学ぶ学習では、通常の教材に加え、ガイダンスプリントと学習のてびきが準備されていた。これらにより、子どもたちはこの単元で何をどのようなねらいで学ぶのか、過去の学習や日常生活との関わりはどうか、単元終了時には何ができるようになっていればよいのか、そのために、どのような学習活動をどのような順序や相互の関係性で展

開するのかなど、単元レベルでの自身の学びについて、明確な見通しをもつことができる。
いくつかの学校から相談を受け、休校中に先生たちが作成した教材を拝見したところ、ガイダンスプリントや学習のてびきに相当する情報が欠落していることが多かった。中には、本来であれば単元、すなわち子どもにとって意味のある学習上の「まとまり」（これが単元、元の英語で言うとunitが指し示すものである）を構成しているはずの一枚一枚のプリントがすっかり孤立しており、相互の関係や流れが読み取りにくいものもかなりあった。
これでは、子どもたちは個々のプリントで問われていることや指示されている作業は理解できても、**「なぜここでこの問いに答える必要があるのか」「この作業が単元全体の流れの中でどのような意味をもつのか」**を把握できない。いかにやる気があっても、何をどうすればいいのか見当が付かないのは、子どもの能力の不足ではなく教材の不備に起因していたのである。

話が見えないという現象

第一節で状況的学習として述べたとおり、学びは常に具体的な文脈や状況の中で生じている。したがって、「このことを考えなさい」「この作業に取り組んでみましょう」と言われても、その問いなり作業が埋め込まれている、**より大きな文脈**が把握できなければ、人は自分らしく考えることも深く学ぶこともできない。では、文脈の把握とはどういうことか。試しに、次の文章を読んでみてほしい。

手続きは簡単である。まず、いくつかの山に分ける。量によっては一山でもかまわない。設備がなくて別なところに行かなければならないのでなければ、準備は完了である。やりすぎないことが重要だ。短期的にはこのことはさほど重要でないように見えるが、ここを誤ると高くつく。最初のうちは、全体の手続きは複雑に思えるかもしれないが、すぐに人生のありふれた一部になる。近い将来、この仕事がなくなるかどうかは不明である。それは誰にも分からない。手続きが完了すると、グループごとに適当な場所に整理される。最終的には、それらはもう一度使われ、この手続きが繰り返される。しかし、これは人生の一部である。(4)

構文的にも語彙的にも難しい文章ではない。しかし、意味が取れないのはどういうわけだろう。一文一文は分からないでもない。しかし、文と文との関係、さらに全体として何を言おうとしているのかが見えてこない。そう、話が見えないのである。これが、文脈が把握できないという現象にほかならない。授業に集中できない子や関係のないことをしている子の中に、毎日、毎時間、このような経験を強いられている子どもが少なからずいるというイマジネーションは、教師にとって重要である。

さて、話が見えるようにしよう。この文章のタイトルは「洗濯」である。これを頭に置いて、もう一度読んでほしい。今度は大丈夫、隅から隅まで晴れ渡るように意味が取れただろう。「いくつかの山」を「洗濯物の山」、「設備」を「電気洗濯機」として読んだにちがいない。そんなことはどこにも書いてはいないが、人は文章を読んだり話を聞いたりする際、なんらかの文脈をあらかじめ想定し、時々刻々と入ってくる情報をその文脈で上手く包摂できるか確認しながら、つまり予測を立て、推論と検証を繰り返しながら、そこに全体として一貫性のある意味理解を構築しようとしているのである。

このとき、不適切な文脈を想定したり、そもそもなんらの文脈も思いつかなかったりすると、当然のことながら正しい理解には至れない。例えば、先の文章でもタイトルが「フレッシュジュース」であれば、「いくつかの山」は「果物の山」になり、「設備」は「ジューサー」か「ミキサー」になるであろう。この文章は曖昧さの程度を格別高く設定してあるのでこういうことが容易に起きるが、教室での指示や説明にしたところで、ある程度の曖昧さはつきまとう。さらに、授業の常として、そこで教わること、出合うことは子どもたちにとって新規なことである。文脈が取りづらいのも無理はない。ちなみに、先の文章を大学生に読んでもらうと「やりすぎないことが重要だ」の意味が分からないという学生が必ず何人かは出る。詰め込みすぎて綺麗に洗えなかったとか、絡まって困ったという経験がないのであろう。つまり、理解の構築には、経験の有無や質が決定的に重要なのである。

海外にルーツをもつ子どもはもちろん、様々な理由により、教師が想定しているような経験をもち合わせていない、あるいは大いに異なる経験や価値観を有する子どもがいる可能性について**敏感であり、また寛容でありたい**。この子たちはやる気がないのでも理解力が劣っているのでもなく、経験や価値観の違いにより、教師が授業設計の基盤に暗黙裡に据えている文脈が取れないのである。

どんな学習形態でも不可欠な文脈の把握

通常の授業では、教師が繰り出す精緻に組織化された一連の発問や指示や説明が、今日の学びの文脈を生み出している。典型は導入であろう。適切な導入により、子どもたちは「なぜ今からこの活動に取り組むのか」という学びの文脈を把握する。

もちろん、様々な理由により、この段階では文脈を捉えきれない子どもも一定数いるだろう。しかし、いざ活動に入れば、そういった子どもは手が動かないから、すぐにそれと分かる。当然、教師はその子のもとに行き、再度の説明を行うなり、子どもの質問に答える。そうやってなんとか、全ての子どもが今日の授業の学びを把握し、授業の土俵に上がれるようにしてきた。

家庭学習では、この教師が果たしている役割を何かに代替させる必要がある。ガイダンスプリントや学習のてびきは、単元レベルでの学びの文脈を明示するとともに、それと個々の学習カードや学習活動の指示がどのように対応し、全体としての学びをどのように構成するのかに関する理解を促すから、この条件に合致する。したがって、作成したプリント類を子どもにとって意味や文脈が感じられる学びの「まとまり」＝単元の流れの中に位置付けて吟味し、再構成するとともに、ガイダンスプリントや学習のてびきを追加作成して提供すれば、より多くの子どもが上手く学べるにちがいない。

それ以前に、**家庭学習用の教材開発に際しても、まずは単元指導案を書くべき**である。どんなプリントが必要かもはっきりするし、さらにプリントに書き込むような学びだけでなく、家庭でも実施可能な実験、観察、調査、ものづくりなどの活動も思い浮かぶだろう。家庭学習でも深い学び、探究的な学びは十分に展開可能であり、ドリルや復習にばかり明け暮れるのは大いにバランスを欠く。

オンデマンドタイプのオンライン学習、とりわけ教師が登場する動画がメインになる場合には、文脈の重要性などあまり意識していなかったとは思うが、通常の授業の感覚で作成されており、さらに何をどう語りかけるか、事前にシナリオの形で丁寧に作り込んだりもしたので、結果的に今日の学びの文脈に関する情報がしっかりと提供されていることが多い。もちろん、改めて作成した動画等の教材を学びの文脈という視点で点検し、問題を感じたなら改善していきたい。

同時・双方向のオンライン学習でも、オンデマンドタイプと同様、周到な準備のなされることが少なくなかったようである。また、通常の授業と同様、指示や説明が上手く伝わっていなければ、活動に入ってからでも修正や支援が可能なので、その点ではさらに有利である。とはいえ、教室のように子どもの近くに身を置き、ノートを眺め、その子が醸し出す空気を感じながらの支援とはならないから、やはりできる限り事前の作り込みにより、文脈のミスリードが起きないようにしたい。

家庭学習、オンライン学習の教訓を対面授業に生かす

以上の整理から明らかなように、文脈の把握ということからすれば、最も条件が厳しく、したがっ

て配慮を要するのは家庭学習であり、次がオンデマンドタイプのオンライン学習、そして同時・双方向のオンライン学習という順序になる。最も有利というか、後からいかようにでも対処のしようがあるのが対面授業ということになるが、ここでよくよく考えてほしい。

前節でも述べたように、授業づくりのポイントは文脈づくりにある。子どもの学びにとって文脈の把握がそれほど重要であるのなら、後追いでもなんとかなるからといって、対面授業の設計や準備が周到さに欠けたままでもかまわないのだろうか。そんなわけはない。

今回の長期休校により、やむなく取り組んだ家庭学習やオンライン学習であったかもしれない。また、すでに普通に登校できるようになり、様々な制限があるとはいえ、日々対面授業を行えている学校が大多数だろう。しかし、家庭学習やオンライン学習に取り組む中で見えてきたこと、気付いたことがあるのなら、対面授業の改善、さらなる質の向上に存分に生かしていきたい。

まず、授業中に発する個々の発問や指示の分かりやすさ、無理のなさを点検したい。また、複数の発問や指示が論理的にしっかりと結び付いており、**子どもの目から見て自然に流れていくか**を確認することも併せて大切である。発問と並ぶ授業づくりの柱である板書についても、問いのポイントや授業の流れ、子どもたち相互の思考や感情の構造が一目瞭然で見渡せるよう、吟味を重ねたい。

これらは、オンライン学習に挑戦する中で、多くの教師が心がけ、現に取り組んできたことであろう。はじめての経験でもあり、またオンラインではどうしても子どもとの間に距離を感じ、さらに反応も鈍く感じられるため、こちらの語りかけが全員の子どもにしっかりと届くか、十分に見やすい、そして考えを深め広げるような板書になっているか、それは周到な検討が進められた。

この経験や感覚を、そのまま対面授業にも生かしていけばよい。授業をＩＣレコーダーに録ってみれば分かるが、結構なベテランですら、大人が聞いても曖昧な指示や意味不明な説明をしていることはある。主要ないくつかの発問と指示だけでもいいから、学級の全ての子どもに一発で間違いなく意味が伝わり、また今日の授業の学びの文脈が無理なく晴れ晴れと見えてくるような表現を、ああでもないこうでもないと考え、実際に文字にしてみるというのは、非常によい研修になる。そして、普段、いかに無神経に言葉を操っているか、深く反省させられるだろう。

その点、単元内自由進度学習や家庭学習は文字言語に頼るしかないし、子どもが無理なく読める文字数には自ずと限界があるから、そこに何をどう書くかは徹底的に吟味される。この経験が、結果的に対面授業やオンライン学習での音声言語による指示や説明の質を向上させ、ひいては授業の質そのものも高まっていく。子どもから見て分かりやすい、すっきりとした授業になるのである。

教師の言語が研ぎ澄まされ、名人の域に達すると、普段発する言葉がそのまま教材になる。例えば、ある国語教師の授業記録を整理していたところ、授業中のひとまとまりの発話の全てが三文、一二〇字前後に収まっていることを発見し、驚いた。適切な場所できちんと句点（。）を付け、意味内容を区切って話すことは、明瞭で論理的な発話への近道である。幼い子どもにも分かりやすいし、だからこそ子どもたちも真似をする。そして、次第に言葉を適切に操れるようになっていくのである。

もっとも、以上のことは、古くから研究的な教師なら誰しもが取り組んできた、いわば授業づくりの基本にほかならない。コロナショックによって余儀なくされた様々な挑戦が、期せずして授業の基本への回帰を示唆しているのである。ここでもぜひ、今回のピンチをチャンスに変えていきたい。

なお、同様の視座をさらに洗練させた実践研究の動向に「授業のユニバーサルデザイン」がある。[(5)]その基本的なモチーフは、特別支援教育で培われた理論や技術を通常学級の授業づくりに生かすことで、障害のある子どもも含め、全ての子どもが分かる・できる授業を実現することにある。

通常学級において、子どもたちは先の「洗濯」の文章のような論理性や明瞭さに欠ける教師の指示や説明に対しても、懸命に予測と検証を繰り返すことで なんとか文脈を把握し、授業への参加を果たしてきた。一方、自閉症・情緒障害の子どもを典型に、特別支援を要する子どもたちが最も苦手とするのが、曖昧な情報の下で正確に文脈を把握することであろう。これに適切に対処する理論と技術が、特別支援教育には豊富に蓄積されてきた。それを通常学級の授業づくりに適用することで、在籍する軽度発達障害の子どもはもちろん、全ての子どもにとって無理なく文脈の取れる、つまり分かりやすい授業となり、全員参加・全員理解の授業を目指す基盤が形成できる。

このように考えるならば、家庭学習やオンライン学習への挑戦は、授業のユニバーサルデザインに資する経験を私たちにもたらした可能性がある。ぜひ、その視点からも振り返ってみたい。

4 コンピュータは文房具である

従来の教室では、必ずしも社会生活でごく普通になされているような在り方で、道具が使われていない。これでは、学校での学びが社会の現実からいよいよ乖離してしまう。その経験は子どもたちをして、学校の勉強は学校だけの、いわばゲームのようなものにすぎないとの感覚を強化し、せっかく習得した知識や技能すら積極的に活用しようとしない姿勢をもたらす危険性がある。

資質・能力を育成する上で、学びの文脈や状況を本物にするというオーセンティックな学習の考え方に立ち、**社会的実践の中で現に行われている道具使用の在り方**をそのまま教室にもち込むことにより、学校での学びをよりリアルで効果性の高いものにしていく方向性は極めて重要である。

とりわけ、ここ数十年の間に、コンピュータという汎用性の高い道具が人々の仕事や生活を一変させたことの意味は大きい。さらに、コロナショックに伴いオンライン学習への必要感が急速に高まり、

ＧＩＧＡ（Global and Innovation Gateway for All）スクール構想への自治体の取組が一気に本気度を増す中で、オーセンティックな学習の視点からコンピュータという道具の位置付けや具体的な利活用について検討することは、今後の学校教育を考える上で喫緊の課題と言えよう。

その判断はオーセンティックか

オンライン学習への関心が高まるのに伴い、コンピュータの学校への導入に際して「どのくらいのスペックが必要か」「どんなソフトがあるとよいか」といった質問を受けることが多くなってきた。答えは明快で、オーセンティックな学習の考え方に立つならば、本物の社会的実践に即して、すなわちビジネスや家庭における現況を参考に判断すればよいということになる。

学校用に特別な仕様を考えるのは、得策ではない。学校での活動が現実の社会的実践とは別物だとまだどこかで考えているから、学校向けの仕様という発想が生じるのである。しかし、それこそが学校での学びが生きて働かない最大の原因だったと、オーセンティックな学習は告発してきた。

ビジネスや家庭でのトレンドに即して考えるならば、さほどのスペックは必要ではない。今や多くのビジネスマンが、Chromebookなど五万円以下で買えるパソコンで日常の業務を十分にこなしている。ポイントは、作業の多くを通信を介してウェブ上で行うということであり、データもクラウド上に置くことが増えてきている。また、その方がセキュリティ上も問題が少ない。

個人情報が入ったＵＳＢを教師が電車の中に置き忘れて問題になったことがあるが、人間には誤りはつきものである。当人の不注意を必要以上に責めたり、それを回避しようと厳格すぎるルールをつくったりするより、情報をモノで持ち歩くという発想自体を業界全体で問い直す方が解決への近道となろう。

データをクラウド上に置き、作業の多くをウェブ上で行うとなると、ネックになってくるのは教室の通信環境の脆弱さである。高価なパソコンを買いそろえるより通信環境の整備に投資すべきとの意見もあり、なるほどと思う。もちろん、これも可能な限りリーズナブルな方策を志向したい。

ソフトは大人が日常的に使うごく基本的で汎用的なもの、具体的にはメール、ワープロ、表計算、プレゼンテーションのソフトがあれば、とりあえずは十分であろう。もちろん、それらもパソコン本体にインストールする以外に、ウェブ上に無料で提供されているものを使う手もある。一昔前のような、ソフトの購入に高額な費用がかかるといったことは、もはや状況的に考えづらい。

極端な話、コンピュータから直接立ち上げるソフトは、ブラウザだけでもなんとかなる。つまり、ソフトへの投資はゼロでもやっていける。

音楽科の「音楽づくり」で使うシーケンサー・ソフトのような、個別の用途に特化したソフトも必要に応じて導入するが、その数はあまり多くはないし、フリーソフトも数多く供給されている。

個別用途のソフト導入で避けたいのは、漢字や計算ドリルの学習用に特化したソフトの高額での購入である。そもそも、学習用のソフトという発想自体が、もはやオーセンティックではない。

わけても、正解を積み上げたらご褒美がもらえるといったしかけで子どもの学びを誘発しようとするようなソフトは、最悪である。なぜなら、これは学習心理学でいうオペラント条件付けの原理に基づいており、いわば動物に芸を仕込む発想にほかならない。今後、学校で目指すべき学びの質に対する基本的な認識からしてすっかり間違っており、百害あって一利なしである。

学校での学習に特化したものとして推奨できるとすれば、ロイロノートに代表される、子どもが主体となって展開する探究的な学びの中で思考スキルや思考ツール、学習指導要領でいう「**考えるための技法**」を自然と学び取れるよう工夫されたソフトであろう。また、このことは、今後におけるコンピュータの利活用の重心が、かつてのプログラム学習的な繰り返しによる暗記的習得から、探究へと大きく移動することをも示唆している。どのような学びのためにコンピュータを導入するのか。まずはこのことをはっきりとさせることが、ハードやソフトの導入に先立って不可欠と言えよう。

なお、ワープロやブラウザについては、子ども向けに改良が施されたものがあり、導入する学年によっては有用だと思うが、オーセンティックな学習の立場からすれば、その場合にも普通に大人が使っているバージョンとの間にできるだけ段差がないものがいいように思う。

ＢＹＯＤという思想

さらに言えば、人数分のデジタル・デバイスを学校でそろえなくてもよいという考え方もある。ヨーロッパなどでは、個人が所有しているスマートフォンを使ったり、家からタブレットを持ってきたりすることがよくある。すでに基本的な使い方をマスターしているデバイスを学校でも使う方が、それらを使いこなして学びに生かすのに有利である。もちろん、そうできない、したくない子どものために一定の台数のデバイスは準備して貸し出し、家に持ち帰って自由に使っていいようにする。

むしろ、学校が一律に提供すべきはアカウントであり、同じアカウントを街の図書館などでも使えるようにすることの方が本質的と言えよう。

そもそもＢＹＯＤ（Bring Your Own Device）とは、従業員個人が所有するデバイスを業務でも利用することを指した。将来的にはランドセルや文房具のように、デバイスも各自で準備できるようになるといいが、価格的なこともあり、もう少し時間が必要だろう。いずれにせよ、目下の状況は過渡的なものであるとの認識を共有したい。

その意味では、文部科学省がスマートフォンの学校への持ち込みを条件付きで許可したのは、順当な措置である。すでにストレスなく自在に操作できるスマートフォンを学習に使うことにより、子どもたちの学びは飛躍的に加速するであろう。

もっとも、こういう提案に抵抗感を抱く人は多い。そういう人は、同じコンピュータを全員に手渡し、最初から全ての操作を一斉画一に指示するような授業をイメージしているにちがいない。

「ハイ。ではまず、左上に電源スイッチがありますから、それを押してみましょう。押しましたか。緑色のランプがつきましたね。しばらくすると画面にいろんなマークが出ます。出ましたか。右から三番目に丸いのがありますね。他のマークは触ってはいけません。三番目のマークをクリックしてみましょう」

各自が異なるデバイスを持ち込むと、こういった授業ができない。それでは自分の居場所がなくなる。下手をすると、子どもたちだけで器用にどんどん学びを進めていく。そんな状況が現出することを、どこかで恐れているのではないか。

そんな一人の先生に「大人の世界では、コンピュータなんてすでに文房具ですよね。すると、コンピュータを一律にそろえたいというのは、筆箱の色や形までそろえるみたいな発想になりませんか」と尋ねたところ、「できれば、筆箱も同じものにそろえたい」と、うつむいたままつぶやいたから、私の方がその場に倒れ込みそうになった。学校教育でのコンピュータの利活用やオンライン学習が遅々として進まないことが最近よく話題になるが、問題の根は、想像を絶するほど深いのかもしれない。

その意味でも、コロナショックに伴うオンライン学習への切実な要請で一気に火がついた、学校におけるＩＣＴ環境整備促進の動きを、**単なるコンピュータの台数確保に終わらせてはいけない**。コロナショックというピンチをチャンスに変え、子どもたちの学びの質やそれを支える教師の役割に関する重心の移動という地点まで、一気呵成に踏み込みたい。各地方自治体がＧＩＧＡスクール構想の展開をそのような質で捉えるか否かが、地域におけるポスト・コロナショックの学校教育の明暗を大きく分けるにちがいないと、私は確信する。

(1)小山儀秋監修・竹内淑子著『教科の一人学び「自由進度学習」の考え方・進め方』黎明書房、二〇一九年。
(2)前掲、一二三頁。
(3)前掲、一二四頁。
(4)Bransford, J. D., & Johnson, M. K. 1972 Contextual prerequisites for understanding: Some investigations of comprehension and recall. *Journal of Verbal Learning and Verbal Behavior*, 11, 717-726.
(5)小貫悟・桂聖『授業のユニバーサルデザイン入門―どの子も楽しく「わかる・できる」授業のつくり方―』東洋館出版社、二〇一四年。

第三の問い
どうすれば、子どもをアクティブ・ラーナーに育てることができるか？

1 「子離れ」のできる学校

ここまで、新型コロナウイルスの感染拡大が私たちの教育実践にもたらした、二つの大きな打撃にどう対処していくかを考えてきた。第一節では、慢性的な授業時数不足への不安という打撃に対し、コンピテンシー・ベイスの考え方に立つことで、時数を圧縮しつつ質の高い学びを実現できることが明らかとなった。また、第二節では、登校の見合わせや三密など、従来型の対面授業の実施が困難になるという打撃に対し、オンライン学習や家庭学習の充実、個が自律的に学ぶシステムの導入など、どんな状況下でも子どもの学びを止めない学校づくりの具体像について検討を加えた。

本節では、さらに先へと歩みを進めたい。すなわち、不足する時数や子どもの登校がかなわない状況下で、私たち大人がいかにして授業を行うかといった問いの立て方ではなく、学校や教師がどこでどうしていようが、そんなことにはおかまいなしに、子どもたち自身が自らの意志と力で学びを実現していけるようにするにはどうすればよいかという、より根源的な問いへと赴きたいと思う。

極端な話、子どもがよく学び育てば、授業や学校や教師がどうであろうが、そんなことは二の次であろう。もちろん、授業や学校や教師の在り方が充実すればするほど、子どもはよく学び育つにちがいない。しかし、いつまでも学校や教師が逐一面倒を見、伴走するわけにはいかないのであって、実際、卒業を機に私たちは子どもたちを手放す。

学校を離れたその先で、子どもたちはすでに私たちの助けがなくとも、引き続きしっかりと学び続け、さらに自身の人生をたくましく創造性豊かに切り拓いていけるまでに育っているであろうか。そう問われると、少なからず心許ない気もする。それどころか、子どもたちが私たちをいつまでも必要とするように、かえって子どもの自律を阻んでいるようなことさえありはしなかったか。

ポスト・コロナショックの学校教育では、学校や教師によい意味での「子離れ」が求められる。それは、**本来的に子どもたちが自ら学ぶ力を兼ね備えているという子ども観**に立てるか、そして、目の前の子どもを信頼し、もっと多くのことを委ねられるかにかかっていると言えよう。

もちろん、このことは放任や迎合を意味しない。子どもを信頼し多くを委ねながらも、適切な支えや鍛え上げが必要なのであり、そこにこそ授業や学校や教師の本来の役割がある。

自律した能動的な学習者、アクティブ・ラーナーにまで子どもを育て上げることが、学校や教師の最終目標である。アクティブ・ラーナーになってさえいれば、今回のコロナショックのような事態に対しても、さらにまだ見ぬ新たな人類の試練に関しても、一人の主体として、同じく主体である多様な他者と連帯・協働しながらこれを乗り越え、人生を切り拓き、社会を創造していけるであろう。

そのような状態を実現するために、子どもたちがいまだ私たちの手元にいる期間に、学校という場でどのような質の学びを保障すればよいのか。本節では、このことを考えたい。

そのためにまず、子どもが自ら学ぶ力を兼ね備えているとはどういうことかを確認し、次に、それを踏まえた授業づくりとそこにおける教師の役割に関する基本的な考え方を述べる。さらに、子どもの学習意欲やメタ認知など「学びに向かう力」を巡るいくつかの事柄について検討を加え、最後に授業への、また学校という社会への子どもの参画という問題を考えてみたい。

2　人間の生涯にわたって続く「学び」という営みの本質

同化と調節による概念の形成

本来的に子どもたちは自ら学ぶ力を兼ね備えていると述べてきたが、いまひとつ実感がわかないという人も少なくない。そこでまずは、ごく日常的な子どもの姿でこのことを考えてみよう。

第一節で見たように、学びにおいては意味理解が大切であり、**多くの要素的な知識や断片的な経験が、全体として辻褄の合う概念の下に統合されること**が望まれる。概念とは何か。学問的立場により様々な説明の仕方があると思うが、心理学者たちは概念とはカテゴリー、つまり多くの事例をその意味的な異同において分類した集合だと説明してきた。

例えば、「鳥」というのは概念だ。それは多くの事例を、その性質において鳥という集合に属するか否かを明晰に判断できるよう構成されている。そして、幼い子どもにしたところで、「鳥ってこんなもの」という概念は、彼らなりにもっている。ためしに「鳥ってどんなもの？」と五歳児に尋ねると、多くの子どもが「鳥はね。お空を飛んでいるものだよ」と答えてくれる。

この概念は不完全ではあるが、それでもツバメやカラスやハトなど、日常生活で出合う多くの事例には当てはまるので、それぞれの色や形や大きさなどに惑わされることなく、ツバメもカラスもハトもみな同じ「鳥である」（鳥という集合に属する）と認識できるようになることを促す。このように、既有の概念によって新たな対象を上手く取り込めることを「**同化**」と言う。同化によって、人は概念に属する知識の量を増やし、統合的な理解の度合いを高めることができるのである。

さて、ここでボケて「そうか。飛行機も鳥なんだ」と言ってみる。すると、子どもたちはゲラゲラ笑って「飛行機は鳥じゃないよ」と言うのだが、その後、一瞬真顔になるところが面白い。

自分は飛行機（という事例）が「鳥ではない」（鳥という集合には属さない）ことを知ってはいる。すると、空を飛んではいるが飛行機は含まない鳥というカテゴリーをどのように言明（定義と言ってもいい）すれば、自分が鳥とその周辺について知っている様々な知識や経験の全てを辻褄が合うように（整合的で包括的に）言い表すことができるかと、深く内省的に思案しているにちがいない。

しばらくして、ある子がこう言った。

「おじさん、鳥はね、お空を飛んでいる生き物なんだよ」

なるほど、上手いことを言う。そして、こういう説明ができるということは、この子はすでに「生き物」という概念も、もちろん不完全ではあるのだろうが、形成しているにちがいない。

この子たちは、「鳥」や「生き物」について抽象的な定義を教わった経験はないだろう。するとそもそも概念の形成という知的操作は、幼い子どもにも十分にできることであり、それどころかすでに多くの概念を自ら進んで、しかも自力で形成しているということになる。

さらに、例示した飛行機のような、自身が形成して所有している概念では上手く説明できない事例と出合った際には、それも含めて、自分が現在までに所有している全ての知識や経験に対し整合的で包括的なものとなるよう、概念の方を随時修正し更新していく。これを「**調節**」と言う。

この先も、この子は家族と一緒に出かけた水族館でペンギンに出合い、鳥の仲間だと告げられて大いに驚いたりするのだろう。そもそも、水中を泳ぐ生き物がいるべき水族館に、空を飛ぶはずの鳥の仲間であるペンギンがいること自体が、大いに不思議なことと映るのではないか。

あるいは、テレビでヤンバルクイナのことを見るかもしれない。ヤンバルクイナもペンギンと同様、鳥ではあるが空は飛ばない。しかも、こちらはペンギンとは違い、陸上で生活しているにもかかわらず、である。さらに反対の事例として、コウモリのような空を飛ぶ哺乳類の存在についても知るようになるだろう。これもまた、衝撃的な経験にちがいない。

こういった経験の度に、子どもたちは自らの意志と力で調節を実行し、概念を更新していく。調節により、人は知識の構造を、自分を取り巻く世界とより整合するように修正し、その質を徐々に洗練させていくのである。併せて、調節により、今度はペンギンやヤンバルクイナも「鳥である」と、自らが更新した新たな概念の中に適切に位置付けること、つまり、さらなる同化も可能となる。

以上が、大人も含め人間が概念を形成していく際の**学びのメカニズム**であるが、この高度なメカニズムを五歳児はすでに身に付け、しかも自ら進んで日常的に行使している。この事実一つをもってしても、子どもたちは自ら学ぶ力を兼ね備えていると言えるだろう。

全ての子どもは有能な学び手として生まれてくる

同化と調節というメカニズムに基づく学びは、五歳児どころか、いまだ言葉を操ることのできない赤ちゃんでも、すでに生じている。

例えば、飴玉を見つけた赤ちゃんは、それを口に入れる。飴玉だと知っているから口に入れるのではない。赤ちゃんは口に入れるのと手でつかむくらいしか、対象に対する関わり方をもち合わせていないのである。しかし、口に入れるという関わり方は、こと飴玉に対しては食べ物であるという本質的理解をもたらす適切なものであり、赤ちゃんは甘さを享受しながら飴玉の同化に成功する。

別な日、赤ちゃんはビー玉を見つける。飴玉と同様に丸く光るものなので迷わず口に入れるが、今度は同化できずに吐き出した。ビー玉を同化するには、ビー玉という対象からの要求に突き動かされる形で、つかんだ手のなめらかな動きにより転がせるようになる、つまり関わり方の方を調節する必要がある。そして、新たに獲得した関わり方であるなめらかな手の動きは、先々ピンポン玉やビーチボールを同化する際にも用いられる。もちろん、重さや大きさや材質が異なるので、そこではさらなる調節が求められるが、彼らは嬉々としてその学びに熱心に取り組むであろう。

このように、すでにもっている関わり方による対象の同化と、対象の要求に根差した関わり方の調節を繰り返すことで、赤ちゃんは徐々に身の回りの環境について理解を深めていく。感覚運動的か言語的かという違いはあるが、メカニズム自体は「鳥」概念の形成・更新やそれに伴う知識の拡充・洗練と同様であり、これこそが学びという営みの原初的形態にほかならない。

「学びという営み」、どこかで聞いたフレーズである。そう、第一節で見たとおり、資質・能力の育成を目指す授業づくりの要件としての「主体的・対話的で深い学び」の実現において決定的に重要とされたのが、**「人間の生涯にわたって続く『学び』という営みの本質」**を捉えることであった。みなさんの中には、**「人間の生涯にわたって」**という表現を不思議に感じていた人がいるかもしれない。しかし、すでにお気付きのとおり、この表現を伴っていることこそが重要なのである。

五歳児はおろか赤ちゃんでさえ、環境内のひと・もの・ことに能動的に関わろうとする傾向性を有しており、この傾向性がもたらす環境との相互作用を通して、徐々にではあるが確実に、自身を取り巻く世界への理解を深めていく。つまり、全ての子どもは生まれながらにして有能な学び手であり、適切な環境との出合いさえあれば、自ら進んで環境に関わり、学びを実現していく存在である。

このような子ども観に立つならば、授業づくりとは、その子にとって適切な学習環境をいかに提供するかという問いとして集約的に理解できる。より具体的には、それが文字どおりの環境の提供、すなわち幼児教育などでいう学習環境整備であることもあるし、通常の授業形態の中で教師が提供する教材や発問や板書である場合もあるだろう。さらには、仲間との対話や協働、教師を含む様々な大人との関わりも、子どもの学びを促進する環境として機能する。いずれの場合にも大切なのは、子どもがそれらと出合うことにより、自らの意志と力で知識をよりよいものへと修正・洗練・統合し続けていけるような質を兼ね備えていることにほかならない。まずはこのような子ども観、学習観に立つことが、「人間の生涯にわたって続く『学び』という営みの本質」を捉える原点となる。

インフォーマルな知識が生かせる授業づくり

実際、子どもたちは乳幼児期からこのような質の学びを自ら進んで旺盛に展開しており、就学時にはすでにインフォーマルな知識とか素朴概念と呼ばれる膨大な知識を所有している。

一年生算数科の図形学習を例に考えてみよう。子どもたちが卒園した幼稚園や保育所から積み木やブロックを借りてきて「これでどんな遊びをしたの」と尋ねる。すると、次々と手が挙がり様々な気付きを語ってくれるから、それをみんなで確かめ合っていくだけで十分に深い学びとなる。

「三角の積み木を二つ合わせると四角になるんだよ」

「へえ、そうなんだ。どの三角の積み木でも四角になるの」

「ううん。角のところがキチンとなっているやつだと、二つ合わせると四角になるの」

二つの直角二等辺三角形を底辺で組み合わせると、正方形になると言いたいのである。もちろん、直角も正方形も言葉としては知らないが、遊びの中でこの事実に気付き、きっと上手に活用して目指す積み木の形をあれこれ実現した経験があるのだろう。

あるいは、円柱形のブロックを手に、こんなことを教えてくれる子どももいる。

「この形はね、平べったい方だったらいくつも積めるんだけど、丸い方だとコロコロってなっちゃってダメなの」

この子は、曲面と平面の違いについて語っている。ブロックを高く積み上げたいというのは子どもの素朴な願いであり、その実現に向けあれこれ工夫する中で、面には平面と曲面があると気付いたにちがいない。たとえ言葉は知らなくとも、個別事例に対し両者を正確に弁別できるようであれば、平面と曲面の概念を獲得していると判断できる。

また別な子が、同じ円柱形のブロックについて、すごい発見を語りだした。

「これは不思議でね。平べったい方から見ると丸いんだけど、横から見ると四角になるの」

「本当だ」という驚きの声が上がる一方で、いまひとつ意味が了解できない子もたくさんいる。

こういうときこそ、教師の出番である。ブロックを子どもの席の近くまで持っていき、真横から見えるように角度を調整する。しかし、それでもなお「四角には見えない」という子は少なくない。

そこで、照明を消しカーテンを閉めて教室を暗くし、習字用の半紙を持ってきて、後ろから懐中電灯で照らして影絵状態にする。今度は、円柱形のブロックが向きによって丸になったり四角になったりする様子を全員が同時に確認することができ、子どもたちは大いに納得した。

二〇一七年版学習指導要領を巡って、よく「小学校一年生はゼロからのスタートではない」と言われるが、幼児教育とのなめらかな接続を図るためにも、子どもたちがもっている**インフォーマルな知識に注目し**、これを子どもたちが存分に生かせる授業づくりを工夫したい。

と同時に、子どもたちだけでは難しい場面では、教師の適切な支援が望まれる。精一杯頑張ったけれど分からなかった、上手くいかなかったときに教師が支えてくるのは、子どもからしても大歓迎であろう。「さすが、僕らの先生だ」となり、この先生についていこうと、自分たちの方から心を寄せてくる。子どもを信頼し委ねることと、教師がしっかりと支えることとは、なんら矛盾しない。

よりたくましく、より有能に

ところが、しばしば従来の学校では、子どもたちがもっている知識や経験、自分たちで学び進めていく力といったものに重きを置かず、「手はお膝、お口チャック」といった行動規範をしつけ、その極めて受動的な状況下で、今なぜこの活動をするのか、子どもには必然性も感じられなければ文脈さえ取れない活動を散々やらせた挙げ句、「この形を三角、こちらの形を四角といいます」などと教えたりするので、子どもたちはかえって上手く学べなかった。

さらに厄介なことに、そんな「『学び』という営みの本質」とはかけ離れた授業で子どもたちが上手く学べない原因を、あろうことか子どもの側に求め、「落ち着いて勉強に取り組む姿勢ができていない」「話を聞く力が弱い」「理解力に問題がある」などと言っては、いよいよ規律訓練やドリル、宿題の乱発に終始してきた。もちろん、そんなことで上手く学べるようになりはしないし、いわんや子どもたちがアクティブ・ラーナーへと育っていく可能性など皆無であろう。

資質・能力の育成や主体的・対話的で深い学びとは、ごく普通に子どもがその誕生のときから進んで旺盛に展開してきた**学びの延長線上でこそ実現可能**であり、また実現すべきでもある。すでに子どもたちが展開している学びをそのまま就学後も継続させるとともに、子どもたちだけでは難しい場面では教師が適切に支えることにより、子ども主体の活動を通して着実な学びを生み出していきたい。

さらに、資質・能力の育成においては、第一節で述べたように、多様な学びの経験をその教科等ならではの中核概念との関係や「見方・考え方」の視座から俯瞰的に眺め、比較・整理することで統合的概念化を進める必要があるが、それを子どもたちだけで成し遂げることは相当に難しいだろう。ここはやはり、教師が明確な意図性や指導性をもっていざなう必要がある。

もっとも、小学校入学以前から、子どもたちは**「見方・考え方」の萌芽**をもっており、素朴で不完全ながらもそれらを活用して、つまり「働かせて」暮らしてもいる。

例えば、ある冬の寒い日に、幼稚園の水たまりで氷が張っているところと張っていないところがあるのを不思議に思った五歳児たちが、帰りがけにバケツに水を入れ、思い思いの場所に置いた。冷え込んだ翌朝、一人の園児が一目散に一つのバケツへと向かい「あれっ」と声を上げる。しばらく考え込んでいたその子は、「そうか」とつぶやき、続けて「だったら」と言って別のバケツへと向かう。そして、「やっぱり」と叫び、ニンマリと微笑んだのである。

最初のバケツに向かうとき、この子の中には氷ができる原理についての理論的説明が仮説としてあり、そこから特定のバケツの水に関する予想が導き出されていたのだろう。ところが、予想に反してバケツの水は凍っていなかった。この事実を踏まえ、この子は理論の修正を試みる。そして、修正された理論を検証すべく向かった別のバケツの中に予想どおりの結果を見出し、ニンマリとしたにちがいない。

条件制御や系統的観察といった科学の方法論は、三年生から段階的に指導する。しかし、その萌芽はすでに五歳児にして感得されており、巧妙に繰り出されてさえいる。「小学校一年生はゼロからのスタートではない」というのは、「見方・考え方」についても真実と言えよう。

私は、「見方・考え方」について「育成する」や「指導する」ではなく、**「働かせる」**という独特な表現があえて採用された背景に、このような洞察があるのではないかと考える。また、だからこそ子どもたちが所有し、すでに「働かせて」いる素朴で不完全な「見方・考え方」を、小学校入学後に出合う、「親学問」に固有な対象へのアプローチをフォーマルで体系的な形で体現する各教科等の学びを通して、より完成度の高いものへと鍛え上げることが、各教科等の任務となってくるのである。

子どもたちが長い時間をかけて自力で形成してきた発展途上の概念や「見方・考え方」の萌芽を、授業を通してより洗練されたものへと鍛え上げる。このような質の学びを経験する中で、子どもたちは教師が支えてくれたやり方を見よう見真似で自分の中に取り込んだり、その教科等ならではの「見方・考え方」を**自らの世界観を構成する視座**として明確に位置付けたりしながら、徐々に自分たちだけで実現できる学びの範囲を拡充し、その洗練や統合の度合いを高めていく。

全ての子どもは、その誕生のときから進んで学びを展開してきたという意味において、すでにアクティブ・ラーナーである。したがって、まずは子どもたちが、その所有する膨大な知識や経験を存分に生かせる授業づくりが求められる。加えて、学校は授業の中で実施される教師からの様々な支援や指導を足場として、さらに子どもたちがより広範囲にわたる深く統合的な学びを自律的に成し遂げられるようになっていくこと、すなわち、アクティブ・ラーナーとしてのたくましさや有能さを一層高めていくことを目指し尽力していきたい。学校が子どもをアクティブ・ラーナーに育てるというのは、このような質の事柄として理解される必要がある。

3　学びに向かう力

大人たちの無理解が無気力な子どもを生み出す

それでもなお、「目の前の子どもを見ていると、とてもそんな風には思えない。万事に意欲が低く、なかなか課題に取り組もうとしないし、すぐにあきらめて投げ出してしまう子がいる」と言いたい人がいるにちがいない。しかし、繰り返し見てきたとおり、その多くは子どもの側の問題ではなく、子どもたちに**学びの文脈が取れないような課題なり場面を教師が設定していること**に起因する。

今は教室で無気力に見える子どもたちも、小学校に入学してきた直後は、やる気に満ちあふれていたにちがいない。ところが、毎日、毎時間、話の見えない授業が繰り返される。それがいかに不快で苦痛に満ちたものであるかは、第二節の「洗濯」の文章でみなさんも経験されたとおりである。

そんな状況に子どもたちは為す術もなく、環境に能動的に関わり、自らの既有知識を存分に活用して同化と調節を繰り返しながら自分らしく学び深めること、つまりアクティブ・ラーナーとして振舞うことを徐々に断念するようになっていく。遂には、教室では教師に指示された最低限のことしかせず、学校以外の場でも、およそ学習に関する全てのことをテストで点数が取れるとか成績を上げるのに有利に働くかどうかだけで判断し、行動するようになる。

もちろん、生来のアクティブ・ラーナーとしての特質も能力も失っているわけではなく、自分にとって意味が感じられ、しっかりと文脈が取れさえすれば、いつでもアクティブに学ぼうとするし、学ぶことができる。国語科や算数科の授業ではすっかり受け身でしかない子が、生活科の時間には生き生きと活動し、驚くような工夫や粘り強さを見せたといった事実は、そのよい証拠であろう。

問題の深刻さは、学年が上がるにつれ、勉強ができるかどうかに置かれる価値がどんどんと肥大化する点にある。「元気が一番」などと言ってくれていた親も含め、周囲の大人たちが常に勉強の出来不出来にばかり関心を抱き、あろうことかそれをほぼ唯一の指標として自分たち子どもの価値を推し量り始める。もはや人権侵害としか思えないが、大人たちは口をそろえて「母さんはあなたが憎くて言っているわけじゃないのよ。あなたの将来のことを本気で考えるからこそ、こんな耳の痛いことも言わなきゃいけない。あなたも、もう少し真面目に自分のことを考えてほしいわ」などと、恩着せがましくもどこか優しい言い方をするから、子どもだってつい自責的になってしまう。
そんな風に毎日責められると、それまでなんとか学校や勉強の周辺にとどめていた無気力が、いつの日か堰を切ったように、生活や人格の全領域に及ぶようになる。あなたの前にいる、万事に無気力にしか見えない子どもは、こうして生み出された。まったくもって、子どもという存在と「人間の生涯にわたって続く『学び』という営みの本質」に対する大人たちの無理解なり誤解の被害者としか言いようがない。

意欲を学び直す

被害者は、救済されるべきである。

生まれながらにして無気力な子どもなどいない。無気力は後天的な「学習」により生じるのであり、心理学ではこれを学習性無力感（Learned Helplessness）と呼ぶ。では、何を学習したのか。自身の頑張りがなんら役に立たないこと、つまり努力の無効性を学習し、無力感に陥ったのである。
ならば、努力の有効性を学び直せば、無気力もまた改善されるにちがいない。キャロル・ドゥエックはこのように考え、極端に無気力と診断された八歳から一三歳までの子ども六名を対象に、再帰属法と名付けた二五日間の教育プログラムを実施した。[1]
子どもたちは放課後に一五セットの算数の問題を解くよう求められるのだが、合格基準が決まっており、毎日二〜三セットは基準に到達できず失敗を経験する。失敗に対し教師は、あとどれだけ解けばよかったかを告げ、さらに失敗の原因は努力が足りなかった点にあり、気持ちを集中して努力するよう諭す。そして、気を取り直して努力した次のセットでは成功するという経験が繰り返される。

プログラムの背後には、無気力な子どもは失敗の原因を能力不足に求めがちなのに対し、意欲的な子どもは努力不足に求めるという知見がある。このような個人の認知傾向を原因帰属というが、先の手続きは能力帰属から努力帰属へと子どもたちの原因帰属を変容させた上で、実際に自身の努力の有効性を繰り返し経験させることを意図していた。

プログラムの結果、子どもたちは粘り強さを身に付け、失敗に直面してもあきらめたり混乱したりすることなく挑み続けるようになり、成績も大きく改善された。子どもたちは意欲を学び直し、無気力からの復活を遂げ、再び学びへと返り咲くことができたのである。

二つの能力概念とマインドセット

ドゥエックはこの研究を発展させ、マインドセット（mindset）という考え方を打ち出す。[2]

学習や達成を巡る子どもの心理には、努力と能力の二つが大きな役割を果たしている。小学校低学年の子どもに「頑張る子」と「かしこい子」について尋ねると、頑張る子はできることがどんどん増えていくから、だんだんとかしこい子になる、なので、頑張る子がかしこい子だと答える。

つまり、努力と能力は同じ方向を向いていて、努力によって能力は常に、そしてどこまでも変化・成長し続けられるという概念をもっているのである。ドゥエックは、この成長的な能力概念を基盤とする見方を、**成長的マインドセット**（growth mindset）と名付けた。

一方、中学年くらいから徐々に、同じ成績を取ったとすれば、より頑張らなかった子の方がかしこい子だと考えるようになる。この考え方では、努力と能力は逆方向を向いていることになるが、これは能力の捉え方、能力概念が発達的に変化してきていることに起因する。

つまり、能力とは生まれながらにしてその限界が運命的に定められていて、何をしても一生涯変わることのない、いわばキャパシティであるとみているのである。すると、同じ成績であれば、努力すればするほど能力が低いことを自分にも他人にも証明してしまう。ドゥエックは、このような固定的な能力概念に支配された見方を、**固定的マインドセット**（fixed mindset）と命名した。

固定的マインドセットは、他者との比較や反比例的な見方といった認知能力が発達したからこそ獲得できた、その意味で高度で洗練された概念ではあるが、様々な副作用をもたらす。

そこでは、物事に取り組むのは理解や上達のためではなく、自身の能力の高さを自分と他人に誇示するためである。テストで悪い点を取る、試合に負ける、友達と上手くいかないといったつまずきは、全て能力が低い証拠となり、ただちに失敗を意味する。したがって、少しでもそうなりそうな気配を感じると、不安を感じ、消極的で防衛的になる。過敏なまでの他者との比較や、そこから生じるねたみやそねみ、あるいはあざけりや侮蔑といった負の社会的感情も、同様の心理がもたらす。

また、できるだけ努力しないで成功すれば、それこそが優秀さの最もよい証明になるので、努力は基本的に忌まわしいものになってしまう。テストや試合の前日にわざと勉強や練習をさぼったり、せっかく勉強を頑張っているのにそれをひた隠しにしたりする中学生の心理の背後では、このメカニズムが働いている。

一方、発達的にはより幼い成長的マインドセットも、上書きされたり消えたりするわけではなく、大人の心の中にも残っている。マインドセットは一種の思い込み、信念であるから、いずれのマインドセットがその人の日常生活で優勢になるかには個人差が生じがちである。

成長的マインドセットが優勢な人は、固定的マインドセットに縛られている人とは、まったく異なる精神世界を生きている。物事に取り組むのは、何かしら新たなことの理解や上達のためである。したがって、自分が大切だと思うものを本気で追究しないこと、可能性を十分に発揮しないでいることこそが失敗だと考える。懸命に取り組む途上で生じたつまずきは、むしろ今後どうすべきかを教えてくれる有益な情報源であり、一時的にはがっかりするかもしれないが、決定的な失敗とは考えない。また、努力こそが人をかしこく、有能にしてくれるものであるから、わざと努力を差し控えたり、いわんや隠したりすることは決してない。また、他人の努力や成功を素直に賞賛し、共に喜ぶことができる。他人の成功は、自分がどうすべきかにヒントや勇気を与えてくれる参考事例であり、およそネガティブな感情とは無関係なのである。

このように、いずれのマインドセットが優勢になるかによって、「学びに向かう力」は一八〇度違ってくる。言うまでもなく成長的マインドセットの方が好ましく、両者の違いの影響は日々の教室での振る舞いや仲間との関係性、経験する感情や形成される自尊心、そして従来型の成績はもとより、学び取られる知識や技能の質にまで及ぶだろう。

マインドセットは子どもの感情世界に大きな影響を与えるが、所詮は主観的な思い込み、個人の信念にほかならない。したがって、適切な教育的働きかけにより修正や形成は十分に可能である。

いくら頑張ってもできない、分からない経験や、いつも他人との比較で評価される経験は、固定的マインドセットを優勢にしがちである。気を付けたいのは、成功時にその子のよさを認め励ます意図で「頭がいいね」「優秀だね」と能力に焦点を当てた褒め方をすることが、固定的マインドセットへの引き金になりかねないことであろう。こちらは認め励ましたつもりであり、実際そのときは子どももうれしく誇らしいのだが、同時に「もし、次回も引き続き成功できなければ、それは頭がわるいことの証拠である」とのメッセージをも、子どもは無意識のうちに受け取っている。

これとは逆に、頑張りに応じて望む結果が得られたという経験や、他人との比較ではなく、以前の自分と比べて伸びた部分が評価される経験、成功に対してはそれをもたらした努力に焦点を当てて賞賛することなどが、成長的マインドセットを活性化する。

今一度、**教室の心理的環境をマインドセットの視点から見直してほしい**。きっと、気になる点や改善すべき方向性が見つかるにちがいない。少しずつでいいから、授業中の発言や子どもへの声かけ、さらには授業の進め方や評価の仕方などを工夫することで、時間はかかるが、着実に子どもたちの学習に対する構えやそこで抱く感情、仲間との関係性などがよい方向へと変化していくだろう。

さらに、学校全体で改革に取り組んでいけば、それこそ校内の風土がみるみる変わってくるし、遂には保護者や地域の人々の意識まで変化する。そこまでいけば、新しく入学してくる子どもたちもみな、生来の成長的マインドセットのままで、ずっと学校生活を送っていくことができる。そんな学校で、子どもたちがアクティブ・ラーナーとしてたくましく育っていくのは、言うまでもない。

メタ認知

本項で見てきたことは、意欲や感情に関わっている。これらは従来、ともすれば学力に含まれないこともしばしばであった。しかし、努力と能力の関係に関する健全な信念を基盤に、努力の有効性を信じ、現に粘り強く頑張り続けられることは、質の高い学びに不可欠な要因と言えよう。したがって、これらを学力論の中に正当に位置付け、学校教育が育成すべき対象の一つとするのは、ごく自然なことであり、大切なことでもある。二〇一七年版学習指導要領では、これを「学びに向かう力」として学力論の中に位置付けている。また、第一節で見たように、非認知能力の重要性と育成可能性に関する研究の進展が、コンピテンシー・ベイスの学力論を生み出す大きな契機ともなった。

もっとも、非認知能力という名称とは裏腹に、原因帰属にせよマインドセットにせよ、明らかに認知的な要因である。しかし、これは驚くに値しない。一九七〇年代以降、心理学者たちは意欲や感情

の多くが、原因帰属に代表される認知に大きく左右されることを明らかにしてきた。(3)

さらには、いくらやる気に満ちあふれていても、自分にとって適切な目標を設定し、それに照らして妥当な学習計画を立案、遂行し、さらに目標と現状の関係を吟味して、必要があれば計画を修正するといった認知的な調整、「主体的に学習に取り組む態度」の評価で話題になった「**学習の自己調整**」を自力で遂行できなければ、せっかくの「やる気」も具体的な学習行動には結び付かず、単なる「はやる気」に終わってしまう。意欲や感情は認知によってその質や水準が大きく左右されるし、意欲や感情を質の高い学びとして開花させるには、やはり認知的な調整が不可欠になってくるのである。そして、この認知的な調整機能の中心に位置するのが、メタ認知（Metacognition）である。

メタ認知には、二つの要素がある。一つは、自分の学習過程をもう一人の自分が時々刻々モニターし、状況に応じて適切にコントロールするスキル的な要素で、メタ認知的活動と呼ばれる。例えば、本を読んでいるときに上手く読めているかどうか、上手く読めていないならばどこで分からなくなったかといったことを常時監視し、さらにどうすべきかについて適切な判断が下せる能力である。

もう一つは、知識的な要素で、メタ認知的知識と呼ばれる。自分の学習能力や学習適性に関する理解の他、学ぶとはどういうことかという学習観、学習課題の性質や効果的な課題解決方略に関する知識などを含む。漢字や英単語を一日にいくつなら覚えられるかといった判断も、メタ認知的知識の正確性に左右される。したがって、これが不正確だと、無理な目標設定をしていたずらに失敗を繰り返し、意欲を低下させる原因ともなる。

メタ認知を育てる方法は様々あるが、最もシンプルで効果的なのは、**長い学習過程を一人で計画し、学び進める機会の提供**であろう。第二節で紹介した単元内自由進度学習は、その典型である。

自力で立てた八時間から一〇時間に及ぶ学習計画には、それまで無自覚のうちに抱いていた、自身の学習能力や学習適性に関するメタ認知的知識が反映される。そして、実際に計画に沿って学び進めるわけだが、当初思い描いていたとおりにはいかないことがしばしば生じる。それは全て、自身が抱いていたメタ認知的知識の不適切さや不正確さを示唆するものであり、子ども自身による計画の見直しや修正は、そのままメタ認知的知識の修正にもなっていく。

一人で学び進めていく中で、時間の管理が思うようにいかず、楽しみにしていた発展学習にまでたどり着けずに終わることもある。子どもは大いに悔しがるが、こういった経験が次回以降、常に自分の学習過程をモニターしようとする姿勢を生み出し、結果的にメタ認知的活動の上達を促す。

子どもを一層優秀なアクティブ・ラーナーへと育て上げる上で、**メタ認知の育成や向上は極めて重要**である。そしてそれは、常に教師が前に立って指示を出し、あるいは横について説明してくれる経験ばかりしていたのでは、なかなか達成されない。「可愛い子には旅をさせよ」の心境で、ときには突き放し、自力で歩む力を鍛える機会を設けることが、これからの学校教育に強く求められる。

4　子どもと共に歩む学校と教師

子どもとつくる授業

先に、子どもたちが所有するインフォーマルな知識や経験を存分に生かせる授業づくりについて考えた。それに関わって、次のような相談を受けることがよくある。

「子どもたちがもつ知識や経験を生かすことで、子ども主体の活発な授業になるし、深い学びにもなることはよく分かった。しかし、それではあらかじめの予想や計画が立たないから、出たとこ勝負の授業になってしまい、時間内に教えるべきことをキチンと教えられるかどうか不安だ」

子どものインフォーマルな知識を生かすからといって、一切の予想や計画が立たないということはない。子どもたちが所有する知識や経験に関する正確な見取りができていれば、どこからスタートしてどのような問いを共有し、さらにどのような議論や検討を経てどこにたどり着くかといったことは十分に予想できるし、しっかりとした計画も立てられる。

「見取りをどうすればよいか」という質問も多いが、目の前の子どもたちが、ある事柄を巡ってどのような経験なり知識をもち合わせているか、教師ならば大体の予測はつくであろう。また、予測がつくように、普段から子どもたちが話していることや、子どもの方から「先生、あのね」と話しかけてくる内容などを、**心からの関心を寄せて傾聴し、その意味を深く省察すること**が望まれる。

あるいは、休み時間や朝夕のちょっとした隙間時間に「今度、算数で形の勉強をするんだけど、みんなは形について、どんなことを知っているのかなあ。幼稚園で積み木やブロックで遊んだりしたでしょう。そのとき、こんなことに気付いたよってこと、何かある？」といった具合に、何人かの子どもに直接インタビューしてもよい。すると、子どもたちの中に興味深い経験やすごい発見について話してくれる子が必ずいるから、「それ、とっても面白いね。先生だけが聞いたんじゃもったいないから、明日の授業でそのこと、みんなに詳しくお話ししてくれますか？」とお願いすればいいだろう。

それでもなお不安を感じる人の多くは、いくら予想や計画を立てても、それぞれの子どもたちがもつ様々な知識や経験に依拠して授業を展開すると、どこかで必ず思いがけないことが起き、計画どおりに授業が進まないのではないかと心配している。本来、どんな授業でも万事が計画どおりに進むことはないから、そこを心配しすぎると、子どもが活躍する授業それ自体が実施不可能となる。

もちろん、インフォーマルな知識や経験を生かす授業では、展開の自由度がさらに大きくなるし、何より子どもの側にかなりの主導権を委ねるから、計画どおり進まない可能性は格段に上がる。

「ほら、やっぱりそうでしょう。例えば、授業の残り五分のところで予定していなかった問いなんか出されたりしたら、それが仮にいい問いであっても、いやいい問いであればこそ、収拾がつかなくなるんじゃないですか。それが心配というか、いやなんですよね」

確かに、その時間に限っては収拾はつかなくなる。しかし、何がまずいのか。新たに生じた問いを共有し、次時にもち越せばよいだけの話である。その方が、かえって子どもたちも意欲的に次時を迎えられるし、次時までに体制を立て直せる分、教師としても都合がいい。

むしろまずいのは、新たな問いを中途半端に引き受け、残り五分で収拾しようとすることの方である。そこでは、残された方策は一つしかない。

「今○○さんが出してくれた疑問、とても目の付け所がいいんだけど、もう時間がないから。実はね、これはかくかくしかじかこういうことです。分かったかな。では、まとめに入りましょう」

「実は」は、教師のNGワードの一つである。この言葉一つで、子どもたちの真剣な追究を強制終了させ、全てを教師サイドに引き込んでしまう。

子どもたちの学びを、四五分の枠内に閉じ込める必要などどこにもない。子どもに寄り添い学び進めていく中でチャイムが鳴ったなら、潔くそこで終わればよいだけの話である。

いっそのこと、こんな風に言ってみてはどうか。

「今、ちょうどとても盛り上がってきたところなんだけど、残念、時間が来ました。この続きは、明日にしましょう。それで、話合いの最後の方、本当にいろんな意見がたくさん出たんだけど、この先どんな風に話合いを進めていけばよさそうですか。先生も一所懸命に考えてくるけど、みんなもこうしたらいいんじゃないかって、考えてきてくれるとありがたいです」

少なくとも何人かはこれに呼応し、次時の冒頭、教師も驚くような鋭い考えや妙案を出してくれるにちがいない。また、それを受けて別な子たちも様々に知恵を絞ってくれるだろう。こうなればしめたもの。子どもたちの力だけで、授業は力強く前へと進んでいくし、話合いの質もいよいよ深まってくる。そして遂には、前時の遅れまで取り戻せたりもするのである。

授業は、教師が主催しつつも、**子どもと共につくるもの**である。したがって、授業の展開や進行に関わる全てのことを、教師が一人で思い悩む必要はない。困ったことや迷うことがあったなら、率直に子どもに打ち明け、一緒に考えてもらえばいい。その方が、子どもたちだってうれしいにちがいないし、子どもだからこそ思いつく解決策や工夫もたくさんある。

授業を巡る様々な意思決定において、もっと多くのことを子どもに委ね、あるいは相談することにより、子どもたちはより一層授業に主体的に関わるようになっていく。そして、結果的にアクティブ・ラーナーとしてのたくましさや有能さもまた、高まっていくのである。

学校という社会への子どもの参画

もっと多くのことを子どもに委ね、あるいは相談するということで言えば、今年度はまたとないチャンスである。コロナショックに伴い、学校は今年度の年間計画をはじめ、ありとあらゆることについて見直しを迫られている。しかも、こうすればよいという答えを誰ももち合わせていない。

今こそ、例示した授業場面のように「もちろん、先生たちも一所懸命に考えていくんだけど、みんなの学校のことなんだから、みんなもしっかりと考えて、こうしたらいいんじゃないかって意見を出してくれないか」とお願いしてみる。子どもたちは精一杯知恵を絞り、侃々諤々の議論を展開し、さらに児童会や生徒会が中心となって、教師や地域と共に学校の立て直しに邁進してくれるだろう。

ところが、年間計画の見直しや再構築はおろか、運動会や修学旅行をどうするのかという話合いの場にさえ、子どもたちの姿はほとんどない。実に不思議なことであり、もったいないとも思う。

ヨーロッパやアメリカであれば、当然のように子どもたちの代表を議論の場に迎え入れるだろう。また、仮にそうしなければ、子どもたちから批判と要求の声が上がると思う。自分たちも構成員である**学校という社会への正当な参画は、子どもたちの権利であり、義務でもある**というわけだ。

「日本の国民性だから」「子どもにはそんなことは無理だ」「被害者である子どもに責任を負わせるのか」など、様々な批判や疑念の声があると思うが、多くは事実誤認である。フランス人が政治や社会に深い関心をもち積極的な行動に出るのは、学校で政治的教養の教育をしっかりと受けてきたからである。また、社会に参画する機会を与えてこなかったからこそ、責任をもって考えたり行動したりできないのではないか。それどころか、子どもたちは大好きな学校でみんなのくらしが充実することに貢献したがっているし、一定の責任を負う覚悟すらもっている。二〇一七年版学習指導要領の、未知の状況にも対応できる資質・能力の育成という理念から考えても、学校における重要な意思決定への子どもの参画は得策であり、アクティブ・ラーナーへと育て上げる大きなチャンスと言えよう。

今年度は例年どおりの総合的な学習が実施できないと嘆く学校が多いが、総合的な学習の時間は身近な生活上の問題を自分ごととして探究し、自分たちが求める生活を創造する学びの時間である。ならば、時数不足という難問を前に、より望ましい学びを生み出すべく授業の計画を見直すとか、みんなが楽しみにしていた運動会や修学旅行をどうするか検討する活動は、総合的な学習の時間の趣旨に合致する。

重要なのは、ただ単に「運動会をしたい」といった要望を語るのではなく、そのために何をどうすればよいのか、どんな工夫をすれば実現できそうか、子どもたち自身が**事実に基づき、論理的に考え、**

民主的に議論し、様々な方法を駆使して検証する中で、より望ましい計画を立案することである。

もちろん、学校は子どもたちが探究するのに必要な情報は全て開示する。この教科の授業がこれだけの時数なのはなぜか、教科書の扱いはどうなっているのか、そもそも運動会なり修学旅行とはいつ、どんな経緯で生まれた行事であり、本校としてはどんなねらいで実施してきたのかなど、学校生活に関するありとあらゆる情報を、子どもでも理解できるように開示したい。教師にとっても、よい勉強の機会となるだろう。何より、子どもと一緒に十分な時間をかけ、資料に基づいて本格的に探究する中で、職員会議でバタバタと議論し決定するよりも、格段によい解決へと至れるにちがいない。

学校という社会への参画の機会を得て、一人一人がもてる力を存分に発揮し、現に自分たちが望む**学校生活を主体的・協働的に建設したという経験**は、どんな状況下でもしっかりと学び続け、自身の人生をたくましく創造性豊かに切り拓いていく確かな足場を、子どもたちに提供するであろう。

コロナショックが、今現在の私たちの生活に対する大きなピンチであることは疑いようがない。しかし、子どもたちの将来にとっては、それはまたとないチャンスともなり得る。ポスト・コロナショックの授業づくりをはじめとする学校教育の舵を、今後、どんな方向へと切っていくのか。全ては、今このときに学校で子どもたちと向かい合っている、私たちの決断と行動にかかっている。

(1) Dweck, C. 1975 The role of expectations and attributions in the alleviation of learned helplessness. *Journal of Personality and Social Psychology*, 31, 674-685.
(2) キャロル・S・ドゥエック著、今西康子訳『マインドセット――「やればできる！」の研究――』草思社、二〇一六年。
(3) 奈須正裕『やる気はどこから来るのか――意欲の心理学理論――』北大路書房、二〇〇二年。

第2章

時数不足の不安を払拭する
コンピテンシー・ベイスの授業づくり

小野健太郎／武蔵野大学講師
安達真理子／立教小学校教諭
齋藤淳／福岡教育大学附属福岡小学校教諭
森勇介／聖心女子学院教諭
山口大学教育学部附属山口小学校

オーセンティックにアレンジした教科書の学び

武蔵野大学講師　小野　健太郎

1　オーセンティックな学びとは？

「オーセンティックな学び」という言葉が、少しずつ学校教育の現場に浸透しつつあるのではないだろうか？「オーセンティック」とは「真正な／ほんもの」を意味する。すなわち、オーセンティックな学びとは、子どもたちが「ほんもの」のテーマをもって、有意味な文脈に乗りながら、本質的な学びを繰り広げていくことである。

例えば、算数科における「オーセンティックな学び」として、齊藤（二〇一五）の「トマト」の事例が有名である。この事例は、第五学年「単位量あたりの大きさ」の学習に位置付けられる。しかし、従来の教材と異なり、用いられるトマトは「ほんもの」のトマトである。トマトの種類、個数、値段（表1）を提示して、「どれが最もお買い得か？」を問う。

数理的に処理できない判断の要素（＝六個入りは食べきれないかもしれない、ミニトマトはお弁当なんかに使い勝手がいいね等々）が多分に混在する。そんな中、数理的に処理できるための条件（＝比較対象の条件をそろえること）に気付くことが目的だ。

この事例では、「ほんもの」のトマトを教室にもち込み、「ほんもの」の買い物場面を想起させ、「ほんもの」の数理的処理の条件を考察する。これこそが、オーセンティックな学びである。

表1　どのトマトがお買い得か

種類	個数	値段
トマトA（パック）	2	248円
トマトB（パック）	4	378円
トマトC（袋入り）	6	430円
ミニトマトパック	多数	280円

（齊藤、2015、108頁より転載）

ンティックな学びの典型事例である所以である。

算数科における「オーセンティックな学び」を実現する教材は、他にも枚挙にいとまがない。全国学力・学習状況調査において二〇一八年度まで実施されていたB問題を想起していただきたい。そのような多様な文脈をまとった教材を授業にもち込むイメージである。これを、オーセンティックな教材と呼ぼう。

2　オーセンティックな教材と時数への素朴な疑問

ここまでお読みになった読者の方々は、次のような疑問を抱かないだろうか？

「教科書を学ぶのにも時間が足りないのに、オーセンティックな教材を扱ったら余計に時間がかかってしまうのではないの？」

「オーセンティックな教材？　教科書以外の教材を開発する時間なんて、もうないよ……」

妥当な疑問だと思う。

しかし、実はオーセンティックな学びで効率的に時数を圧縮することは十分に可能である。また、「主たる教材」である教科書は、アレンジするだけでオーセンティックな教材になる可能性を十分に秘めている。イニシャルコストは少しだけ余分にかかるかもしれない。けれど、全体でみればオーセンティックな教材を用いることは、私たち教師と子どもたちの学びに対するコストパフォーマンスを高める可能性があるのだ。

3　文脈を一貫させるオーセンティックな教材

そもそも、算数科の教科書教材には、長所と短所が裏表となった特徴がある。それは、毎時間のように変わる問題の文脈である。

第三学年「表とグラフ」における、ある教科書（仮想）の問題の文脈を取り上げてみよう。

第一時から第三時までは、「交通量調べ」をしている。小学校の前にある街道を通過する自動車の種類と台数を、表にまとめる（二時間）。次時では、その結果を表す棒グラフを読み取る（一時間）。

ところが、第四時では「学校で起きたけが調べ」という文脈を扱い、第五時では「好きなスポーツ調べ」という文脈に変わり、そして第六時では「図書室で借りられた本の種類と冊数調べ」といった文脈で学ぶといった具合である。

教科書の執筆者には個々の問題文脈で学ばせたいコンテンツ（＝知識・技能）と意図があり、**子どもがそれぞれの時間の文脈に上手く乗ることができれば**、まったく問題はない。また、いろいろな問題文脈で学んだ方が、子どもが飽きないという配慮もあるだろう。これは長所である。

ただし、ここに落とし穴（短所）がある。太字の「子どもがそれぞれの時間の文脈に上手く乗ることができれば」が、全ての前提条件となっており、しかも、それは、大人が思うほど簡単なことではない。従来からこのことは、文章題が苦手な子にとって、「場面把握」の困難さがつまずきの原因になっている可能性があるとして、度々指摘されてきた（例えば加固、二〇一六）。

昨日まで「交通量調べ」文脈で学んでいたのに、突然「学校で起きたけが調べ」文脈に変わることは、算数を苦手とする子にとっては実は大きな負担である。そのため、「場面把握」や「導入」と称して多くの良心的な先生方は、あの手この手を通じて、子どもたちを今日の文脈に乗せようとしてきた。子どもたちもそれに付き合って毎時間の新しい文脈に乗ろうとしてくれるのだが、そこからこぼれ落ちてしまう子も少なくない。そんな子にとっては、昨日とは違う「学校で起きたけが調べ」が目の前で展開されていく中で、「どうしてけが調べなんだろう？」「交通量の話はどこにいったのかなぁ？」などと思いながら、次から次へと問題文脈が遷移していくのである。

ならばいっそのこと、一つの単元を一つの問題文脈で一貫させてみてはどうだろう？　これこそがオーセンティックな教材の発想そのものである。例えば、第三学年「表とグラフ」であれば、単元で一貫した「交通量調べ」文脈で学ぶのである。これならば、問題文脈からこぼれ落ちる子どもの心配も減ずる。しかも、「場面把握」のための時間を省いて、あっという間に本題に入れるという利点もある。時数圧縮。

余談だが、文脈の一貫性が重要であるという指摘は、他教科等と比較すればなんとも当然の話だと思う。国語科では、登場人物の心情の移り変わりを学ぶために「ごんぎつね」という文脈を一貫して扱い、社会科で地域の気候の特色を生かした産業等を学ぶために「沖縄県の人々のくらし」という文脈を一貫して扱う。単元の中でこんなにもコロコロと文脈が変わってしまうのは、算数科の特殊さではなかろうか？

私たちが用いる教科書の各単元の冒頭（いわゆる大導入）は、各ページの中でも特に工夫が凝らされており、また、単元の学習内容の本質に迫るものとなっていることが多い。したがって、私たちが文脈の一貫したオーセンティックな教材を用いようとするならば、この単元の冒頭に掲げられた教材を利用しない手はない。先ほども述べたように、教科書教材をオーセンティックな教材にアレンジすることは、不可能ではない。

4　教科書教材をオーセンティックにアレンジ

再び、第三学年「表とグラフ」の単元を例に考えてみよう。教科書教材を、文脈の一貫したオーセンティックな教材にアレンジして効率的に学ぶためには、以下の三点に留意するとよい。

①リアルな場面でスタート、②有意味なゴール（教科等横断）、③コンテンツの共有である。

①リアルな場面でスタート

教科書教材から、文脈を一貫させ、オーセンティックな教材に変容させるには、子どもたちが「リアルな場面でスタート」という経験をすることは欠かせない。これが第一のポイントである。

例えば、ある教科書の単元の大導入では、「いろいろな車が走っているね」「どんな車が多いのかな」「数えてみよう」といった交通量調べを誘引する意図がみられる。

それならば、早速子どもを引き連れて交通量調査に出かけよう。とにかく、リアルな文脈に出合わせる。その負担がどうしても大きすぎるならば、子どもたちの通う学校の近隣の道路の様子をスマートフォンで五分間撮影した映像を見せるだけでもかまわない（写真）。

写真　実際の交通量（動画）

なぜ「リアルな文脈との出合い」が欠かせないのだろうか？　それはリアルであるがゆえに、子どもたちの既有知識が活性化され、学びの「取りつく島」が増えることが期待されるからである。

リアルな文脈に出合うことの意義は、単に子どもがワクワクするということだけを意味しない。例えば、「交通量調べ」の事例であれば、子どもたちはリアルな道路の様子について、「知っていること」「知っているつもりだったけれど、案外分かっていなかったこと」を膨大に表出することができる。「ここの横断歩道、青になるのにすごく待つよねー」「今通ったト○タのプリ○ス！　うちで乗ってる車と同じ」「画面の脇から、自転車の人が突然出てきた！　危なくない？」

これらのことは一見すると、「表とグラフ」の学習内容に関連付かないように思われるかもしれない。だが、ここで再度強調するが、子どもがワクワクすること以上に、この膨大な既有知識の表出には二つの意義がある。

第一に、単元で一貫した文脈に乗れたということ。「わたしに／ぼくに関わる道路（文脈）」が単元を一貫するということで、毎時間、文脈からこぼれ落ちていく子を心配しなくてもよい（＝その後の導入が省ける）。

第二に、数理的に処理できない多彩な文脈の中から、算数で取り扱い得る条件はどのようなものなのかを主体的に考える契機となり得ること。これは、齊藤のトマトの事例と同様である。例えば、「交通量調べ」では、それぞれの自動車のサイズ、色といった属性を捨象して数えなければならないなど、数理的な処理をするための条件に気付いていく姿が期待される。

このようにオーセンティックな教材にアレンジすると、イニシャルコストの増加は避けがたい。特に、子どもを校外に連れて行ったり、（五分とはいえ）動画を撮影したり、冒頭の話合いで一見では算数に関係のない発話が飛び交ったりすることは、遠回りをしているようにも感じるだろう。ただし、単元を進めていくにつれて、みるみる時数と負担感が圧縮されていくので、この最初のコストを費やすことは、先行投資に似る。

②有意味なゴール（教科等横断）

第二のポイントが、「有意味なゴール」の設定である。

せっかくリアルな場面を単元のスタートにしても、単に同一の文脈（交通量調べ）で学習を進めるだけでは、総時数に変化がないばかりでなく、冗長に一つの文脈を引っ張ることになり、むしろ子どもたちの飽きにもつながりかねない。

一貫した文脈が効果的に子どもの学びを引き出すには、どのような条件が必要なのだろうか？　その答えが「有意味なゴール」の設定である。すなわち、その単元末に「何をするために」学習しているのかという意味のある目標（＝ゴール）を明確に示すことを意味している。例えば、「交通量調べ」の単元冒頭での話合いを受けて、次のようなゴールを教師から提案してみてはどうだろうか。「ねえ、意外とたくさんの自動車が通っているし、自転車や歩く人も案外周りを見ていないでしょう？　せっかく今日から『表とグラフ』を学ぶんだから、それを利用して**学校の周りの道路の交通の様子を伝えるポスターを作ってみるのはどうかなぁ？**」

オーセンティックな教材の必要条件は、それが「ほんもの」であることだった。ならば、この「ポスター」も、可能な限り「ほんもの」であることが望ましい。ここで言う「ほんもの」とは、リアルな社会でも取り扱われる社会的実践を意味する。「交通量×ポスター」ならば、どんな実践が「ほんもの」だろうか。例えば、地域の警察署が交通安全の啓発を促すポスターを目にしたことのある子もいるだろう。できることなら、近隣の警察署から「ほんもの」のポスターをお借りして、子どもたちと共有しながら「ポスター作り」の目的を考えることが有効である。

この「ポスター作り」こそが、子どもたちにとっての有意味なゴールである。毎時間、表やグラフを機械的に読んだり書いたりを繰り返す作業と異なり、子どもたちが「どうすれば、分かりやすく伝わるかな？」という目的意識を常に参照しながら、表や棒グラフを作り出す契機となる。また、同一の文脈であったとしても、一つ一つの表や棒グラフに工夫を施す必然性があれば、子どもたちが飽きることはない。このように、単にリアルな場面をもち込むだけでなく、有意味なゴールをめがけて学習を組織することがオーセンティックな教材にアレンジする大切な要件である。

でも、ちょっと待ってほしい。「ポスター作り」にかかる時数はどこから捻出できるのだろう？　本書のテーマは本質的かつ効率的な学習だったはずだ。指導経験のある方ならお分かりだろうが、ポスターなんか作っていたら、余分に二～三時間必要になることは目に見えている。

実は、この時数問題は教科等横断的な視点（カリキュラム・マネジメント）をもち込むことで、案外あっという間に解決できる。例えば、同学年の国語科「調べたことをほうこくしよう」と関連させるのはどうだろう？「交通量調べ」で作成したポスターを国語科との教科等横断的な位置付けで扱うことが可能である。いや、むしろ積極的に活用することが望ましい。教科等横断による時数のマネジメントは、どちらの教科等にもメリットしかない。

他にも、第四学年「折れ線グラフ」の学習であれば、理科「天気と気温」と教科等横断的に取り扱うことが可能だ。折れ線グラフを用いて「一日の気温の変化」を表現することを有意味なゴールに設定することは、王道中の王道である。算数科から視野を広げてみれば、算数を活用した有意味なゴールを他教科等の中に見つけることはさほど難しいことではない。

ゴールを教科等横断的に見つけるために、まずは算数の目で他教科の教科書を眺めてみよう。理科や社会科、家庭科などの教科書ならば、思っていた以上に「数」「式」「表」「グラフ」等の数学的な表現が見つかるはずだ。そして、もう一つのコツが「単元末」である。例えば、国語科や社会科の単元末では、まとめの言語活動や新聞作りがしばしば行われる。こんな他教科等の「まとめ」に算数科のコンテンツを重ねることが、教科等横断的で有意味なゴール設定のヒントになる。

③コンテンツの共有

第三のポイントがコンテンツの共有である。

教科書を参考にすると、この単元で学ばせたいコンテンツが明確に分かる。例えば、「『正』の字を用いた表のまとめ方」「縦向き・横向き棒グラフの読み方・かき方」「項目を並べる順序」「グラフの一目盛りの表す大きさ」「簡単な二次元表」などである。

従来の教科書をベースとした学習の考え方は、これらコンテンツの一つ（ないし二つ）を一単位時間で教えるということを基本にしてきた。したがって、教科書の一ページずつを「押さえて」いかないとコンテンツの学習漏れが生じてしまうため、時数を削減することができないという理路になる。

ところが、オーセンティックな教材にアレンジした学習では、その様相ががらりと異なる。子どもたちはポスター作りに向かって、交通の様子が伝わるように表や棒グラフをあの手・この手を使って作り出そうとしてしまう。だからこそ、教室の中には同時多発的に多様な表や棒グラフがあふれかえる。

このとき、子どもたちが作り出した表やグラフの中には、必ず本単元で学ばせたいコンテンツが隠れている。「縦向きに棒グラフをかく○○さん」「横向きに棒グラフをかく△△さん」「項目を並べる順序が他の子と異なる□□さん」「一目盛りの大きさを変えている◇◇さん」等々。こんな風に、この単元で学ぶべきコンテンツと関わりのある子の表現を見つけたら、取り上げて子どもたちと共有してみよう。

そして、そっと子どもたちに問いかける。「みんなで交通量を調べたはずなのに、どうして見た目が違う棒グラフになっているのかなぁ?」

「△△さんは、○○さんのグラフを横にしたんでしょう。だって、その方がポスターの構図がいいじゃない」

「構図」だなんて、立派な言葉も出てくる。

「きっと□□さんは、通った自動車の台数が多かった順に並べたかったんだよね」

「◇◇さんの調べた場所は、自動車の通った台数が多かったから一目盛りを一台にするとグラフ用紙をはみ出しちゃうんでしょう? だから一目盛りを二台にしたんだよね」

このようにして、単元で学ぶべきコンテンツが一挙に網羅される。当然、それらの丁寧な取扱いは必要だが、子どもたちはオーセンティックな学びの中では驚くほど柔軟にコンテンツを吸収していく。

もちろん、子どもたちの表現の中に現れなかったコンテンツは別途、時間を設けて教科書教材で学べばよい。しかし、そうではあってもオーセンティックな学びの中で本質的かつ効率的にコンテンツを学べる恩恵は、大変に大きい。

【引用・参考文献】
加固希支男『なぜ算数の授業で子どもが笑うのか』東洋館出版社、二〇一六年、七六-八〇頁。
齊藤一弥「算数・数学科 算数・数学という文化を丁寧に受け継ぐ」奈須正裕・江間史明編著『教科の本質から迫るコンピテンシー・ベイスの授業づくり』図書文化社、二〇一五年、一〇七-一一〇頁。

実生活に即して、探究的に、シンプルに

立教小学校教諭　安達 真理子

1　国語科の特質と「話す・聞く」「書く」単元

　近年の国語科教科書を眺めると、総合的な学習や特別活動・学校行事等とコラボレートするなど、教科等横断的な内容が多いことに気付くだろう。国語科が、他教科等を下支えする基幹教科であるとも言われる所以である。調べ学習を発表するための「話す」活動、学級会等で話合いを活性化させるための「話す・聞く」活動、地域の方へのお礼状を「書く」活動など、手段としてのコラボレーションが多い。

①他教科等のニーズに応えるコラボ単元の取扱い

　しかし、一方で、このような特質をもつ国語単元の有り様は、他教科等の授業や学校行事の実施状況等に大きく依存するという側面をもっている。コロナショックの影響により学習活動や学校行事に様々な制限が余儀なくされている現在、これらの単元を例年どおりに実施するのは、果たして望ましいことなのか。不自然な設定の下でのイメージトレーニング的な学習となってしまっては、内容の実現がおぼつかないばかりか、子どもたちにも理不尽な思いが残るだけではないか。ただでさえ時数不足の不安がある中、これらの単元は、他教科等や学校行事の状況に合わせて圧縮する、あるいは、別の形で機能させるのが現実的であろう。

　元来、教科書は全てのページ、全ての教材を扱う必要はなく、逆に全ての教材を網羅すればそれでよいというものでもない。育成を目指す資質・能力をもとに、各々の学習環境に合わせて選択し、利用するためにある。つまり、「教科書を教える」のではなく、「**教科書で教える**」ことを徹底し、実情に即して柔軟に判断し

てよいのではないかという提案である。

②東京書籍三年生の教科書では

例えば、東京書籍三年生下巻に「外国のことをしょうかいしよう」（一〇時間扱い）という単元がある。二〇二〇年夏にオリンピック・パラリンピック競技大会が開催されることを前提として、社会科や総合的な学習で行う調べ学習の発表方法（話の組立てや話し方の工夫）を習得する教材である。もし、予定どおり開催されていたら、同巻の「パラリンピックが目指すもの」（説明文）と併せて、有意味な単元となっていたであろう。

だが、今年度、この教材をそのまま取り扱うのは、少なからず無理がある。現時点ではオリンピック・パラリンピック競技大会は二〇二一年夏に延期されているが、状況をみながら、設定し直せばよいだろう。国語科は指導内容が二学年単位で構成されているので、次年度、四年生で扱ったとしても問題はない。あるいは、新型コロナウイルスも含め、子どもたちの関心事や地域の身近なテーマに変更し、規模を縮小した調べ学習にして短時間で扱うのも、一つの方法である。

③光村図書四年生の教科書では

光村図書四年生上巻の「お礼の気持ちを伝えよう」（六時間扱い）は、お世話になった方に手紙でお礼の気持ちを伝えるという「書く」単元である。社会科見学や総合的な学習等、実際の活動に関連した内容である。しかし、今年度はこのような校外学習を実施できている学校は、多いとは言えない。おそらく、すでに実施を見合わせた学校もあるだろう。

しかし、手紙の型や住所・宛名の書き方は、ぜひとも習得したい知識及び技能である。季節の便りとして別の場面を設定する等の工夫をして、取り扱うことが望ましい。例えば、今夏は帰省や旅行を自粛して、祖父母・親戚に会いに行くことができなかった等の経験を踏まえ、「会いたい人に手紙で気持ちを伝えよう」という単元目標にしてはどうだろうか。実生活に即した、切実で深い学習を行えることだろう。

④コロナショック下では、教科書編集の意図とは別に

つまり、様々な行事や校外学習が例年どおりに実施できない状況であるにもかかわらず、結果的にイメージトレーニングのような「話す・聞く」「書く」活動を展開するのは、子どもにとっての必然性の点からも、国語科の内容習得の点からも不適切であり、かえって不効率ではないだろうか。今年度は、教科書の記載内容を柔軟に解釈し、有意義で有効な方法を模索したい。

だが、各教科書会社が令和二年度版教科書を作成している段階では、新型コロナウイルスの感染が拡大する現在の状況を、当然誰も予測することはできていなかった。国語科が、地域や世界とつながり、探究的・協働的な学習を技術的にサポートするという、他教科等のニーズに応える基幹教科として機能することを目指して、教材が開発され、教科書が作成されたことを忘れず、その意図を汲みながらこれからの授業計画を練っていきたい。

そして、限られた条件の下で形を変えたとしても、このように重要な資質・能力を育成する単元を最大限、機能的に活用していきたい。

2　漢字は、繰り返し練習よりもシステムの獲得を

国語科が責任をもって担うべき教科内容に、漢字がある。しかも今年度は、学習指導要領改訂に伴い、学年別配当漢字が変更されている。四年生は、都道府県名の漢字が全て配当されたため、「潟」「縄」「岐」「阜」「滋」「栃」等、画数が多い漢字も覚えなければならなくなった。限りある時数の状況を考えれば、短時間で集中して多くの漢字の習得を行わなければならない。これまでのようなパターン化した繰り返し練習では追いつかず、シフト・チェンジが必要なことは明白である。

①国語辞典を活用して主体的・探究的に

漢字は、低学年のうちに面白さを実感させ、探究心を養えるかどうかが鍵を握ると考えている。筆者の勤務校では、一年生から全員がふりがな付き国語辞典を持ち、いつでも自由に調べられる環境を整えている。漢字学習の際にも、国語辞典を活用して、関連する言葉を競い合うようにして調べ、集める。教科書や漢字ドリルの範囲を超えて、音読み・訓読みを同時に覚えることも抑制しない。漢字は、正確に書くことも大事ではあるが、それ以上に、「意味をもつ文字」として「不思議が詰まった面白いもの」「研究したくなるもの」

という感覚で捉え、主体的・探究的に学習させたい。そうすれば、学習意欲が高まり、ドリル練習の時間や回数、負担感を軽減することができる。さらには、自由研究や自学自習として応用することもできる。

中・高学年では、新出漢字を教えてから覚えさせるという順序ではなく、調べてきて学校で確認するという順序に変えたい。国語辞典や漢字学習字典、漢字ドリルを使って、事前に調べてくることを家庭での予習とする。反転学習のように、授業で教えられる前に自主的に調べるという習慣が身に付けば、主体的な学習者に育っていくだろう。

②漢字の流儀を知れば、主体的に活用できる

漢字には、独自のシステム化された流儀があり、その流儀をつかめば、次に漢字を学ぶ際に活用できる。

筆者は、「思いやり」という独自の学習用語を使って、漢字の仕組みを教えている。はじめに、「林」という漢字を、「木」を二つ横に並べて書く。すると、左に書いた「木」の右はらいと、右に書いた「木」の左はらいがぶつかる。しかし、正しい「林」は、木偏の最後をはらわずに止める。後に書く旁（つくり）に場所を空けることは、先に書く偏（へん）には多くあることで、これは、次に書くことになる「木」への配慮・思いやりであると教えるのである。子どもは、漢字のこの流儀を大抵気に入ってくれて、自分から探そうとし始める。食偏《しょくへん》に至っては、「食」から大きく変化し、画数も一画減っているので、「思いやり」を見つけたときに、感動を覚えるのである。

このような漢字ならではの流儀を知ると、新しく出合う漢字に応用を図ることができる。例えば、竹冠《たけかんむり》が「竹」とは違い、下に書かれる字へのつながり・流れ（思いやり）のため、最後の一画がはらうになっているということを、自ら発見し、納得する。子どもは、「竹冠をはねちゃったら、次の字を下に書けないからね」と言い、「竹冠は、はねてはいけません」と教え込むよりも、結果的に定着までの時間が圧縮されるのである。

③漢字こそ、探究的に

子どもたちは、生涯、漢字を使って文章を読み書きしていくのだから、苦手意識や負担感を感じ嫌々学ばされるのでは気の毒である。アルファベット等とは異

なり、一字一字が意味をもち、幅広い活用域をもつ漢字を、探究対象とするような子どもを育てたい。

パターン化した指導を行い、一斉テストで出来不出来を決め、テストや補習を繰り返すという従来の方法では、時間がかかるだけでなく、意欲を減退させてしまう。漢字のもつシステムに関心を向けた学習方法を確立すれば、発見する喜びをもとに、集中して主体的・探究的に学習することができる。

3 物語文・説明文を「読む」単元では

国語教科書で時間数を最も多く配当されているのは、物語文や説明文の「読む」単元である。ここを圧縮することは困難であるかもしれないが、不可能ではない。ねらいを明確にして、あれもこれもと活動を多く盛り込まないことである。極論すれば、物語文は、面白さを語り合い、文学作品としてのよさや価値を鑑賞できれば十分だし、説明文は、説明の分かりやすさを語り合い、説明の意図や工夫を見つけて、自分が書く文章に応用できれば十分である。子どもたちには、将来にわたって読書する喜びを経験してほしいし、説明書等を正確に読んで実生活に生かしてほしい。国語で「読む」指導を行うのは、**生活を豊かにするため**と定め、シンプルにそれだけを追究する方法を模索したい。

①初発の感想を生かす

まず、初発の感想を無駄にしないことである。第一時でお決まりのように書かせるが、果たして子どもたちが書いた感想を有効に生かせているだろうか。感想は長く書けばよいというものではなく、テーマを捉えられれば、短くてもかまわない。また、子どもたちの間で捉えるポイントが多様になれば、学び合いを行う意義が生まれる。そのために、自由記述ではなく、一定の型を作って個々の言葉を比較しやすくするのである。

筆者は、基本的に、「このお話は〜だな。なぜかというと……」と「みんなで考えたい・話し合いたいことは……」の型で書かせ、全ての単元で継続し習慣付けている。一読でお話の全体像を把握し、問いを抽出する資質・能力を高めていくのである。一学期第一教材では、やや的外れな考えも書かれるが、次第に、本質に迫る鋭い感想・疑問が生まれて、収斂されていく。

読みの力は、第一次感想に現れるものだから、実態を把握した上で、子どもたちの読みを生かして、学習課題を焦点化していけばよい。新学習指導要領で示された「読むこと」における学習過程のうち、「構造と内容の把握」が、これに当たる。以下、具体的にどのように活用させるのか、実践例を示しながら詳説する。

②物語文「モチモチの木」（三年）の場合

「★『モチモチの木』は～だな。なぜかというと……」「★★みんなで考えたい・話し合いたいことは……」で書かせると、以下のような感想・疑問が生まれた。

【★に対して】
A：感動するお話だな。なぜかというと、豆太は、勇気がぜんぜんなかったのに、自分がどうなっても、医者をよぼうとして、すごかったから。
B：勇気のある話だな。なぜかというと、豆太は夜、一人でトイレに行けなかったけど、医者をよべたから。
C：面白いお話だな。豆太はせい長してモチモチの木を見られて、勇気のある人になったと思ったのに、「じさまぁ。」と言って、またおこしていたから。
D：落語みたいだな。オチがそれっぽかったから。

【★★に対して】
E：どうして豆太が勇気を出せたのか。豆太は勇気がなかったから。
F：なぜじさまがはらがいたくなったか。ぎもんだから。
G：なんで「モチモチの木」と名前をつけたか。ふしぎだったから。
H：「モチモチの木」について話し合いたい。面白そうだから。

学級全員の感想を座席表に書き込み、分析する。すると、素朴な感想や疑問の中に、教材の特性・価値を引き出すエッセンスがあると気付くことができる。それらを抽出して学習課題とし、シンプルな単元を構成すればよい。

③「モチモチの木」の感想・疑問を分析して

★では、A・B児が、豆太に共感し感動している素直な感想で、どちらかと言うと多数派であった。一方、C児は、物語を最後まで見通し、結末に着目して読んでいる。D児に至っては、落語の「オチ」と重ねて展開を読み取っている。この違いを生かして、「豆太は勇気のある子になれたのかな?」と問う。様々な考えが生まれるので、交流すると、ストーリー展開のよさ・面白さを発見していく授業をつくることができる。

★★には、実に鋭い疑問が出ている。E児の「豆太がなぜ勇気を出せたのか」は、豆太の人物像やじさまとの関係など大切な要素が絡み、本質に迫る問いになる。F児の心には、じさまが仮病で腹痛を起こしたのではないかという疑念が働いている。豆太に勇気をもたせたくて腹痛を演じたのかもしれないという読みである。これは賛否を巡って、根拠を挙げながら論じ合い、読み深める授業を成立させられる問いである。そして、G児が言うように、豆太が「モチモチの木」と名付けたことには、謎めいた意味がある。「名付け」という行為から、弱虫で臆病な豆太にも、大きなトチノキに正面から向き合い、怖さを乗り越えたいという気持ちがあったのだろうという想像が生まれ、両者の関係性、「モチモチの木」という題名の意味も深まる。H児は、「モチモチの木」には、深い意味があり、話合いが面白くなりそうだと感じている。

④「モチモチの木」をシンプルに単元化する

③で示したように、子どもの感想や疑問を、教材の特性に合わせて単元に組み込む。例えば、「○○さんが……と書いてくれたのだけれど、面白そうだから、みんなで一緒に考えてみない?」と投げかけるのである。すると、友達が出した考えには関心が高まりやすく、主体的に話し合う学級の意欲や学習姿勢がつくられる。

これらのエッセンスとなる問いを核として、シンプルに構成すると、以下のような単元になる。

「モチモチの木」(六時間扱い)

(1)「このお話は~だな。」「みんなで考えたいことは……」
(2)「豆太は勇気のある子になれたのかな?」
(3)「豆太が勇気を出せたのはなぜ?」
(4)「じさまの腹痛は本物? 仮病?」
(5)「『モチモチの木』と名前をつけたのはなぜ?」
(6)「豆太にとって『モチモチの木』とは?」

第(1)時の授業は、構造と内容の把握(第一次)、第(2)~(5)時は、精査・解釈(第二次)、第(6)時は、考えの形成（第三次）という学習過程に当たる。
「モチモチの木」は、一二時間ほどが配当されている教材だが、約半分の時間で、物語を読む力を身に付けることができるだろう。教材の特性と子どもたちの読みを生かせば、物語の価値をシンプルに引き出し、よさを味わうことができる。面白さやよさを実感した子どもたちは、「読む」ことそのものにも意欲的になり、主体的な読者として育っていくだろう。

おわりに

これまで、国語科の教科内容として、他教科等とのコラボレーションが多い「話す・聞く」活動や「書く」活動の学習、基礎・基本となる語彙の獲得に関わる漢字の学習、物語文・説明文を豊かに味わう「読む」学習について、考え方を転換することができないかと提案してきた。紙幅の関係で説明文教材を取り上げて詳説することはできなかったが、説明文も、「教材の特性を生かすこと」「子どもの読みを生かすこと」を重視し、「教材の特性と子どもの読みを融合させてシンプルに単元を構成すること」、つまり、物語文の単元づくりと同様に考えればよい。

このように、国語科において授業時数を圧縮させるには、まず、コンピテンシー・ベイスで考えることである。子どもの資質・能力（「知識及び技能」「思考力、判断力、表現力等」「学びに向かう力、人間性等」）の育成にとって本当に必要な活動は何かを考え、各学校・各学級の学習環境に応じて抽出し、最適化して実行すればよい。時数が限られているからこそ、実生活に即して、子どもにとっての学びの必然性を優先させたい。そして、発展する可能性を信じて、子どもの探究心を、できる限り尊重したい。

国語科に限らず、今年度は、様々な制約の下、諦めなければならない活動が山ほどあり、できないことばかりに目が向きがちである。だが、「今年度でも、できること」があり、むしろ「今年度だからこそ、できること」もあるはずである。一〇〇年に一度と言われる状況にあるのなら、それは、一〇〇年に一度の学びのチャンスなのだと捉えたい。子どもたちと一緒に、「できると思えること」「本当にやりたいこと」を求めて、探究する授業を楽しんでいくような心持ちでいたいものである。

子どもの文脈を中心としたテーマ学習の実際

福岡教育大学附属福岡小学校教諭　齋藤　淳

はじめに

本校のカリキュラムでは、「テーマ学習」を位置付けている。本校のテーマ学習とは、学年で目指すテーマに向かって道徳科と総合的な学習の時間を中核として他教科等をつなげる教科等横断的な学習のことである。

今般のコロナショック状況下では、子どもの文脈や探究をおいて、「とにかく進める」という風潮が散見される。しかし、子どもの文脈を中心とした探究はできないと諦めてよいのだろうか。私たちは、教師のカリキュラム・デザイン力があれば、限られた時数の中でも効果的にダイナミックな探究ができると考える。そこで、今回は特に本校で教科等横断的に探究を進めているテーマ学習を中心に紹介したい。

1　テーマ学習の具体

テーマ学習においてはある程度、幅の広い探究が行われるが、そのポイントは、全てを子ども任せにするのではなく、学習計画を教師と子どもでつくり、活動主義に陥らないようにすることである。すなわち「**このことを調べて何を明らかにしたいのか**」「**この学年ですするべきことなのか**」など、子どもの文脈を中心としつつも這い回らせない教師の指導性を大切にしている。このテーマ学習の中で、第六学年の実際を中心に詳細を述べていきたい。

2　テーマ学習「わたしたちにできること（第六学年九州北部豪雨を教材化した事例）」の実際

①全体的な指導観

二〇一七年度の六年生の子どもたちは、学年当初に比べると人の気持ちを考えること、誰かの役に立ちたいという、学級内や学校全体のために貢献したいという気持ちが少しずつ成長し、社会性の側面を育んできた。二〇一七年七月に九州北部豪雨という福岡県と大分県にまたがる未曽有の災害が発生した。このことに心を痛めた子どもたちは、一学期末の総合的な学習の時間において、九州北部豪雨について、「同じ福岡に住む自分たちにできることをしたい」と提案した。ここから、その輪が六年生全体に広がり、寄せ書きを行い、学校全体に募金を呼びかけた。その中で、被災された方が求めていることを想像し、「自分たちにできること」を実践した。しかし、それらの活動の中で、「本当の意味で被災した方の気持ちに寄り添い、できることをしているのか」とさらなる課題意識をもった子どもたちは、被災地の現状を見に行くことを決意した（写真1）。そこで、実際に現地の方と出会い、ありのままの被災地の様子を目の当たりにすることで興味・関心レベルだった意識が、次第に切実な課題意識となっていった。このように、子どもにとってオーセンティックな問いを大切にした学習のことを、私たちは子どもの文脈を中心とするテーマ学習としている。この中で、復興に向けて取り組む様々な人々の生き方を学ぶ教科等横断的な学びを構想した。

写真１　被災地（福岡県朝倉市赤谷川）を見学する子どもたち

②道徳科・総合的な学習の時間を中心とした視点から

新学習指導要領においても「社会に開かれた教育課程」と「カリキュラム・マネジメント」は非常に重要である。しかしながら、何をカリキュラムの中核としていくかを考えなければ、育みたい資質・能力に迫ることはできない。そこで、肝になるのは、学校教育目標を具現化する上で重要となる道徳科と総合的な学習の時間を核にすることである。これらを中核として、他の教科等とも関連させながら、学びの文脈に沿った学習にしていくことで、切実な課題意識が生まれるとともに、身近な生活や社会と触れ合うことで気付く、子どもたちがもつ多様な「問い」が様々な方向で生かされることにつながる。それとともに、教科の枠では経験し得なかった経験を味わい、社会的な価値に基づいた活動を学校の教育活動の中で実践することができる。

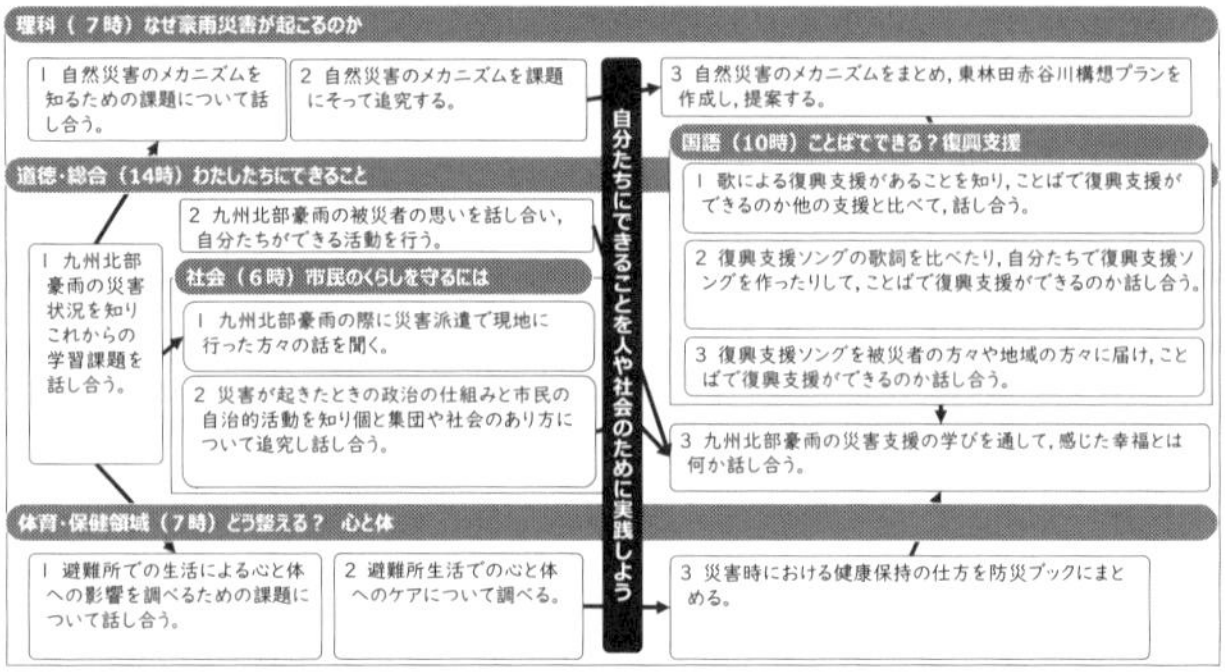

理科（７時）なぜ豪雨災害が起こるのか
1 自然災害のメカニズムを知るための課題について話し合う。
2 自然災害のメカニズムを課題にそって追究する。
3 自然災害のメカニズムをまとめ，東林田赤谷川構想プランを作成し，提案する。
道徳・総合（14時）わたしたちにできること
1 九州北部豪雨の災害状況を知りこれからの学習課題を話し合う。
2 九州北部豪雨の被災者の思いを話し合い，自分たちができる活動を行う。
3 九州北部豪雨の災害支援の学びを通して，感じた幸福とは何か話し合う。
社会（６時）市民のくらしを守るには
1 九州北部豪雨の際に災害派遣で現地に行った方々の話を聞く。
2 災害が起きたときの政治の仕組みと市民の自治的活動を知り個と集団や社会のあり方について追究し話し合う。
国語（10時）ことばでできる？復興支援
1 歌による復興支援があることを知り，ことばで復興支援ができるのか他の支援と比べて，話し合う。
2 復興支援ソングの歌詞を比べたり，自分たちで復興支援ソングを作ったりして，ことばで復興支援ができるのか話し合う。
3 復興支援ソングを被災者の方々や地域の方々に届け，ことばで復興支援ができるのか話し合う。
体育・保健領域（７時）どう整える？　心と体
1 避難所での生活による心と体への影響を調べるための課題について話し合う。
2 避難所生活での心と体へのケアについて調べる。
3 災害時における健康保持の仕方を防災ブックにまとめる。
自分たちにできることを人や社会のために実践しよう

図１　子どもたちと共につくった学習計画

このような考えから「わたしたちにできること」の学習では、道徳科の価値内容B〔親切、思いやり〕及びD〔よりよく生きる喜び〕に関わり、総合的な学習の時間において九州北部豪雨の被災地に実際に赴き、その現実と出合った子どもたちは、豪雨と土砂崩れのメカニズムや被災者のための社会の仕組みなどについて目を向けた。また、被災地の現実から、自分たちにできることを考えようとする子どもたちの姿が見られた。このような子どもたちの一人一人の「問い」を教科等横断的に解決していくようにした。以上の構想に基づいた「わたしたちにできること」の実践について国語科、社会科、理科の視点からまとめていきたい。

③国語科単元「ことばでできる？　復興支援」（一〇時間）

本単元では、九州北部豪雨からの復興を願う支援ソングの創作を通して、説明的文章を構造的に読み取り、比喩や反復などの表現の工夫を行いながら、表現の効果を考えることをねらいとした。具体的には、①被災地に歌を届けるシンガーソングライターとの出会いから言葉で復興支援ができるのか追究する意欲をもつこと、②東日本大震災後に被災者の中学生が世代や国を超え、連句でつながったことを伝える説明的文章「空を見上げて」（光村図書）などを読み、自分の考えをもつこと、③九州北部豪雨の復興を願う支援ソングの歌詞を作り、歌で思いを届け、言葉のもつ力について自分の考えを深めることなどである。

単元の導入段階では、九州北部豪雨による被害の実際を知るために朝倉市に行き、自分たちにできることを追究し始めた子どもたちが、歌を通して復興支援に関わるシンガーソングライターの方と出会い、学習課題について話し合った。子どもたちは、ボランティアや募金などの具体的な支援と違い、思いを言葉にして、歌で届ける支援について、「まずは物資やお金を届けた方が力になるのではないか」「被災していない自分たちの言葉が励みになるのか」といった疑問や不安の声を多く出していた。そこで、「言葉で復興支援ができるのか？」という学習課題をもち、歌詞を作り歌声を届けることで、支援ができるのか追究していくことにした。

展開段階では、言葉で復興支援ができるのか追究している子どもたちは、説明的文章「空を見上げて」などを読み、話し合う活動を位置付けた。子どもたちは、被災した女川の中学生の句に連句のように下の句が世界中から寄せられた事実から、心の込もった言葉には、人を動かす力があり、世代や国を超えて言葉でつながることができるのだという筆者の考えを読み取った。

そして、自分たちも思いを込めた支援ソングを作ることで、多くの人の心を動かすことができるかもしれないという思いをもち、復興支援ソングの作詞に対する意欲を高め、歌詞を作った。

終末段階では、保護者や地域の方々などが来校するオープン・スクールにおいて、自分たちで言葉を選んで作詞した曲を発表し、言葉での復興支援について自分の考えを論述し、振り返る場を設定した。子どもたちは、自分たちの歌を聞いた観客の反応から、言葉がもつ力を実感していた。また、はじめは言葉を通した復興支援に疑問を抱いていた子どもも歌の発表後に、「言葉は、大きな支援につながる力があるのではないか」という考えをもつようになった。

○本単元の授業時数削減効果（マイナス七時間）

本単元に関しては、「B書くこと」ア目的や意図に応じた論述、イ筋道の通った構成や展開、ウ書き表し方の工夫、「C読むこと」ア文章構成を捉えた要旨の把握、ウ目的に応じた情報を見つけ、論の進め方を考えること、オ自分の考えをまとめること、カ意見や感想を共有し、自分の考えを広げること等が関連し、通常の年間指導計画では、説明的文章の読解に九時間、詩の朗読に二時間、文章構成を考えて書く時間に六時間、計一七時間程度費やすが、本実践ではこれらを統合的に扱い焦点化したため、一〇時間で収まっている。七時間程度の削減ではあるが、詩の創作、説明文読解、論述などを統合的に取り扱うことができたことは子どもの文脈を重視した学習がもたらした成果であると言える。

④社会科小単元「市民のいのちを守るために」(六時間)

本小単元では、九州北部豪雨の災害における福岡市や県、国などの組織的な災害支援といのちを守るために市民の願いを実現する政治の働きを捉えることをねらいとしている。具体的には、①突然の災害時に市民の一人としてどのような行動をするべきか考えること(自然的条件)、②福岡市役所、気象台、市民団体の方々と人々のつながりについて考え、仲間と協働して災害に対する学びを深めること(社会的条件)、③自分たちにできる支援の在り方やいのちを守る実践について考えること(物理的条件)などである。九州北部豪雨の災害では、大きな被害を地域や行政とのつながりで最小限に食い止めていることや、福岡市が行った災害支援が迅速かつ適時性があったことが高く評価されている。このような対応は、異常気象や地震の多い我が国において非常に重要な学びであると言える。さらに、今後、日本のどこにいても被災者になることが考えられることから、当事者意識をもち、どのように自分たちが行動するべきか(自助)、どのように仲間や地域の方々と手を取り合ってできるだけ多くの人々のいのちを救うか(共助)、どのような行政の働きがあるのか(公助)を学ぶ上においても本小単元は価値があると考える。

単元の導入段階では、子どもたちが被災地での体験をもとに「どのように行政が対処したのか」「市民は何をしたのか」など様々な問いをもった。そこで、これらの問いを分類し、適切に解決していけるよう、教師と子どもが一緒になって学習計画を立案した。

展開段階では、個々の問いに対して、個やグループでの探究を行った。そこで、子どもたちが個別の「問い」に基づいた課題を解決する中で、国や地方公共団体が行っている政治の働きの意味を捉えるために、福岡市防災危機管理課やボランティアを行う市民団体、福岡管区気象台の方々と自分たちの「問い」をもとに交流する場を設けた。ある子どもは自分の問い「どう対処するのか」の答えとして、特にボランティアを行う市民団体の活動のよさに目を向けていた。ここで、三者は立場が違っても「防災や支援は市民が主体」と言ったのはなぜか考えた。すると子どもたちは、自助の重要性と政治の主体が市民であることの意味を考え、お互いの考えを聞き合い、自らの考えを見直すことができた。

終末段階では、自分たちが参画する復興支援プランに対する意見を述べ合って何をすべきなのか評価し合う場を設定した。ここでは、政治の働きの意味やこれからの実践につなげられるようにした。

〇本小単元の授業時数削減効果（マイナス四時間）

本小単元に関しては、（1）我が国の政治の働き、ア（イ）、イ（イ）等が主に関連している。教科書会社が提案する年間指導計画では、国の政治の仕組みに四時間程度、選択ではあるが、災害と政治に六時間、計一〇時間程度費やす。本実践では、災害への対応というオーセンティックな教材を足場にこれらを統合的に扱い焦点化したため、六時間で収まっている。なお、情報収集の段階で福岡管区気象台からの情報を得たことは、理科の学習の情報収集にもつながっており、一つの情報源から多角的に情報を収集するという貴重な学びの経験を得ることができたとも言える。

⑤理科単元「なぜ自然災害は起きるか」（七時間）

本単元では、豪雨災害についての理解を深めることに加えて、自らの課題を自分なりの方法で科学的に追究することをねらいとする。具体的には、①豪雨を想定したモデル実験と実際の自然現象とをつないで理解すること、②モデル実験を通して、自分がもっている知識に基づいて思考を展開し、現象の本質を理解すること、③豪雨から発生する自然災害に対する正しい認識を生かし、自分たちにできることを考えること、などである。

導入段階では、「今回の被害はなぜ大きかったのか」という疑問に対して、個々に生まれた仮説を追究していく過程で、「なぜ豪雨災害は起きたのか」という全体の問いを設定した。そこから「豪雨と浸食」「豪雨と土砂崩れ」「豪雨と感染症」「五年前との豪雨の比較」「豪雨と流木や土砂の堆積」という五グループをつくるようにした。

展開段階では、まず全体の問いに対して、自分の追究課題をつくった。次に、同質のグループでの資料の分析や、流水のモデル実験、気象庁の方の話などをもとに追究を行った。そして、個人の追究課題をグループでまとめ、交流会で情報を共有した。

終末段階では、外部に発信する活動に取り組んだ。子どもたちは、グループで、川が氾濫する地形と水量の関係についてモデルをつくって下学年に伝えたり、福岡管区気象台が発信する通信にまとめたりしていた。

○本単元の授業時数削減効果（マイナス九時間）

本単元に関しては、第五学年(3)流れる水の働きと土地の変化、(4)天気の変化、第六学年(4)土地のつくりと変化イ等が関連し、通常の年間指導計画では、天気と情報に四時間、流れる水と土地の変化に一二時間、計一六時間程度費やすが、本実践ではこれらを統合的に扱い焦点化したため、七時間で収まっている。[(1)]

おわりに

子どもたちが大きな課題意識をもち探究が進められる際には、特定の教科等の中だけでやっていると時数の効率も悪いのは言うまでもない。しかし、ここで紹介したテーマ学習の方法で行えば、子どものダイナミックな探究を生かし、教科書会社が例示している年間指導計画の授業時数から無理なくかなりの時数を削減することができる（マイナス二一時間）[(2)]。このアイデアは、公立学校でも広く使えるものであると確信している。

最後にこの学習を通して、休日に実際に被災地に災害ボランティアに行きたいと願い、学習で関わったボランティア団体の方に直談判して、現地に出向き、九州北部豪雨のために土砂に埋まったスモモ畑を救おうと汗を流した子どもたちの一人であるA児の感想を紹介したい。

写真２　ボランティアをする子どもたち

> 九月に現地に行くとそこには雨によって押し出された土砂や跡形もなくなった田畑、そして家がありました。わたしはこの災害が目の前で起こっている大変な問題であると気付き、私たちにできることは何かという問いをもちました。
> 　その問いをもとに、学級や学年の友達と共に雨がなぜこのような強い力で人に襲いかかるのか、その場合どのように行動すべきか、どのように避難所で健康を保って生きていくか調べたり、心を励ます歌も作ったりしました。その中で、授業で関わったボランティア団体の方にお願いして、一一月末の休日に、まだ土砂に埋まっているスモモ畑を救う活動に参加しました。道具も土もとても重たく寒かったのに気付けば、汗をかいて、ひざは泥だらけになっていました。一人ですることは無理なのに農家の方々はなかなか助けてとは言えなかったそうです。みんなで数時間かけてやっとスモモの木を数本救い出すことができました。農家の人の「一生このことは忘れられない」という言葉は私も一生忘れられません。
> 　人の役に立つ幸せを感じながら、春、赤谷川のスモモの花が咲いていてくれることを願っています。これからも復興支援は続いていくと思います。自分にできることは何か、考え続けていきたいです。
> （一部抜粋）

A児の感想からは子どもの文脈によって、学びがつながった探究が行われていることが分かる。また、**教科の壁を超えた切実な課題意識**から子どもにとってのオーセンティックな学びとなったこともうかがい知ることができる。まさに、価値ある実践を子どもなりに行えたのではないかと推察することができる。

　学校はコロナショック状況下であろうとなかろうと、教科書会社が例示した計画に従い授業時数を消化する場ではなく、子どもの生き方につながる学びを提供する場である。そのことを真摯に捉え、これからも子どもの必要な学びを大切にした上で学びを子どもたちと共につくっていきたい。

(1) 本実践は中村剛（体育）が中心となり、各教科担当が協働して行った。担当は、齋藤淳（社会・道徳・総合）・永田裕二（理科）・菊竹一平（国語）であった。二〇一七年度は理科の第五学年の内容を第六学年に移行していた。なお、二〇一七年度のみ理科単元は一六時間で行っており、それ以降は七時間で行っている。現在のカリキュラム（二〇二〇年度）では第五学年に戻して実践している。

(2) 紙幅の都合上、詳しく紹介できないが体育科（保健）においても病気、生活習慣の予防の学習などの教科書会社の算出した授業時数に比べ、一時間削減している。

「見方・考え方」を生かして軽重をつける
～「少なく学んで大きく生かす」ための指導の工夫～

聖心女子学院教諭　森　勇介

1　「少なく学んで大きく生かす」をイメージする

学習指導を料理に例えてみる。

カレーライスの作り方を**教える**。次にクリームシチューの作り方を**教える**。そして、ハヤシライスの作り方を**教える**。さらに肉じゃがの作り方を**教える**。それぞれ、失敗しないように食材を炒める手順や味付けのタイミングを教わることで、子どもたちは作ることができるようになる。これが、これまでの多くの子が受けてきた教育のイメージであり、教科書カリキュラムでもある。いわゆるコンテンツ・ベイスの学び方と言える。

しかし、カレーライスの作り方を**学んだ**子であれば、クリームシチューやハヤシライス、肉じゃがはもちろんのこと、他の料理も自分の力で作れる子になってほしい。これが今、求められている学び方のイメージであろう。カレーライス作りを通して、他の料理をも貫く「見方・考え方」を学び取ればよい。「どの食材から炒めようか？　それはなぜか？」「味付けのタイミングは？　その根拠は？」「隠し味に何を入れてみたいか。どんな味になりそうか？」「失敗から学ぶことは？」。このように、意味に基づいた思考や実践・振り返りを通して、どの料理にも向かう主体性や見方・考え方を養うことができる。カレーライスの作り方さえ価値高く学べば、他は詳しく学ばなくとも自分で生かせる。これがコンピテンシー・ベイスの教育であり、まさにポスト・コロナショック社会における、指導内容や学習内容の精選と結び付く。「**少なく学んで大きく生かす！**」発想である。

さて、私は子どもたちにも積極的にこの「少なく学んで大きく生かす」というイメージをもたせている。

これからの教育では、これまで指導者側だけが握っていた学びの目的や価値をいかに子どもに開き、自覚させていくかが大切である。それが、学びに向かう姿勢を引き出し、学びを自らつくり出す力につながる。コロナショックをチャンスと捉えて子どもたちに学びを開き、**「少なく学んで大きく生かす！」**力を育てていこうではないか。

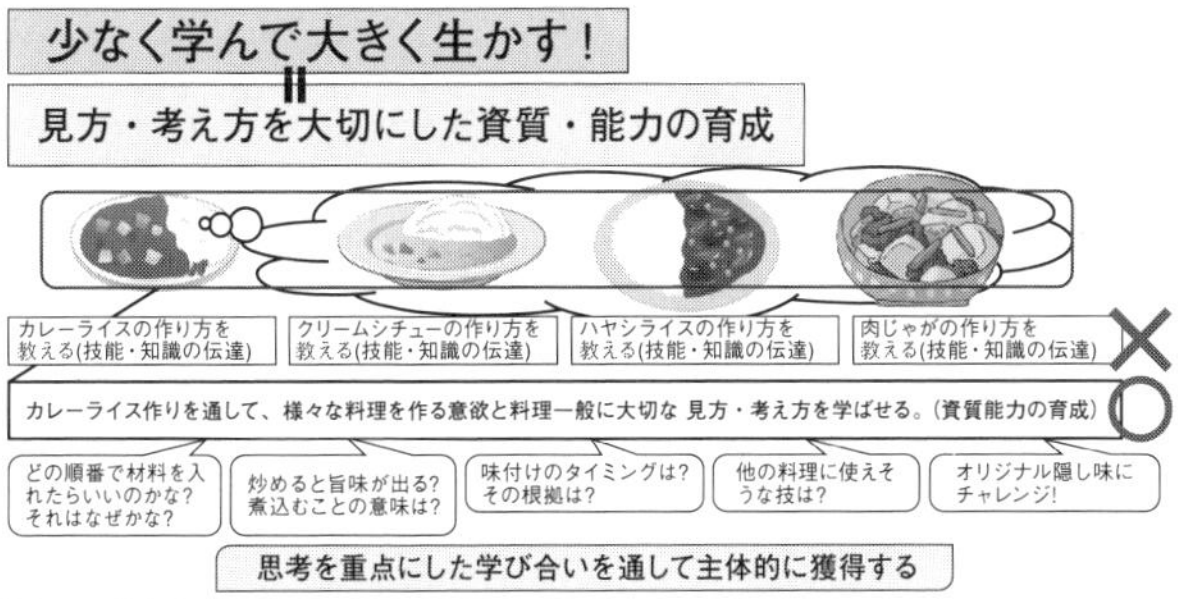
少なく学んで大きく生かす！
＝
見方・考え方を大切にした資質・能力の育成
カレーライスの作り方を教える(技能・知識の伝達)
クリームシチューの作り方を教える(技能・知識の伝達)
ハヤシライスの作り方を教える(技能・知識の伝達)
肉じゃがの作り方を教える(技能・知識の伝達)
×
カレーライス作りを通して、様々な料理を作る意欲と料理一般に大切な 見方・考え方を学ばせる。(資質能力の育成)
○
どの順番で材料を入れたらいいのかな？それはなぜかな？
炒めると旨味が出る？煮込むことの意味は？
味付けのタイミングは？その根拠は？
他の料理に使えそうな技は？
オリジナル隠し味にチャレンジ！
思考を重点にした学び合いを通して主体的に獲得する

図1　「少なく学んで大きく生かす！」イメージ

2　精選の核、「カレーライス」を見つけよう！

「見方・考え方」をベースにカリキュラムの軽重をつける場合、単元の中にある精選の核となる「カレーライス」をどこに設定するかが大切である。小学校第六学年の算数科「分数のかけ算」を例に考えてみる。

一、二時間目ははじめて分数をかけるという概念形成の部分である。問題意識が生まれやすく、「見方・考え方」を存分に働かせて解決する核の部分と言える。しかし、三、四時間目は、特殊な場面を扱い、統合・一般化していく学習で、一、二時間目の「見方・考え方」を生かせば解決できる。それならば思い切って、二時間を一時間で扱うのはどうだろう。

同様に、五時間目の公式適用を核と捉えれば、六時間目の計算のきまりの適用は同じような「見方・考え方」をもとにしているので一時間で扱うことができる。このように、核であるカレーライスを明確にすることで、同じような「見方・考え方」を活用する学習のスリム化を図ることが可能となる。

しかし、カリキュラムの精選は、大人の都合だけで行うものではない。目の前の子どもたちに合わせた教師のアレンジ力が試される。少しハードルを高くした方が問題意識の生まれやすい子どもたちであったなら、あえて特殊な場面を核にすることも効果的である。例えば、四時間目の「帯分数どうしのかけ算」を「カレーライス」と考え、逆に一～三時間目の学習内容を包含していくという精選の仕方もあるだろう。

また、「分数のかけ算」の次には「分数のわり算」の単元がある。この二単元は、多くの「見方・考え方」が共通している。また、概念形成から特殊場面での活用、公式や計算のきまりの適用という学習の流れも似ている。そこで、「分数のかけ算」で核としなかった学習を「分数のわり算」で核として扱うことで、単元を系統させた精選を行うことも考えられる。

このように、指導事項にとらわれず、「見方・考え方」という視点で核となる「カレーライス」を見つけることが「少なく学び大きく生かす」ことを大切にした精選の鍵となるであろう。

表1

時	学習内容	精選のイメージ
1	分数をかけることの意味について考え理解する。	
2	分数×分数の計算の仕方を考えできるようにする。	
3	計算の途中で約分のできる場合の計算の仕方を考えできるようにする。	
4	帯分数どうしのかけ算や整数×分数の計算の仕方を理解する。	
5	辺の長さが分数の場合でも面積や体積の公式の適用ができることを理解する。	
6	交換・結合・分配法則が分数の場合でも成り立つことを理解する。	

3 「少なく学び大きく生かす」ための指導の工夫

① 「深く学ぶこと」を自覚化させる

深イイ❤

これは、私の授業の中で、子どもたちが使用する学びのアイテムカードである。大人目線の「深い学び」を子ども目線に移し「深く学ぶ」ことを自覚化してほしいと昨年度から始めた取組である。

『小学校学習指導要領（平成二九年告示）解説　総則編』第1章総説「(2)改訂の基本方針」の③「『主体的・対話的で深い学び』の実現に向けた授業改善の推進」の中に「オ　深い学びの鍵として『見方・考え方』を働かせることが重要になること」とある。さらに、「児童生徒が学習や人生において『見方・考え方』を自在に働かせることができるようにすることにこそ、教師の専門性が発揮されることが求められること」とある。「見方・考え方」を子ども自身が自在に働かせることが「深い学び」の鍵であるとするならば、少なくとも、子ども自身が「見方・考え方」を働かせていることや「深く学ぶ」ことを自覚する必要がある。「少なく学び大きく生かす」には、子ども自身が学びの目的や価値を理解し、主体的に学ぶ姿勢をつくっていくことが大切である。そして、その力を子どもたちが身に付けたならば、コロナショックはピンチではなく、大きなチャンスとなる。なんと、子ども自らが学びの精選をしていくことにつながるのだから……。

さて、深イイ♥カードだが、解決の過程を振り返って「ここは深く学んだ」と思うところをみんなで検討し、黒板に貼ることにした。ところが、取組を進めていくうちに、「深イイ♥カードは何枚も必要。人によって深イイが違うのだから」と子どもたちが言い、ノートに「今日の深イイ」を個人で書き始める子も出てきた。また、家庭学習で自ら「深イイ」を目指す子も。これこそ『深い学び』の自覚化であり、少なく学んで大きく生かしている例である。

表2 「数学的な見方・考え方」のイメージ

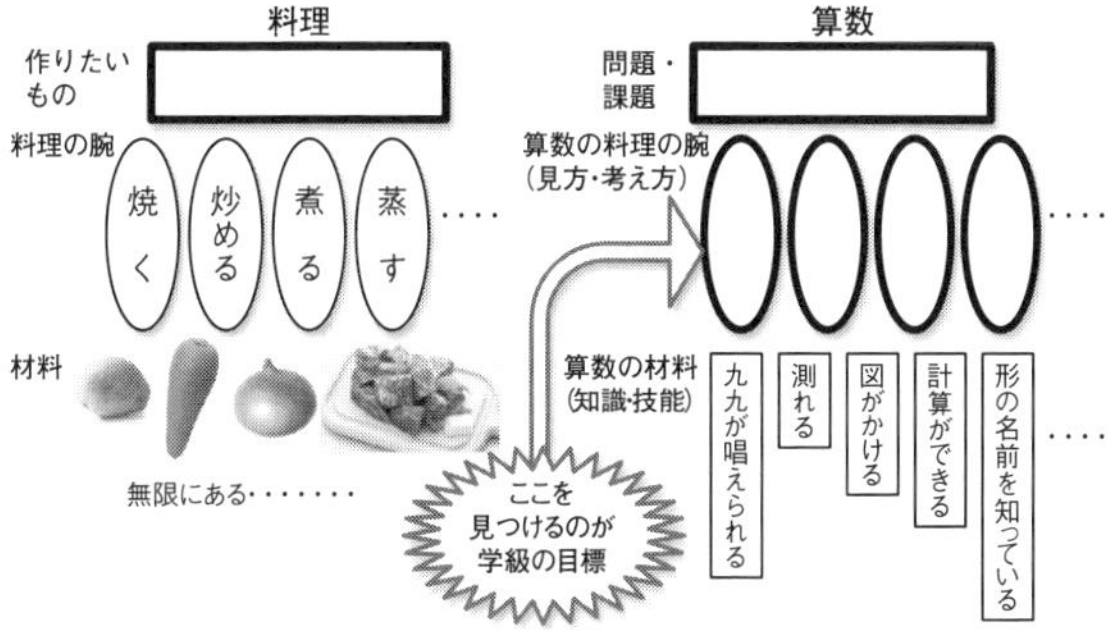
料理
作りたいもの
料理の腕
焼く
炒める
煮る
蒸す
材料
無限にある・・・・・・・
算数
問題・課題
算数の料理の腕（見方・考え方）
算数の材料（知識・技能）
九九が唱えられる
測れる
図がかける
計算ができる
形の名前を知っている
ここを見つけるのが学級の目標

しかし、深イイ♥を捉える目は、「見方・考え方」の価値を理解し、働かせているという自覚をもっていなければ、薄っぺらなものになってしまう。従来の授業に深イイ♥を形式的に取り入れただけでは、本質的な価値に近付けない。そこで、深い学びと切っても切り離せない「**見方・考え方の視覚化**」にも触れながら、子ども目線での「深い学び」のある授業づくりについて考えていく。

②「見方・考え方」のイメージをもたせる

私の学級では、授業開きにおいて、料理と関連させながら「見方・考え方」のイメージをもたせている。

材料は無限にあるが、いくつかの調理の腕をふるえばほとんどの料理をつくることができるように、「数学的な見方・考え方」も良質なものをいくつか身に付ければ、何度も活用したり進化させたりしていくことができるものであるというイメージである。

大切なのは、算数学習の目的は解答を出すというだけでなく、その過程で良質な数学的な見方・考え方を働かせ、自身で育てていくものだということをイメージさせてあげることである。

③良質な「見方・考え方」の使い手を育てる

「少なく学び大きく生かす」ためには、子ども自身が良質な「見方・考え方」の使い手になる必要がある。そこで、学習においてよく使う「見方・考え方」に子どもたちと名前をつけて記録し、統合したり精選したりして整理する活動を取り入れている。どのような「見方・考え方」をしたから解決したのか、しなかったのかを子ども自身が捉えることで、次から自分でそれらを働かせることができるようになっていく。また、繰り返し同じ「見方・考え方」を働かせていることに気付いていくことで、学びを精選していく力が育つと考えている。

なお、今年度は、時数削減のため、すでに作成されている下記ネーミングカードを再利用している（写真1）。それでも、子どもたち自身がお互いの考えに価値付けし合ったり、新たな「見方・考え方」カードを作成したりと十分に価値ある学びにつながっている。このことに気付けたことも、今般のコロナショックをチャンスと捉える材料になった。

○「見方・考え方」のネーミング例（写真1〜3）

・統合 つなげるくん にているくん

友達の考えの共通点を見つける見方・考え方。統合的な見方・考え方。

・多様な考え ほかにないかな

いくつかの考え方を出そうとする見方・考え方

・根拠 なぜなにくん

根拠を求めようとする見方・考え方。

・比較 くらべるくん

比較・検討する見方・考え方。

・整理 せいとんくん

情報を整理する見方・考え方。よりよいものを求める見方・考え方。

・図に表す

図に表してみる見方・考え方。

・実際に確かめる たしかめくん

実際にやって確かめてみる見方・考え方。

・条件統一

比較の際に条件を統一する見方・考え方。

・振り返り ふりかえるくん

解決の軌跡を振り返る。筋道立てた見方・考え方。

・置き換える おきかえる

簡単な数や図、式、言葉に置き換えて考えたり表現したりする見方・考え方。

・予想予測　よそうくん

見通しをもつ。筋道立てた見方・考え方。類推的な見方・考え方。

・きまり　きまりはっけんくん

複数のデータから決まりを発見する、帰納的な見方・考え方。

・算数の言葉　さんすうことばくん

算数の言葉で表現する見方・考え方。

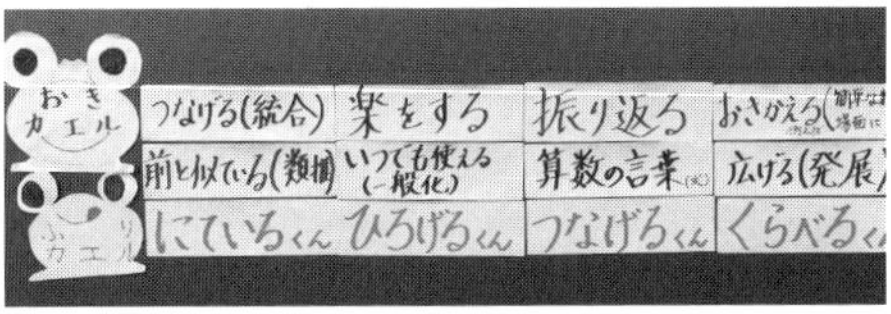

写真１　ネーミング例①

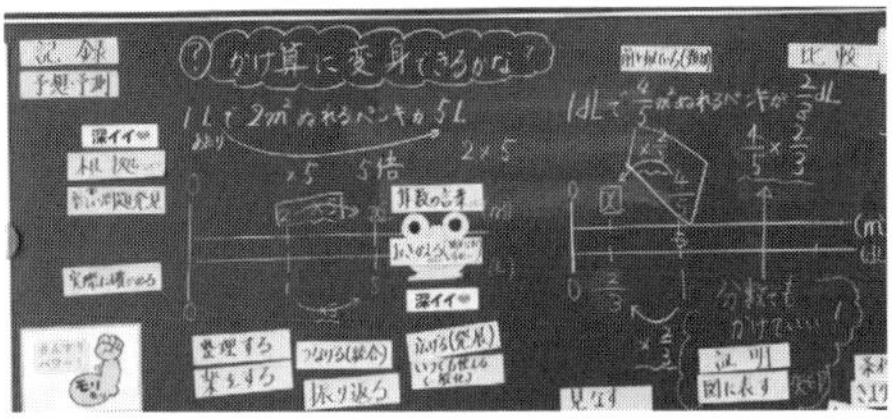

写真２　ネーミング例②

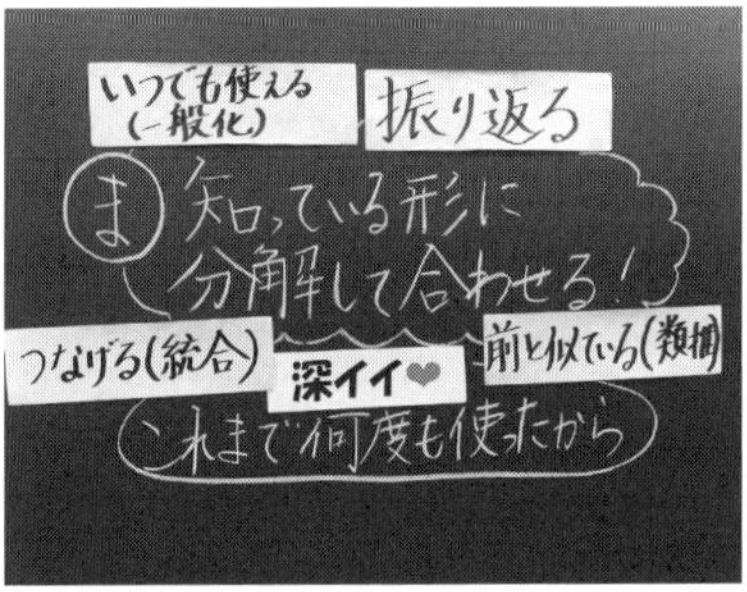

写真３　ネーミング例③

・誤答　まちがいくん

誤答から学びを深める見方・考え方。

・証明

演繹的な見方・考え方。

④精選の核となる授業で「深い学び」を実現する

先に述べたように、精選の核「カレーライス」となる授業で「深い学び」を実現すれば、「少なく学んで大きく生かす」という精選の道は開ける。六年生「円の面積」を例に考えていく。

円の面積の求め方を考える場面。本時では個々に大きく六つの深い学びを捉えた。「深い学び」の解釈や指導のヒントが見えてくる。

ⅰ．見方・考え方を繰り返し活用した深い学び（見方・考え方の価値）

どの考えにも共通するアイデアをまとめた。知っている形に変形させることは複合図形や三角形・平行四辺形の求積時にも同様に行ってきた。求積の基本的な考え方を統合的な見方・考え方で捉えている。

ii．学び直しによる深い学び（スパイラルの学び）

円周を正方形の周りの長さに変形して面積を求めようとしたが、平行四辺形や正方形・長方形の面積の学習を想起し、適用できないと気付いた（写真４）。既習をさらに深く学び直すことにつながった。

iii．一番困っていたことを解決した深い学び（問いの明確化と解決）

「円のカーブの隙間を埋めるにはどうしたらよいか？」というみんなの問いに対し、「三六〇角形にしたら！」という解決方法を見出した場面（写真５）。共通の問いを明確にすることが深い学びの土台となる。

iv．式操作のよさを実感した深い学び（算数数学のよさや美しさの感得）

正三六〇角形をもとにして求積。式を操作していくうちに、×３６０と÷３６０で打ち消し合うことや、直径÷２を半径と見ることで、うっすらと知っている公式に結び付いたという場面（写真６）。式操作のよさを感得できたことは数学につながる深い学びである。

v．発展させて広げている深い学び（生活や学習への発展）

授業終了後、自宅学習で、正一六角形を三角形に等積変形させても公式に結び付いたと報告してきた子どもがいた（図２）。全体でも紹介すると、深イイ♥と

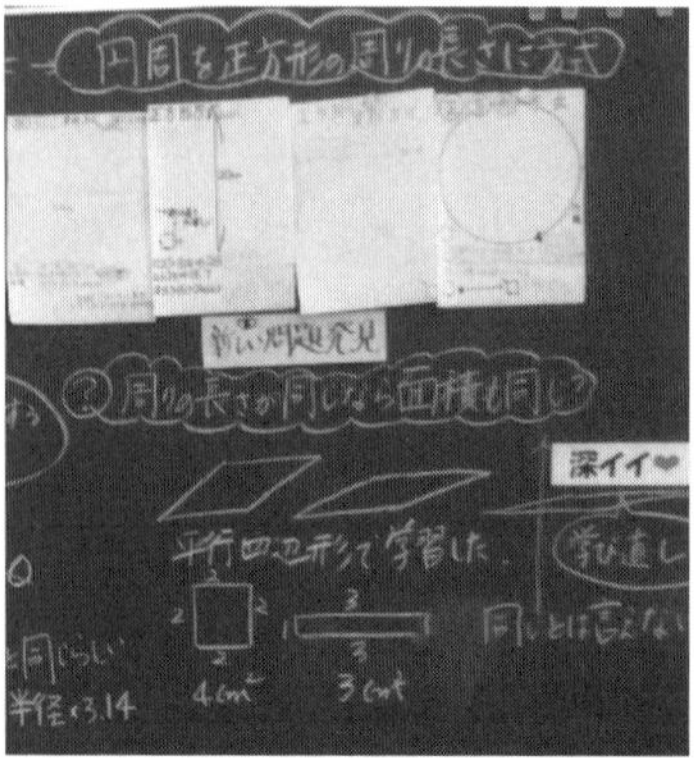

写真４　スパイラルの学び

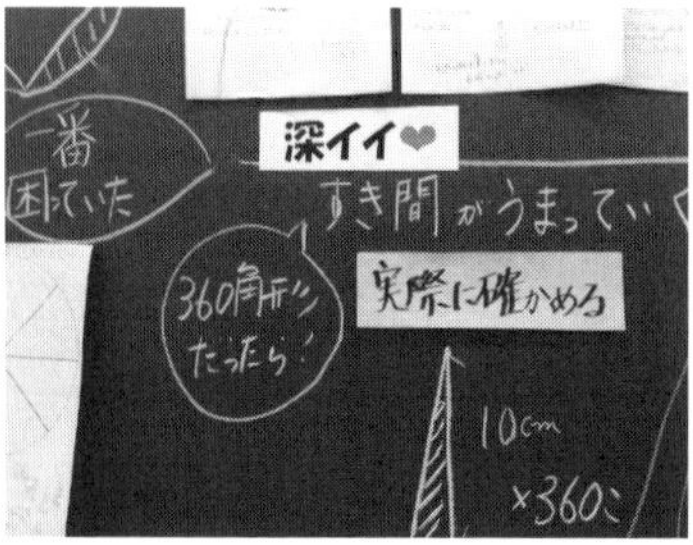

写真５　問いの明確化と解決

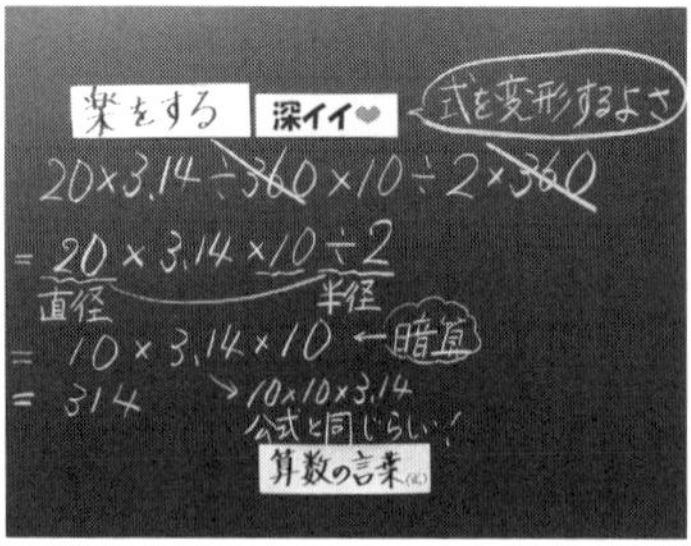

写真６　算数数学の良さや美しさの感得

なった。発展的に学びを広げることも深い学びにつながる。

vi．誤答を生かし価値に結び付ける深い学び（誤答に潜む価値・学びの集団づくり）

授業後のノートから（写真7）。

誤答を生かしてくれた友達とその内容に深い学びを捉えている。安心して間違えられる人間関係が土台となり、深い学びが実現することを忘れてはならない。

コロナによって、分散登校など様々な学習形態を強いられている。しかし、カリキュラムの精選を考えるとき、オンラインであっても、対面授業であっても、良質な学びの集団づくりが大きな土台となる。

＊

ポスト・コロナショックの今、やらなければならないことは、教師と子どもが、「少なく学んで大きく生かす」という同じ目的をもって授業をつくっていくことである。もちろん、教師が、「見方・考え方」を育てるための核となる授業を設定し、価値ある精選カリキュラムを設定する必要がある。しかし同時に、子どもにも学びの価値や目的を開き、主体的・対話的で深い学びを目指せるようにすることが何より大切である。本稿では、「見方・考え方」「深い学び」を子どもが見出し、自覚化する手立てを中心に述べてきた。問いを個々が主体的にもち、粘り強く考えたり、友達と学び合ったりする中で解決したとき、「あぁ～、深く学んだ」と実感する。この経験こそが学びに向かう姿勢を育て、学び続ける子になると信じている。まさに、「少なく学んで大きく生かす子」の姿である。

土台は、「ハテナをもち、解決すると楽しい！」「友達と学ぶと広がったり深まったりして楽しい！」という、学びに向かう前向きな姿勢である。子どもを信じ、子ども目線に立った授業づくりをポスト・コロナショックの今だからこそ大切にしたい。

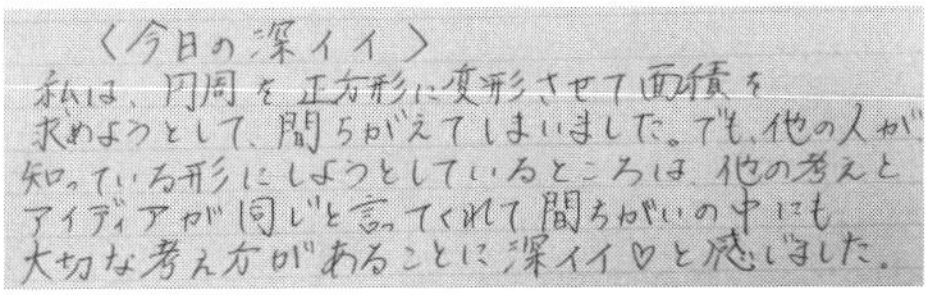
〈今日の深イイ〉
私は、円周を正方形に変形させて面積を
求めようとして、間ちがえてしまいました。でも、他の人が、
知っている形にしようとしているところは、他の考えと
アイディアが同じと言ってくれて間ちがいの中にも
大切な考え方があることに深イイ♡と感じました。
写真7　授業後のノート

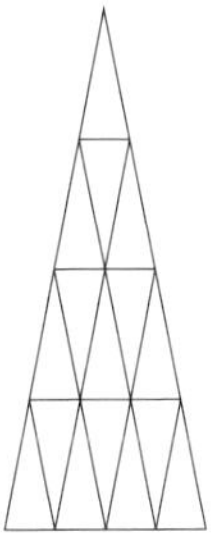
図2

【引用・参考文献】
文部科学省『小学校学習指導要領（平成二九年告示）解説 算数編』日本文教出版、二〇一八年、四頁。

創出と受容、転移をコアにした教科融合カリキュラムの開発
〜「創る科」の創設を通して〜

山口大学教育学部附属山口小学校

1　研究の概要

本校は平成三〇年度から、研究開発学校の指定を受け「創出と受容、転移をコアにした教科融合カリキュラムの開発〜『創る科』の創設を通して〜」を主題とした研究を進めてきた。本研究は、子どもが学びの中で無自覚であった価値（汎用性のあるスキル）や各教科等の本質（見方・考え方）を自覚し、他の場面や文脈においても活用できるのかを考えたり実践したりすることで、これらを自在に使いこなせるようになることをねらっている。このことにより、教科等間で質的に融合し、学びの質が向上するとともに、学びが無理なく加速し、従来より少ない授業時数であっても、子どもたちに十分に豊かな学びを提供できるようになると考える。研究の全体像は図1のとおりである。

まず、研究の目的を、大きく認知的能力と非認知的能力という二つの資質・能力の育成に置いた。本校ではそれぞれを「概念形成」と「人間形成」と称し、学習活動に取り組んでいる。

各教科等の学習では、見方・考え方を働かせながら、新学習指導要領に明示されている「知識及び技能」「思考力、判断力、表現力等」「学びに向かう力、人間性等」を身に付けたり高めたりすることを通して、大きな二つの資質・能力の育成を目指す。

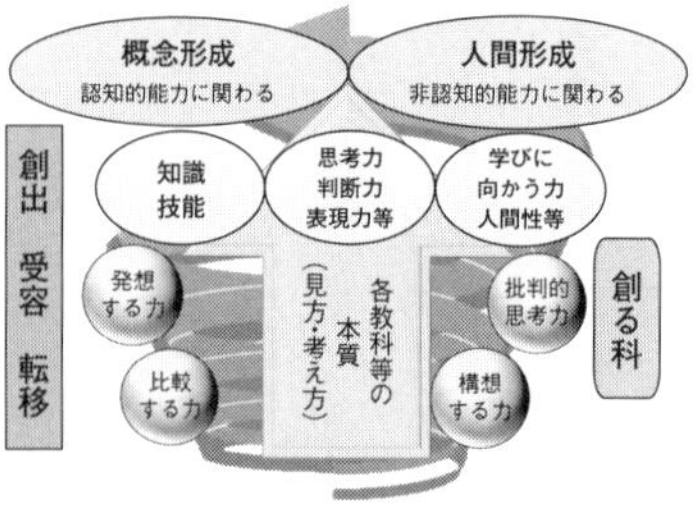

図1　本研究の全体像

ここでは、各教科等の本質（見方・考え方）を明

確にし、単元や題材をつなげながら、カリキュラム開発及び授業実践を行うことで、Less is More（より少ない学習内容でより豊かに学ぶこと）の実現を図る。

　その一方で、新たに「創る科」という新教科を創設した。「創る科」は、「概念形成」及び「人間形成」を育む価値を直接的に扱う学習である。この価値としては、「具体化・抽象化する力」や「比較する力」といった、各教科等でおおむね育成が見込め、汎用性が高いものを設定した。見直しや検討を重ねて、現在は資料1の一四の価値として整理している。「創る科」で直接的に扱うことで、これらの価値の自覚化を一気に推し進め、各教科等の学びの中でも自在に使いこなせるようになることをねらっている。

・比較する力	・具体化・抽象化する力
・他者に伝える力	・問題を見出す力
・情報を収集する力	・関連付ける力
・批判的思考力	・体全体の感覚を働かせる力
・構想する力	・発想する力
・論理的思考力	・情報を処理する力
・先を見通す力	・協働する力

資料１　「創る科」14の価値

「創出」…無自覚ではあるが、価値を生み出していく過程
「受容」…無自覚であった価値を自覚的に捉えていく過程
「転移」…受容した価値を他の文脈や場面においても活用できるのかを考えたり実践していったりする過程

資料２　「創出」「受容」「転移」

　しかし、個々の授業では具体的な文脈の中に埋め込まれて見えにくくなっている学びの価値を、子どもたちが汎用的なものとして明晰に自覚し、さらに自在に使いこなせるようになることは容易ではない。子どもが学んだ内容を様々な問題解決に自発的に活用するようになるには、授業の論理性や明示性を飛躍的に高めていく必要がある。そこで、「創る科」や各教科等の学習では、「創出と受容、転移」の過程を位置付け（資料2）、各過程で価値や各教科等の本質（見方・考え方）を明示化、共有化しながら授業を行っていく。

2　実践例

①三年生創る科「身の回りのプログラミング」

ⅰ．本単元で扱う価値について

扱う価値は「論理的思考力」である。この価値は、各教科等の学習はもちろん、日常生活においても使用頻度は高く、汎用性の高い価値であると思われるため、年間の早い時期（六月）に授業で取り上げたいと考えた。本単元では「分解された手順を正しく組み合わせることで、目的を達成することができる」という思考を体験させたいと考え、教材を開発した。

ⅱ．教材について

プログラミングを切り口にした論理的思考力の育成を構想した。そして、学び取った価値を表面的には大いに異なる各教科等や生活の文脈と結び付けることで、価値の転移をねらった。扱う教材は、「ドローン」と「身の回りの手順（プールや料理）」である。

今回は、組み合わせる順序と分解された手順の整合性に焦点化して考える授業として構想したため、各手順は選択肢として教師が提示した。また、様々な組合せを試せるよう、各手順をカード化した。

ⅲ．授業の実際

二時間の単元として授業を行った。

一時間目。準備物は、ドローン（プロペラとバッテリーを含め重量約80ｇ）一機、ゴーグル児童数分、タブレット端末一台、「離陸」「着陸」「前□cm」「右□cm」「左□cm」のカードである。ドローンを紹介した後、教室内で机から机にドローンを飛ばすこと、そのためにプログラミングを行うことを伝え、「離陸」等のカードを提示した。

子どもたちは、すぐにカードの並びについて発言していた。カードを離陸から着陸まで並べ、同じようにタブレット端末にプログラムを入力した後、実行してドローンを飛ばしてみる。すると、方向はよかったが飛行距離が短く、ゴールの机まで到着できなかった。

そこで、距離の数値を修正して（写真）再挑戦することでゴールに着陸できた。

「なぜ上手くいったのか」と問うと、「失敗したから、違うところ（距離）だけ変えたら上手くいったよ」

写真　距離の数値を修正している様子

「全て変えるのではなく、一か所だけを変えればよいのだね」といった意見が返ってきた。「問題点を見出し、部分を修正することで目的を達成できる」という価値を創出、受容している姿である。

しかし、「今日学んだことは、他の教科や生活の場面でも使えそうか」という問いには、「未来では生かせると思う」「他の教科では、ドローンは使わない」と答えた。この時点の子どもの意識はドローンという文脈だけにとどまっており、転移は生じていない。

二時間目。準備物は、料理の様子が分かる写真と分解された手順のカードである。この時間のねらいは、ドローン以外の文脈でも、組み合わせる順序と分解された手順の整合性について考えることは有効であると気付き、受容した価値を転移することであった。よって、この時間はタブレット端末やパソコンは使用しない。

導入で、「着替える」「準備運動をする」「シャワーを浴びる」などのカードを示すと、「プールに入る前だ」との声が上がった。「この順番を変えてもよいか」と問うと、「服が濡れるからだめだよ」「順番には理由があるよ」といった反応が返ってきた。

次に、ホワイトソースをつくるためのカード「牛乳を入れて混ぜる」「小麦粉を入れて混ぜる」「バターを入れて混ぜる」を示して順番を予想させる。その際、六通りの組合せの結果と、調理途中の様子が分かる写真を用意し、必要に応じて提示した。

組合せについて話し合っている中で「**ドローンと同じで、料理も順番が大切だね**」と前時の学習とつなげて考える姿も見られた。これは、ドローンと料理という別の文脈を横断的に関連付けて扱うことで、はじめて現れた姿と言える。

授業終末に、「今日の学習は、他の教科や生活のどんな場面で使えそうか」と問うと「給食の準備」「一年間の行事予定」「予想から考察までの理科学習の順番」「図工でものを作るとき」と、子どもたちは様々な場面を挙げた。

後日、算数科で（三位数）＋（三位数）について学習していたとき、「**一の位から計算する順番が大事なのだね。プログラミングみたいだね**」と発言した子どもがいた。すると、「それなら、ひき算も」「よく考えたら、もっと他の教科にもプログラミングのようなものがあるのかもしれないよ」といった話になった。論理的思考力について、複数の教科等、さらに生活場面といった多様な文脈を横断し関連付けて学習したことで、幅広い価値の転移が可能になったと考えられる。

②二年生創る科「何がもんだい？」

ⅰ．本単元で扱う価値

本単元で扱う価値は、「問題を見出す力」である。ここでいう「問題」とは、「望ましい状態と現在の状況が一致していない状況」のことである。これまでは、与えられた問題を解くことが重視され、問題解決に多くの時間や労力を費やしてきた。しかし、今後、ＡＩ等の普及による急激な社会の変化によって、闇雲に問題を解決すること自体の重要性は低くなっていくことが予想される。これからの時代を見据えるとき、「**自分の思い描く理想像と現状との間に生じているギャップを見つけ出す力（問題を見出す力）**」を育成することが求められるのではないだろうか。

ⅱ．教材について

各教科等において、問題を見出す場面は様々である。あらゆる場面において汎用性のある力であることを踏まえると、教材は特定の教科の文脈に依存しないものがよい。さらに、低学年の発達の段階を考慮し、子どもの生活場面に近い教材を扱うことが適切であると考えた。そこで本単元では、二種類の弁当を題材とし、問題を見出す力の創出と受容、転移を試みた。

ⅲ．授業の実際

「今日のお昼ご飯は、これだよ」と言って、日の丸弁当の写真を提示した。子どもたちは口々に、「えー」「何それ、いやだよ」と話し始める。そこで、「どうかしたの？」と問い返した。子どもたちは、「おかずがないよ」「飽きるよ」「栄養バランスがだめ」と続ける。「おかずがほしいな」「汁や野菜を入れると栄養バランスがよくなるよ」と解決策を発言する子どももいた。

これらの発言から、「日の丸弁当が昼食である」という不足した状況と、「いつもの昼食」といった現状との間にギャップを感じていることが分かる。つまり、不足した状況と現状との間に生じているギャップを見つけ出している姿であると言える。

しかし、問題を見出す経験をするだけでは、不十分である。さらに、明晰に言語化し、概念化し、転移可能な状態にしたい。「創出と受容、転移」である。そこで、子どもたちに「どうして問題を見つけることができたの?」と投げかけ、ノートへの記述を促した。ここに記された気付きは、二年生なりの、問題を見出す力の創出と言っていいだろう。

・何が足りないかを考えた。
・困ることを考えた。
・どうしたらよくなるのかをイメージした。
・よいことを思い浮かべた。
（創出）

次時では、この振り返りを全体で共有し、幕の内弁当の写真を提示した。今度は、自分の思い描く理想像と現状との間にギャップを見つけ出す活動である。

幕の内弁当という完成された昼食に、「これで十分だよ」「野菜もあるね」と現状に満足する子どももいれば、「お茶がほしいな」「ミートボールが唐揚げだったらいいのに」と自分の理想像を描きながら発言する子どももいた。前時と同様、子どもが問題を見出した際には、その都度、「今、見つけた問題はどのように見つけたのかな?」と問い返した。

「何か足りないものはないかと考えたら見つかったよ。飲み物がないからお茶がほしいよ」

「どうしたらよくなるのかをイメージしたよ。ぼくは唐揚げの入った弁当がいいな」

このようなやり取りをしながら、問題を見出す力を受容していくことにつなげた。子どもにとって自然な、また必然性のある文脈での創出と受容である。

「みんな、創る科で**問題を見つけることを学習した**から、次から次に問題が出てくるね」

これは、算数科の「表とグラフ」の学習において、給食調べをしていた際の子どもの発言である。

「私はフラフープができないから、このコースは問題がある」

これは、体育科の「体ほぐしの運動」を行った際の子どもの発言である。いずれも、創る科の学習で問題を見出すことを創出し受容したことが、各教科等の学びの中で転移した姿であると言えよう。このように、創る科の学習が各教科等の学びを豊かにし、加速させると考えて授業実践を積み重ねている。

③三年生理科「豆電球おもちゃを作ろうプロジェクト」

i．本単元で扱う理科の本質（見方・考え方）

本単元で大切にしたい見方は「原因と結果」であり、

考え方は「比較する」である。「原因と結果」とは事物・現象（結果）の科学的根拠（原因）を捉える視点であり、「比較する」とは、複数の事物・現象を比べ、差異や共通点を明らかにするという考え方である。

ⅱ．教材について

本単元では、「豆電球おもちゃ」作りを主たる教材とした。子どもの素朴概念を揺さぶり、思い込みと事実のズレに気付かせることで、「原因と結果」「比較する」という見方・考え方の創出と受容、転移をねらう。

そのために第一次では、不備のある回路を教材として用意した。また第二次では、班によって素材の異なる（スチール製とプラスチック製）スプーンを用意した。

ⅲ．授業の実際

教師作成の「豆電球おもちゃ」で遊ぶ活動をきっかけとして、子どもの「自分たちも作りたい」という意欲と好奇心をもとに「豆電球おもちゃを作ろうプロジェクト」を立ち上げた。プロジェクト達成のために子どもたちと掲げたミッションは、次の二つである。

①豆電球、乾電池、導線をどのようにつなぐか。

②電気を通すものと通さないものを見極める。

【ミッション①の場面】

乾電池と豆電球を導線でつなぐ実験で、子どもたちは「ほら、やっぱり導線は電池の＋と－につなげばいいんだ」とつぶやく。そこで、明かりのつかない「仕掛け回路」を提示した。不備のある回路を実験教具として用いることで、「原因と結果」「比較する」の見方・考え方を創出することをねらったのである。

「これではだめだよ」とのつぶやきに「どうして？」と問い返した。「だって、導線にカバーがついているよ」と原因を語り始めた子どもたち。さらに学級全体への説明を促すと、明かりのつく回路を取り出しながら二つを比べ、導線のビニルがついているか否かを説明した。「原因と結果」という視点で現象を捉え、「比較する」という考え方を創出した場面である。

しかし、ビニルを外してもまだ明かりがつかない。子どもたちは「え？　どうして？」とつぶやきながら、必死に原因を探った。しばらくすると、ところどころで「そうか！」と声が上がる。ソケットと豆電球の緩みに気付いたのである。以下は、全体共有の後で「分かったこと」「なぜそれが分かったのか」の視点でまとめた振り返りの一例である。

・＋と－に導線をつなげ、回路ができると明かりがつく。つくときとつかないときとを比べていくことで分かった。
（受容）

【ミッション②の場面】

「ぴかぴか反射するもの」「硬いもの」「金属っぽいもの」が、子どもたちの電気を通す物の予想である。「見た目」「感触」「素材」に着目しているのが分かる。

そこで、身近な具体物を回路の間に入れ、実験結果を表に書き込み、全班の結果が一覧できるようにした。表を見た子どもたちは「え?」「なんで?」「おかしい」と疑問をもつ。理由を問うと「スプーンは電気を通すはずなのに×の班がある！」と発言した。

〇の班と×の班について、スプーンの比較が始まる。両方とも見た目はぴかぴか。しかし、「打ちつけたときの音」「硬さ」「重さ」「肌触り」が違う。その特性から「こっち（×の班のスプーン）はプラスチックだ！」と興奮気味に声を発した。見た目が同じ二つのスプーンを「比較する」ことで、結果の違いを「素材」の違いと結論付けたのである。似て非なるものの検討から、「原因と結果」「比較する」という見方・考え方が創出された瞬間である。子どもの振り返りを記す。

・金属が電気を通し、金属以外は電気を通さない。通すものと通さないものとを比べることでそのことに気付いた。
（受容）

ミッション①②ともに、終末では実験の過程を振り返るよう促した。創出した見方・考え方を自らの手で丁寧に言語化することで、しっかりと受容することをねらったからである。

次単元「かげと太陽」では、朝のかげの写真を見た子どもたちが、「夕方のかげの写真はないの?」と比較対象を求めてきた。理由を問うと、「朝と夕方のかげを比べると時間によってかげの大きさが違うことがはっきりする」と発言した。電気とは異なる文脈に「比較すること」を転移させた姿である。

（文責／重枝孝明・小林弘典・岡本貴裕・津守成思）

解説

第二章には、オーセンティックな学習と明示的な指導を主要な原理として、より少ない時数で質の高い学びを実現した、多様な実践が集結している。

オーセンティックな学習を支える丁寧な取扱い

オーセンティックな学習というと教材を一から自作する必要があると思われがちだが、小野実践（九〇頁）は教科書のアレンジにより実現可能であることを示している。これには、オーセンティックなテスト問題であるB問題の導入に伴い、すでに算数科の教科書がかなりオーセンティックになっていることも関係してはいるが、現状ではさらにもうひと工夫が必要であり、小野実践はそのポイントを的確に整理し、具体に即して分かりやすく解説している。

なお、論稿の最後「コンテンツの共有」において「子どもたちが作り出した表やグラフの中には、必ず本単元で学ばせたいコンテンツが隠れている」ので、教師としてはこれを取り上げ、学級全体で共有することにより、予定していたコンテンツを漏れ落ちなく指導できると述べられている。ただ、そこでは小野先生自身も「丁寧な取扱い」の必要性に触れている。

それはどのようなことか。この点を照会したところ、具体的な教師の問いかけとしては「どこ？」という「比較」と「どうして？」という「理由」の二つのポイントがあるとの回答を得たので、共有しておきたい。

例えば、九七頁の問いかけでは「みんなで交通量を調べたはずなのに、どうして見た目が違う棒グラフになっているのかなぁ？」といきなり「理由」を尋ねているが、より丁寧に取扱うには、その前のステップとして、複数の棒グラフの「どこが違うのか？（同じなのか？）」という「比較」の問いを発することにより、全ての子どもが無理なく「理由」へと意識を向かわせられるといった具合である。

この事例では、オーセンティックな授業プロセスの結果、子どもたちは大量の棒グラフを一度に目にする。中には唐突に「理由」を言語化するのが苦手な子もいるだろう。そこでまず、それらを「比較」して「どこが違うのか？（同じなのか？）」を押さえる。

さらに「どこ？」という問い方は「ここと、そこが違うよ（同じだよ）」のように、言語化が苦手な子でも、指示語や指差しで参加できるメリットがある。その上で教師が「いいねぇ。○○さんが指してくれた『ここ』と『そこ』、確かに違うよね。その『違い』をもっと詳しくお話しできますか?」と促しながら、「自動車の順番がちがうよ」「□□さんのグラフは自動車の順番が、多く通った順番になっているね」のように、徐々にコンテンツへと迫るポイントを明確化させていきたい。

「比較」によって違いが明らかになれば、子どもたちも自然と違いを生じた「理由」を知りたくなる。ここはしっかりと時間をとり、子ども同士で推測し合ったり、本人に言語化したりしてもらう。

もっとも、実際に子どもが探究しているのは「どうして□□さんは自動車の項目を多く通った順番にしたくなったのかな?」といった事柄であり、「理由」というよりも「動機」に近い。したがって、教師の問いかけとしても「動機」に焦点化するのが得策である。

これにより「だってさ、多かった順にすると、比べやすくなるでしょう。ポスターを見てもらう人に、こんなにトラックが多いんだっていうことを伝えたかったんだもん」のように、さほど自覚的ではなかった動機を省察し答えてくれるだろう。動機を明らかにすることで、有意味なゴールである「ポスターづくり」での位置付けも明らかにすることが可能となる。

算数科では「比較（どこ?）」と「理由（どうして?）」を分けて問うことが有効な戦略となる。特に、グラフのような数学的表現のコンテンツの学習では効果的であるというのが、小野先生の回答であった。

オーセンティックな学習は、学びの文脈を本物の社会的実践に近付けることで、学び取られた知識も本物となり、生きて働くという原理であるが、それがゆえに授業の流れが錯綜したり混濁したりすることがしばしば起こる。子どもがもち込んだものを出発点としつつも、論点を整理し、結果的に子どもも「それを学んでよかった」と思える価値あるコンテンツへといざなうには、見てきたような「丁寧な取扱い」が必要であり、また有効であると言えよう。

シンプルに徹することでもたらされる豊かさ

安達実践（九八頁）は、多岐にわたる国語科の指導内容の中から三つの異なる側面を取り上げ、それぞれ

について コンパクトにして質の高い学びをもたらす実践展開の可能性を探究しているが、それにより、かえって三つに通底するものが際立ってきたようにも思える。

それは、この教材なり活動でねらうべき学力を明確にし、さらにそこに至る道筋をはっきりと描くことである。学習指導である以上当然とも言えるが、残念ながら国語科ではこの点が曖昧であることが少なからずあった。とりわけ、物語文を「読む」学習では、作品のもつ魅力を伝えたいとの気持ちから、あれもこれもと欲張ってしまい、かえって何を学んだのか、子どもに見えにくい授業をなることもしばしばであった。

一〇二頁の「『読む』指導を行うのは、生活を豊かにするためと定め、シンプルにそれだけを追究する方法を模索したい」という潔さに、一抹の不安さえ感じる人もあると思うが、「生活を豊かにする」ための読みを本気で実現するには、膨大な量の知識や技能や経験が不可欠であろう。何がどのように必要であり、それはどの教材でどのように実現可能なのか。このことを体系的に考え、各教材でねらうべきものを鋭角的にねらい、着実に実現していく。国語科授業のさらなる質の向上において、このことは極めて重要である。

一方、「話す・聞く」「書く」学習の多くが他教科等を技術的・手段的に下支えする学びであるとの位置付けには、多少の抵抗感を感じる向きがあるかもしれない。しかし、手段としての学びであり、国語科で身に付けた資質・能力が様々な対象や状況の中で現に使われ、子どもたちの学びやくらしを生涯にわたり力強く支えるからこそ、その学びは確かなもの、豊かなものでなくてはならない。また、そのような質の学びとして授業の文脈が構成されるとき、子どもたちもまた、確かで豊かな学びを切実に求めるのである。

そのような特質をもつ「話す・聞く」「書く」学習について、コロナショックは多くの教科書教材の実施を困難ないしは不自然とした。これに対し、ここでは子どもの実生活に寄り添うオーセンティックな取扱いが提案されており、参考になる。ただ、さらに言うならば、そもそも「話す・聞く」「書く」学習については、教科書教材は常に例示と見なすべきで、今年度のような状況でなくとも、そのまま使えるとは考えない方がよいのではないか。やはり、教科書を参考にしつつも、改めて目の前の子どもの実態や要求、また関わってくる他教科等の活動の詳細を見つめ、自らの手で単元を生み出すのが得策であろう。その意味で、今年度のようにどう考えてもそのままでは使えないという経験を、教科書との付き合い方を見直す好機としたい。

生活と科学の実践的統合

福岡教育大学附属福岡小学校は文部科学省の研究開発学校として、授業時数や教師の仕事量など、学校が保持するリソースに対して指導する内容が大幅に過積載となっている状態、いわゆるカリキュラム・オーバーロードの解消を主題とした研究に取り組んでいる。

そこでは、教育方法の工夫にとどまることなく、教育内容にまで踏み込んだ徹底した見直しにより、すでに通算で年間六六三単位時間に相当する内容の削減や統合、時数の圧縮に成功している。もちろん、カリキュラムのスリム化自体が眼目ではなく、それにより、子どもも教師も余裕をもって探究的な学びや深い学びに取り組むことができ、結果的に豊かな資質・能力の着実な保障が可能となることを目指している。

テーマ学習は、このような研究の途上で開発された教育方法の一つであり、道徳科と総合的な学習の時間を核に他教科等をつなげて生み出される、スケールの大きい教科等横断的な学習活動である。基本的に子どもの求めや問いに徹底的に寄り添うが、同時に活動主義やいわゆる「這い回り」に陥ることのないよう、教師の指導性を適切に発揮することに留意している。

一〇六頁から報告されている事例でも、オーセンティックな学習を原理とした教科等横断的な単元構成により、実社会・実生活のリアルな文脈で展開される多様な活動の中で、教科の本質に肉薄する学びを子どもたち自らが次々に生み出していく様子が見て取れる。特筆すべきは、教科の学びが深まれば深まるほどに、子どもたちの生き方もまた深まり、たくましいものとなっていくことであろう。学校教育にとって永遠の課題である、生活と科学の実践的統合の一つの実現の在り方を、ここに見ることができる。

「カレーライス」から始めるLess is more

以上の三実践が、基本的にオーセンティックな学習を原理としているのに対し、森実践（一一四頁）と山口大学教育学部附属山口小学校の取組（一二二頁）は、明示的な指導をその基盤に据えている。

森実践で繰り返される「少なく学んで大きく生か

す」という理念は、山口小の論稿にあるLess is more（より少ない学習内容でより豊かに学ぶこと）の考え方を別な角度から表現したものと解釈できる。つまり、すでに欧米ではごく一般的な授業づくり、カリキュラム開発の原理となっているLess is moreとは、森先生の言う精選の核としての「カレーライス」を教師が的確に捉え、明示的に指導するとともに、子どもたちがそれを自力で活用して豊かな学習の転移を生み出せるような手立てを様々に講じていくことなのである。

森先生の指摘で興味深いのは、「カレーライス」は常に一つとは限らず、また大人の都合だけで決まるものでもないという点である。一見、山口小が精緻な検討を経て「創る科」で扱う価値を一四に整理しているのと対照的にも思えるが、要は核なり価値と呼んでいるものの水準というか階層の違いであろう。抽象度をどんどん上げていけば、最終的には山口小が整理した一四のようなものへと行き着くのであり、森実践でも「見方・考え方」として整理され、ネーミングされたものは一定の数に収まる。一方、単元のような具体性の高い水準で核を見出すとなれば、自ずと多様性や流動性が生じるということではないかと考える。

大切なのは、核なり価値が、幾重にも折り重なった階層構造を成しているという理解であろう。各教科等ならではの本質なり「見方・考え方」を中間の層として、それらが個々の単元で取扱う内容との関係において様々な「カレーライス」となったものが、より具体的な層であり、反対に、山口小で言う教科等をも超えた汎用的な価値が、より抽象的な層である。したがって、日々の実践の中で目の前の子どもたちに即応して最適な「カレーライス」を見出すには、より抽象度の高い水準である各教科等の「見方・考え方」や、汎用的な価値に関する深い洞察が求められるのである。

森実践から学びたいことの一つに、明示的な指導を実現する多様な手立てがある。わけても、料理のアナロジーによるイメージの活性化、アイテムカードやネーミングカードを使った視覚化や道具化は、実に秀逸なアイデアであり、早速実践に生かしたい。

なお、食べ物の比喩で言うならば、最終的には「プリン」と「茶碗蒸し」が同じだと気付けるくらいにまで育て上げたい。そのためにも、まずは「カレーライス」と「クリームシチュー」からはじめ、子どもたちの学習観、知識観を徐々に変えていく必要がある。

自覚化が生み出す学習の転移

福岡小と同様、山口小も文部科学省の研究開発学校として、カリキュラム・オーバーロードの解消を課題とした研究に取り組んでいる。その方途として山口小が選択したのが、日々子どもが経験している学びの価値の自覚化であり、そのための徹底した明示的な指導による、学びの創出、受容、転移の促進である。

ドローンと身の回りの手順、日の丸弁当と幕の内弁当といった教材について、あまりに露骨でわざとらしいといった感想をもつ人もいるだろう。しかし、これくらい分かりやすく、つまり明示的にしないと、子どもはもとより大人でさえも、その背後に共通して横たわる価値には気付けないのである。さらに、転移となるといよいよ難しい。実際、ドローンの学習だけでは、「今日学んだことは、他の教科や生活の場面でも使えそうか」との問いに対し「他の教科では、ドローンは使わない」という答えが返ってきた。

価値への気付きを促す上でポイントとなるのが、「なぜそれが分かったのか」という、メタ認知的とも言える教師の問いかけである。子どもは、目の前の問題が解決できれば、そこで思考を終わらせがちである。分からないというのは一種の緊張状態なので、それが解消されればその場面から離れようとするのは、ごく自然な人間の心理と言えよう。しかし、さらにその地点に踏みとどまって、「なぜそれが分かったのか」というメタ認知的な問いを自らに投げかけることにより、同じような問題状況が再び訪れたとき、今回の知識や経験を生かして適切に対処することができる。繰り返し教師が問いかけることにより、子どもの中にこの動きを生み出そうしているのである。

なお、価値を直接的に扱う「創る科」のアプローチは、多くの学校で取り組まれている、思考ツールや思考スキル、学習指導要領でいう「考えるための技法」の指導とも通底している。ただ「考えなさい」と言うのではなく、「考えるとはどういうことか」を明示的に指導し、実際に様々な場面で各種の技法を使ってみて、何をどんな場面でどう使えばよいのか、徐々に理解を深めていくのである。

（奈須正裕）

第3章

どんな状況下でも
子どもの学びを止めない学校づくり

伏木久始／信州大学教授

田邉彩希子／熊本市立城北小学校教諭

山本崇雄／新渡戸文化小中高等学校統括校長補佐

佐野亮子／東京学芸大学非常勤講師

小川雅裕／新潟市立小針小学校教諭

オンライン学習の導入を契機とする授業と家庭学習の新たな連携

信州大学教授　伏木 久始

1　授業という営みの転換

　新型コロナウイルス感染症が世界中に蔓延し、日本における感染者数は首都圏を中心に現在も予断を許さない状況である（二〇二〇年七月末現在）。信州大学教育学部および教職大学院では、一部の実技系科目を除く全ての今年度前期科目をオンラインで実施したが、後期も引き続きオンライン授業が原則となった。授業のみならず、大学生活の在り方や社会生活までがこれまでの前提を変え、「新しい生活様式」へ移行する事態となった。こうした中で、小・中学校や高等学校でも、子どもたちの学びを保障するために、学校での授業の内容と家庭での学習の在り方について、改めて問い直されるようになった。

　本稿では、オンライン学習の導入を契機として授業と家庭学習の連携がどのように図られていくことが期待されるのかを考えてみたい。

①コロナショックがもたらしたことは何か

　新型コロナウイルス感染症対策で学校は休業措置を求められた。令和最初の年度末から、学校での定番行事や、学級レベルでの年度終盤の大切な教育活動の機会が奪われた。子どもたちにとっても、教職員にとっても、想定外の臨時休業はどれだけショックが大きかったことか、心が痛む出来事だった。新年度に入ってからも休業措置は継続され、多くの自治体・学校では、新しく着任した教員と子どもたちとの対面もないまま、入学式も中止や延期の決定を下して、学校は経験のない新年度の教育活動をやりくりしてきた。

　こうした数か月間の非常事態が、子どもたちの心理状況に少なからず影響を及ぼしたことは否定できまい。特に、卒業式や入学式の主役である当該学年の子どもたちにとっては、大事な思い出の形を大きく変えられたわけであり、様々な面での悪影響が懸念された。

しかし、その一方で、多くの現場の先生方から、「今年の卒業式は感動的だった」という声が寄せられた。儀式の練習をする時間もとれず、来賓を会場に招待できず、家族の列席ですら事前登録の人数限定で式典を挙行せざるを得なかったのに、なぜ感動的だったのだろうか。

各学校では、子どもたちにとって何が優先されるべきかを教職員が議論してシンプルな儀式を決行した。「例年どおり」「当たり前に」とこれまでは考えることなく実施してきた学校内の慣習を、原点に立ち返って見直しをしたのである。子どもたちにとって優先されるべきことは何か、子どもたちの学びにとって必要なことは何か、コロナショックは一人一人の教員が学校教育の在り方を考える機会をもたらしたとも言えよう。

このことは、**子どもたちが何をどう学ぶのかという学校での授業の在り方と、家庭学習の在り方**を改めて考える契機ともなったのである。

②学校現場はどう対応したのか

二〇二〇年三月、全国の学校が休業となり、子どもたちはいつものように登校して、いつものように教室に入って仲間と挨拶を交わす「ふつうの」日常を奪われた。その代わり、子どもたちはそれぞれの家庭環境の制約の中で、自分なりに学習を進める時間を与えられた。

各市区町村教育委員会ならびに各学校は、今回のコロナショック状況下で登校できなくなった子どもたちの学習を、どのように保障しようとしたのだろうか。

その対応には、かなりの幅があったが、大まかに分類すると夏休み等の長期休業中の課題と同様にオフラインでの課題を課す学校と、このピンチをチャンスに変えるべく、オンライン学習を導入した学校とに分かれた（資料）。

オフライン		課題プリントの手渡し・郵送、教科書での自習、家庭訪問
オンライン	非同期型	ホームページ活用、NHK教育番組、Google Classroom等
	同期型	遠隔会議アプリ（Zoom等）

資料

どの学校においても、未知の状況下で子どもたちのために尽力していたことは言うまでもないことだが、各地域や学校の対応の中身が分かれた理由は、オンライン学習を巡る方針の違いに起因していた。すなわち、オンライン学習を導入して、学校に集まれない子どもたちの学習を少しでも保障しようという思いは教育関係者に共通していたものの、インターネットを利用できる環境のない家庭があることへの対応やそれまでにオンラインでの教育方法を経験したことのない教師たちが、どのように責任をもって取り組むのかという具体策の部分で対応が分かれたのである。

文部科学省の調査結果（令和二年四月一六日時点）によれば、臨時休業中の家庭学習の取組状況は、教科書や紙の教材を活用した家庭学習が一〇〇％だったのに対して、テレビ放送の活用が二四％、教育委員会が作成した授業動画の活用が一〇％、それ以外のデジタル教材の活用が二九％という回答であった。期待されたオンラインでの学習のうち、同時双方向（同期型）のオンライン指導を実施した割合はたったの五％（その後の六月二三日時点での調査では一五％）だった。

結果として、多くの学校が学習プリント等を子どもたちに配布して、オフラインでの自習方式を選んだ。一律平等にできないことはやるべきではないと考えた現場は、教科書に沿った学習内容を課題プリントとして作成・印刷した。それを各家庭に郵送か手渡しで届けるか、指定時刻に学習材を受け取りに来てもらう方法をとった。その上で、各家庭において独力で取り組むことが困難だと予想された子どもに対して、電話やeメールでサポートしたとされているが、中には家庭訪問して学習アドバイスをした教師もいたという。

しかし、この自習方法は子どもの学習意欲を維持していくことが難しく、休業期間が延びるごとに自宅で過ごす子どものストレスを助長する原因にもなっていた。特に学習面でつまずきの多い子や、指示されないと学習を進められない子は、単に問題を解くタイプの大量の課題プリントを渡されたら、その学習課題から逃避して、学びを放棄したくなるのも予想されていた。それでも、多くの学校は全員一律に同じ条件を与えることを選択したのである。

2　オンライン学習の導入

新型コロナウイルスへの対応が長期化すると覚悟を

決めた各地の自治体の中には、これまでなかなか学校現場において推進できずにいたＩＣＴ活用教育を、非常事態における対応として積極的に取り入れ始める動きを見せた。学校のパソコンと各家庭の端末をインターネット上でつなげて、オンライン学習にチャレンジした学校の取組から学ぶことは少なくない。

①同期型オンライン授業

コロナショック状況下において、学校の休業期間中に教師と子どもたちがモニターを介して対面できるようにするため、カメラを搭載したパソコンやタブレット型ＰＣやスマートフォンなどを利用して、テレビ会議用のアプリケーションによるオンライン環境を取り入れた学校も増えてきた。Ｚｏｏｍをはじめ、Microsoft Teams、Cisco Webex Meetings、Ｓｋｙｐｅなどが利用されている。これらのオンライン会議サービスは、基本タイプでは無料でアカウントを取得でき、長時間でなければ十分にテレビ会議ができるため、企業等のテレワーク、大学のオンライン授業の広がりとともに利用者を激増させている。コロナによる休校に際しても、小・中・高等学校及び特別支援学校において、それぞれ必要に応じた利用が試行されている。リアルタイムで双方向型のテレビ会議ができるため、工夫次第では教室に集合して行う授業と同様の学習を可能とする一方、同期する時間が長くなると目が疲れるのみならず、各家庭の通信料負担が増えることもあるため、適切な接続時間を考慮する必要がある。

同期型オンライン授業の使用例は様々であるが、「朝の会」や「帰りの会」にお互いモニターに映るクラスメイトの顔を確認し合いながら、担任の教師の話をリアルタイムで聴き合うということだけでも、学校に通えない期間の子どもたちのメンタル面によい影響を与えていたと報告する学校も少なくない。

例えば、長野県の軽井沢町立軽井沢中学校では、五教科それぞれの教師たちがチームを組み、担当学級の授業者が黒板などを使って授業をする姿を他の教師が撮影したり、テレビ会議用の機器の操作をしたり、生徒の出欠を確認したりして同期型のオンライン授業に取り組んでいた。結果的に同僚の授業のよさを学び合うことになり、オンラインでの授業づくりに全員で取り組むことで、教科内の教師同士のコミュニケーションが増え、授業改善にもつながったと報告している。

また、それまで相談室等で授業を受けていた生徒や不登校傾向の生徒は、教室での授業とは別の課題に取り組んでいたが、テレビ会議方式を導入してからは、食い入るように画面をのぞく姿が見られ、授業を一緒に受けている充実感が伝わってきたという。そこで同校では、不登校の生徒本人の意思を確認しながら、別室でも自宅からでもみんなと同じ授業につながって同時に授業を受けられるように準備を始めている。

なお、現在学校等で利用されているオンライン会議サービスのアプリケーションは、ホワイトボードを使って説明する教師の語りや書き込みを全員が同時に視聴できたり、グループに分かれてディスカッションできる機能があったり、参加者全員が動画を含めて同じ資料を画面共有できる機能が標準装備されていたりするので、教室に集まって行われる授業の多くがインターネット上で実現できるという状況になっている。

こうした機能を駆使してオンライン授業を実践しているのが白馬村立白馬中学校である。同校では、臨時休業の間、生徒一人一人にタブレット端末を貸し出し、町の教育委員会とコミュニティ・スクール関係者が学校の取組に協働して、わずか一〇日間でオンラインの授業環境を整えた。その間、教師たちはオンライン授業実施に向けた研修会を重ね、Wi-Fi環境下にない生徒（全校で一三名）に対しては、地域の協力を得て休業中のホテル（地域Wi-Fi協力スポット）を学習場所として提供した。Ｚｏｏｍによる授業を経験した生徒たちは次のような感想を書いている。

・一人一人が考えたことをブレイクアウトセッション(1)で共有できるのが楽しかったです。教室で発言の少ない友達の考えにも触れることができて新鮮でした。
・新型コロナウイルスの心配があっても、授業が受けられてうれしかった。家にいても友達と学べることで頑張れました。
・実験の映像や資料などデジタル教材が黒板より見やすくて、分かりやすかったです。画面を共有したり、グループ活動したりできるから、学校に行けない日でも一緒に学んでいると感じました。

白馬中学校では、地域の関係者と協働してオンライン授業を導入したことで、生徒の学びや教師たちの意識が大きく変化したという。

②非同期型オンライン授業

教師がインターネット上のサイトに学習コンテンツを準備して、子どもが自分の都合のよい時間帯にインターネットに接続して指定されたサイトにアクセスするという一方向型のオンライン学習を「非同期型」と呼んでいる。この方式では、学校のホームページやインターネット上の既存の学習サイトにアクセスして学習に取り組ませたり、Google for Educationなどのアプリケーションを活用して、教師たちが授業資料や学習課題等をオリジナルに作成し、子どもたちに取り組ませたりする。

例えば、伊那市立伊那中学校が臨時休業中に実施した方法は、コロナウイルスの再度の感染拡大が押し寄せた際の具体的な対応として参考になる好例である。伊那中学校では、毎週月曜日を分散登校日とし、火曜日から金曜日までをオンラインでの授業日としていた。まず、分散登校の月曜日に、一週間分のオンライン学習の予定時間割とその週に使用する学習プリントを配布する。予定時間割表（資料1）には、教科名とともに「生配信による」（同期型）授業か「録画による」（非同期型）授業かが明記されており、各生徒が自分で選択できる。オンライン授業の一日は、Ｚｏｏｍを使用した朝の学活で始まり、二〜三コマの生配信授業とＺｏｏｍを使用した学習相談、二〜三コマの録画授業があり、Ｚｏｏｍによる学活で終わるというサイクルになっている。同期型オンラインの学活にしても授業にしても参加は自由にしていたが、教師たちが工夫を凝らして生徒たちが参加したくなる内容にしていた

臨時休業中のオンライン学習について

日課表　～1日の流れ～

9：30～	朝学活（健康観察、時間割の確認）
9：45～10：10	1時間目
10：20～10：45	2時間目
10：55～11：20	3時間目
11：30～11：50	学習相談　（希望者）Zoomを使用
12：00～13：00	昼食、休憩
13：10～13：35	4時間目
13：45～14：10	5時間目
14：20～14：35	午後学活（翌日の連絡など）

登校するみなさんは、各学級にお願いします。

※Ｚｏｏｍによる生配信授業の場合は、必ずオンライン授業に参加。ＹｏｕＴｕｂｅ録画授業はその必要なし。

授業では、
・プリント
・教科書
・問題集
・筆記用具
を準備してください。

時間割

1年	11日（月）	12日（火）	13日（水）	14日（木）	15日（金）
Ⅰ	体育	国語	数学	社会	国語
Ⅱ	数学	数学	社会	理科	英語
Ⅲ	美術	社会	理科	英語	学びの振り返りTime
Ⅳ	技術家庭科	理科	英語	国語	
Ⅴ	理科	英語	音楽	数学	

（太枠）で囲った時間はライブ配信の予定です。その時間に各学級のZoomにログインしてください。

資料1　臨時休業中のオンライン学習について（伊那中学校）
長野県教育委員会　第1064回定例会資料より(2)

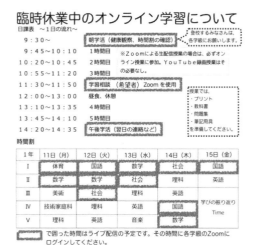

こともあり、参加率は非常に高かった。

ちなみに、信州大学教育学部及び教職大学院において筆者が担当しているオンライン授業では、教育機関であれば無料で導入できるクラウド型グループウェアサービス（G Suite for Education：非同期型）とテレビ会議アプリ（Zoom：同期型）を用途に応じて組み合わせて、これまでの教室での授業とほぼ同様の授業内容を実践している。

昨年度までは教室の机を並べ替えて模造紙を広げ、グループごとにディスカッションしながら付箋紙を貼ったりマジックで書き込んだりするグループワークを頻繁に取り入れていたが、それと同じ作業をオンライン空間で展開できる事実に驚いている。むしろ、オンラインでそうしたワークができることで、時間と費用の節約にもなっている。もちろん、対面授業でなければ味わえない感覚もあるはずだが、オンラインでの可能性は今後ますます拡大するだろう。

③オンライン学習を阻む要因は何か

こうしたオンラインでの教育方法に関して、ネックとなるのは受講者側の通信インフラと端末の問題である。コロナショック状況下でオンライン学習のニーズが高まる一方、多くの教育委員会や学校が導入に踏み込めなかったのは、インターネット環境がない家庭へ配慮するという平等意識が主な理由とされていた。

国際的にみても導入が遅れている日本のICT活用の実態を受け、YouTubeでライブ配信された「学校の情報環境整備に関する説明会」（五月一一日）において、文部科学省の担当課長が「家庭のパソコンでも使えるものはなんでも使って、一律にやる必要はないので、できることから、できる人から始めてほしい」とし、臨機応変に取り組むことを現場に呼びかけた。各地域ごとの事情があるにせよ、「今般の国家的な危機においてもオンライン授業を導入しない理由を、自治体・学校は説明する責任がある」とまで語った課長の言葉は重い。

こうした背景もあって、全員を同じ条件にそろえることを基本にしてきた市区町村教育委員会にも意識改革がみられ、インターネットに接続して家庭学習を行うことができない家庭には、どの場所でもインターネットに接続できるWi-Fiルーターを貸与したり、オンライン授業の受講を可能にする公共スペースに該当の子どもたちを集めたりして、条件を一律にすることから、平等に**学びを保障する方向へ**とシフトし始めた。

ところが、日本の学校における通信環境はセキュリティ対策が過剰なほど徹底しており、校内のＬＡＮが校外のインターネットには自由にアクセスできないようにブロックされていたり、校内で使用するタブレットなどの端末には、勝手にアプリケーションをインストールすることができない設定にしたりする自治体が少なくない。個人のＵＳＢメモリを学校内のパソコン端末に挿すことすら禁じられている現場もある。ヒューマンエラーを想定した強固なセキュリティシステムにすることで、結果的にはそこで仕事をする教職員のネットリテラシーやセキュリティ意識を向上させない環境にしてしまっているようにも思える。こうした地方教育行政の方針が、教員のＩＣＴスキルの向上やオンライン授業導入のモチベーションに対する阻害要因となっているという見方もあるように思う。

また、近年では、中高生のみならず小学生でも、自宅等でスマートフォンやゲーム機をインターネットにつないでYouTubeを視聴したり、対戦型ゲームに興じたりするのがトレンドになりつつあるのに対して、保護者がそれを管理することができていないのが実態である。それに対して市区町村教育委員会や各学校は、携帯端末等を学校に持ってこさせないという規制には熱心でも、情報セキュリティやネットリテラシーの指導をすることには概して消極的である。ネット社会の急速な展開に順応できていない大人たちが、未来を生きる子どもたちの教育環境をどのように保障していくのかが問われている。

3　学校の授業と家庭学習の連携

今回のコロナショックで、家庭学習の課題の在り方を見直した学校が少なくないが、子どもの自己学習力を育むという観点から、学校での授業と家庭学習の連携を改めて考えてみたい。

①学校での対面授業の役割は何か

コロナショック状況下においてオンライン授業が注目されたことで、学校での対面授業ならではの役割とは何か、家庭学習に位置付けることが妥当な内容は何かを考える機会も増えてきた。

我が国における一般的な授業は、学習指導案に表現するとすれば、その一単位時間に子どもたちに獲得してもらいたい知識及び技能などを明確にし、「導入」→「展開」→「まとめ」などの枠に分けて、使用する資料や子どもたちの反応を予測しながら、授業の流れを想定して準備されることが多いように思う。教師は板書計画を事前に作成しつつ、実際の子どもたちの発言内容に即して、口頭での説明と板書を通して子どもたちの理解を促すタイプの授業が一般的であろう。

こうした一単位時間の授業に適応している子どももいるが、そのペースの遅さにストレスを感じてしまう子がいたり、理解できず授業の流れについていけない子がいたりするのはいわば当然のことである。一斉授業は短時間に大勢の相手を対象として効率よく知識や取り組み方を伝達する方法として優れているが、一人一人の理解度や興味・関心には対応しにくい。

また、一人の教師が最善と考える教え方で子ども全員の前で学習指導をした際に、指示されたそのやり方が自分にフィットしている子もいれば、そのやり方では取り組みにくい子もいるのは当然のことである。教師も本来個性的でそれぞれティーチングスタイルというものがあるように、子どもにもそれぞれ**ラーニングスタイル**というものがあることを無視してはならない。

こうした観点からこれまでの授業を捉え直してみると、学校の授業ならではの役割を新たな視点で焦点化していく上でのヒントが得られる。

その子なりの興味・関心を重視する場合、その子の試行錯誤を尊重したい場合合、その課題に取り組む上で適切な場所や必要な時間を子どもに考えさせたい場合などは、一斉授業から切り離して、子ども一人一人の選択に任せることがあってよいはずである。そうした観点に立つと、これまで一律に指導していた内容を、小集団に分かれて多様な学び方ができるような環境構成を再検討してみたり、個人の特性や能力に応じて個別化したりする授業の改革が求められることになる。

また、学ぶ側の論理に立てば、自分の発想や考え方とは異なる他者と一緒に取り組みたい（取り組むべき）ケースや、課題意識や追究の方向性を共有できる他者と協働的に学びたい（学ぶべき）ケースがあるのと同時に、自分一人の力で取り組みたい（取り組むべき）ケースもある。さらに言えば、周囲に学び合う仲間がいることが刺激となって、一人で自分なりに学ぼうとする意欲も持続できるという面もある。

すなわち、教師と子どもたちが一斉授業形態の中で共通に追究する学びがあり、学校に集まる子ども同士が必要に応じた小集団で磨き合う学びがあり、そして子ども一人一人が自分のペースで取り組む学びがある。そうであるならば、これまで一斉授業で取り組んできた授業の中で、一人一人の選択と試行錯誤を尊重し、自分のペースで取り組む学習方式に切り替えた方が望ましいと思われる部分は、家庭学習に位置付けてもよいという考え方が浮上してくる。

このことについて、佐久市立佐久平浅間小学校が分散登校期間に取り組んだ実践をもとに考えてみよう。同校は、各教科の「学習問題」に対する自分の考えをつくるという課題を家庭学習の課題とし、分散登校中の授業において、それぞれの子どもの考えを交流してまとめていくというサイクルで学習を進めていた。

例えば、四年生の算数では、家庭で取り組むプリントで問題を解決する見通しをもち、「自分の考え」欄に自分の考えをまとめることが家庭学習の課題となった（資料2）。そして、分散登校した際にお互いの考えを出し合って、協働して問題を解決していくという方法をとっていた。普段の授業における「個人で考える時間」を家庭学習に移行するという考え方をもとにして取り組んだものである。これは「反転授業」と称される学習方法とほぼ重なり、タブレットPCなどのICT機器を活用することで、オンライン学習にも移行しやすくなる。

家庭学習における「一人学び」をオンライン学習に

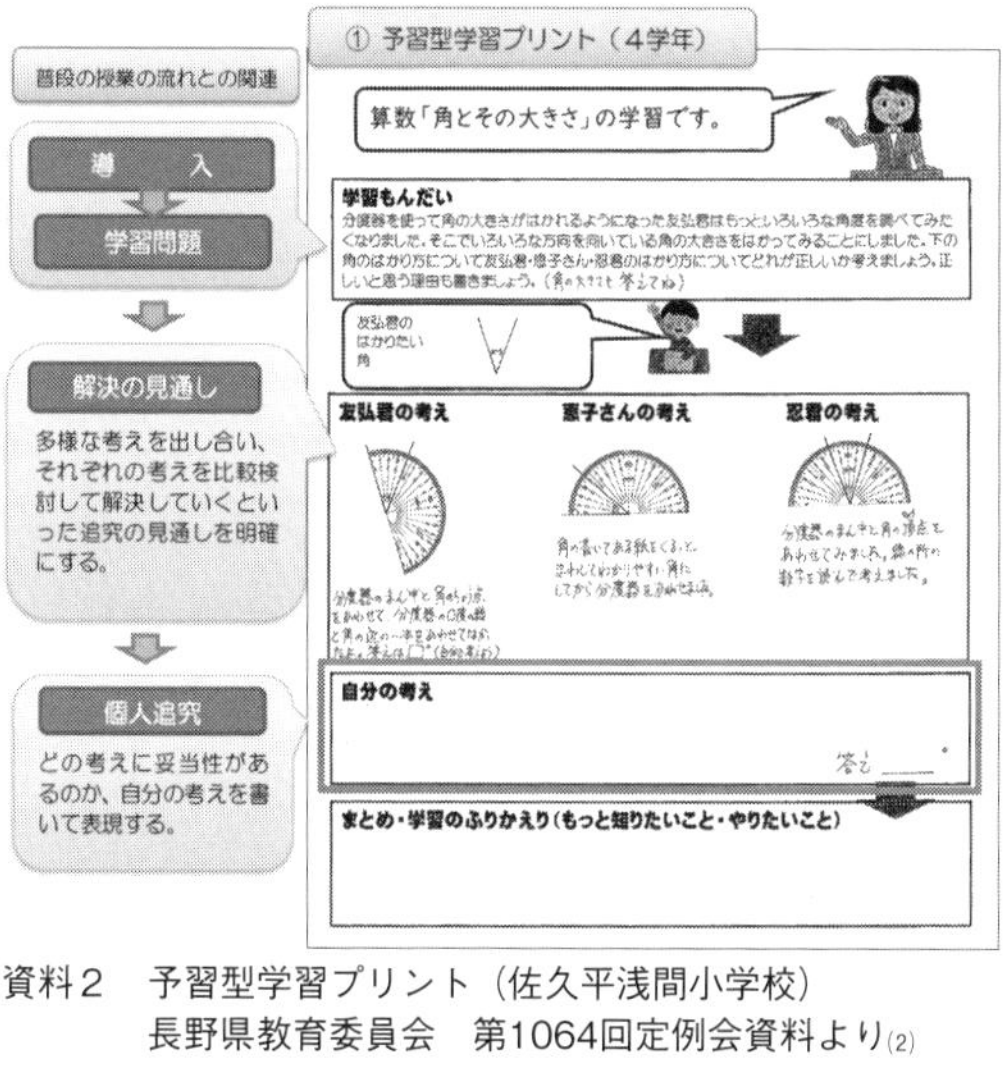

資料2　予習型学習プリント（佐久平浅間小学校）
長野県教育委員会　第1064回定例会資料より(2)

シフトすることの利点は、教師が一人一人の子どもの学びの履歴を確認できることであり、設定の仕方によっては子ども同士がお互いの「一人学び」のプロセスを参照できることである。すなわち、教師は子どもの学習をより適切に評価できるようになり、それぞれの子どもへの学習指導の改善が期待できるのである。

このように、コロナショック状況下において子どもたちの学びを保障しようとした試みの中には、家庭学習と学校での授業の新たな連携の在り方を示唆するものが散見されている。

②子どもが学ぶ力をどのように育もうとするのか

学校の休業期間中、各家庭で自分が学びたいことを自ら選んで取り組める子がいる一方で、何から手をつけたらよいか途方に暮れたり、自分で学習計画を立てられず、ひたすらゲームに興じたりする子もいたであろう。そうした子どもの姿を捉えて、「強制しない限り勉強しない子」だとレッテルを貼ることは正しくないし、「子どもは課題を与えられないと勉強しないのだから、家庭学習の課題を十分に課すべきだ」という偏った考え方で指導することにも慎重であってほしい。

家庭学習を主体的に取り組めない子どもの姿があったとすれば、それは自ら学ぶ力をつけるための経験が不足していたと捉えてみてはどうだろうか。家庭学習を充実させている子どもは、既習の知識が豊富で学業成績がよいから自ら学べるのだと解釈するよりも、自分なりに学ぶことを楽しめているから結果的に学業成績にも反映されることが多いと理解する方が妥当である。そう考えてみると、独力では学習を進められないことが多い子どもに対して、教師の丁寧な指導にひたすら従わせるだけの学習を積み重ねるだけでは、その子自身の学習能力を高めることは難しいということになる。つまり、その子なりに自分の力を発揮しながら新たな力をつけていくための学習訓練が必要になるのであり、そのための学習指導をそれぞれの子どもに合わせて考えていくことが肝要である。そのためには、**学校での授業と家庭での学習を、それぞれの子どもに合った形で連携する工夫**が求められるのだと思う。

③オンライン授業を巡る環境はどうなるのか

海外の教育先進国などでは、学校内のＬＡＮ環境はもちろんのこと、各家庭との間でもオンラインでの情報のやり取りが一般的に行われている。日本の多くの学校がデジタルで作成した文書等を紙に印刷して子どもに持ち帰らせているが、印刷する手間と消費する膨大な紙のコストを節約するためにも、ペーパーレス化は国際的な動向に合わせて推進すべきである。

こうした中で、文部科学省は「学びの保障」総合対策パッケージを発表し（六月五日）、再度の感染拡大のような事態を迎えたとしても、子どもたちの学びを止めないという方針に基づく学校現場の支援策を公表した。ＧＩＧＡスクール構想の加速による学びの保障という名目でも、約四六〇〇億円という破格の補正予算を計上して、ＩＣＴ端末を活用した家庭学習のための環境整備を支援している。また、今後は、通信端末を授業などで活用するＢＹＯＤ（ブリング・ユア・オウン・デバイス）を前提とした一人一台の学習環境を整える方向へ進むだろう。

さらに、文部科学省はこれまでオンライン授業の受信側に教師がいないと正規の授業として認めていなかったが、今回のコロナショックを契機に、教師不在の場合でも授業として認める他、学校に登校できない児童生徒の家庭学習を学校の学習評価に反映できるとする通知を出している。

コロナショック状況下で企業もテレワークが進んだ。日本的な慣習である印鑑による決裁方式も見直しが進んでいる。Society5.0の時代を迎え、通信インフラも５Ｇを基本とした高速大容量の時代に突入するのは時間の問題である。全てのモノがインターネットにつながることで、それぞれのモノからセンサーや人の操作を通じて情報がクラウド上に集積され、ＡＩが情報解析を行いながら人間の生活を支援する仕組みとしてのＩｏＴ（Internet of Things）が一般的になるだろう。学校は最先端の知識・技術から子どもを遠ざけるのではなく、それらの利便性と危険性を段階ごとに学ぶ場所になるべきなのではないだろうか。

(1) Ｚｏｏｍ上で参加者を複数のグループに振り分ける機能
(2) 第一〇六四回教育委員会定例会（令和二年五月二七日）資料　https://www.pref.nagano.lg.jp/kyoiku/kyoiku/goannai/kaigiroku/r2/teireikai/1064kai.html

【参考文献】

文部科学省「新型コロナウイルス感染症対策のための学校の臨時休業に関連した公立学校における学習指導等の取組状況について」（令和二年四月一六日時点）
文部科学省「新型コロナウイルス感染症の影響を踏まえた公立学校における学習指導等に関する状況について」（令和二年六月二三日）

子どもの学びを支えるオンライン授業の取組

～「通常の授業」の本質を捉え直す教師の学び～

熊本市立城北小学校教諭　田邉 彩希子

はじめに

　オンライン授業とはどのような授業で、どのような可能性があるのか。本稿では、休校中でも学びを止めないために、本校五年部が行ったオンライン授業の実践と、そこから得た学びを紹介する。まず、実践内容を、実際に起きたことを交えながら具体的に述べる。次に、実践から見えてきた、オンラインにおける子どもと教師との関わりを記す。最後に、二か月間のオンライン授業を通して筆者が得た学びを記す。

　結論から述べれば、オンライン授業は、子どもにとって、「学校に行かなくても学べる」というもの以上に、教師にとって、「通常の授業で当たり前のように行っていることの奥深さや意義を再考する機会」になり得るものと考える。つまり、オンライン授業は、授業の本質を捉え直す教師の学びの場となる可能性があるというのが、私が今回の経験から得た最大の気付きである。

1　実践内容

　本校のオンライン授業では、Ｚｏｏｍというウェブ会議用アプリケーションを使用した。

　本校の場合、オンライン授業でどの教科を扱うのか、どのように授業するのかは、各学年部で検討して取り組むこととなった。そこで五年部は、検討の末、国語、算数、社会の三教科をオンライン授業で取り扱うことにした。なぜこの三教科を選択したかというと、時数が多く、さらにオンラインで授業をするときのイメージが比較的もちやすかったからである。また、本実践は、三人の教師で一つの授業を行ったところに特質がある。三人で一つの授業をすることで、授業準備などの負担を減らしたり、学級間での差を最小限にとどめたりすることができるのではないかと考えた。その効果については①―ⅱで述べる。

①授業体制

授業体制は、日々改良を重ね、結果的に、表1の体制に落ち着いた。

ⅰ．教師三人の役割分担

教師三人の役割を表2に示す。

授業者の役割は、通常の授業を行うときとそう変わらない。事前に教材研究をし、必要な教具を準備し、授業をする。通常と異なるのは、遠隔を想定した資料の見せ方や、子どもの発言のさせ方などをあらかじめ考えておくなどの点である。

授業者が、より「いつもどおり」に授業をすることができるようサポートするのが撮影者と補助者の二人だ。

撮影者は「参加者」としてミーティングに参加し、タブレット端

表1　授業体制

時間	一日につき１コマ（45分間）
教師	５年部３人。３人で一つの授業を行った。３人の役割は毎日ローテーションで回した。（授業者、撮影者、補助者の３役）
子ども	83人。 （全員一つのミーティングルームに参加できる）
使用物	・電子黒板２台　・黒板 ・教師用タブレット端末２台 ・児童用タブレット端末（一人１台） ・譜面台（撮影用タブレット端末を固定） ・その他教具

表2　教師３人の役割分担

役割	役割詳細
授業者	・事前に授業準備をする。 ・中心になって授業をする。
撮影者	・教師用タブレット端末で撮影する。 ・必要に応じて板書するなど、授業者をサポートする。
補助者	・Ｚｏｏｍの管理をする（子どもの入室の許可／ミュートの設定や解除など）。 ・チャット機能を用いて、子どもへ個別の声かけをする。

末で授業の様子を撮影した。そのタブレット端末は、いわば「子どもの視線」である。撮影者は、学習の展開に応じて、授業者の顔を映したり黒板を映したり電子黒板を映したりする。このタブレット端末以外の全ての参加者をミュートにしておけば、自動的に撮影者のタブレット画面が、児童用タブレット端末画面に大きく映る。撮影者が臨機応変にカメラワークを工夫することで、子どもは、視聴すべき事柄を視聴すべきタイミングで捉えることができる。さらに、授業者は自由に動き回りながら「いつもどおり」に近い感覚で授業をすることができるのだ。

補助者は、常にパソコンの前に座って授業をサポートする。この補助者のパソコンをミーティングホストとし、ミュートの設定や解除、入室の許可などの作業をした。この作業は、授業者や撮影者が担うことも可能だ。しかし、子どもの入室のタイミングがバラバラで入室許可に手間取ったり、授業中に授業とは無関係のことをする子どもが出てきたりなど、様々な困りごとが起きた。そこで、補助者の役割が必要となった。補助者は、ミーティングルームへの入室を許可したり、ミュートの切り替えをしたり、チャット機能を使って子どもへ個別に指導をしたりすることに専念した。Ｚｏｏｍの管理だけでなく、授業を円滑に進めるための学習支援を行ったわけである。

ⅱ．三人で授業をすることのよさ

はじめは、三人で一つの授業をすることで、授業準備などの負担を減らしたり、学級間での差を最小限にとどめたりすることをねらっていた。しかし、実際にやってみると、それ以上のよさが二つあった。

一つは、授業力を磨く場となったということだ。毎日の授業を、子どもや学習支援の視点から見たり見られたりする中で、「プチ授業研究会」が自然と始まり、授業についての考えを深めたり、授業の技術を教わったりした。一人でやっていては気付けないようなことにたくさん気付くことができた。

もう一つは、三人がそれぞれの役割を果たすことで、授業者が授業をすることに集中できたということだ。特に電子黒板で子どもの表情を見ながら授業をしたことで、まるで教室で授業をしているかのような臨場感や手応えを得ることができた。

ⅲ．電子黒板二台の使い分け

電子黒板を二台用意した理由は、子どもが目の前にいるかのように授業をするためである。

一台は、子どもの顔を見るためのものだ。補助者がZoom管理をしているパソコンの画面（ギャラリービュー）を映す。そうすることで、授業者が子どもの顔を見ながら授業をすることができる。パソコン画面では最大二五名分の画面が表示される。電子黒板は単なるディスプレイとは異なり、画面をタッチして様々な操作が可能であるため、授業者のタイミングでチャットを解禁して子どもの意見を取り上げたり、ミュートを解除してつぶやかせたりすることができる。

もう一台は、資料提示用だ。子どもに見せたい資料を画面に映すことを目的とした。Zoomにも画面共有機能があるが、共有できなかったり、タイムラグが発生したりとトラブルが多かった。そのため、資料が映し出された電子黒板の画面を撮影し、子どもに提示した。この方法だと、スムーズに資料を提示することができた。その意味では、二台目の電子黒板は大型のディスプレイやテレビなどでも代用できるだろう。

②授業の具体

ⅰ．国語

国語では、「環境問題について報告しよう」の一単元をオンライン授業で扱った。

・「環境問題について報告しよう」（『新しい国語　五』東京書籍、五〇－五五頁）

・ツール：ロイロノート、Zoom、電子黒板、教師用タブレット端末

国語では、ロイロノートという授業支援クラウドを活用した。ロイロノートは、テキストや写真を入れたカードをつなぐなどして、簡単にスライドを作ることができる。考えをまとめたり説明したりするのに適したツールだ。さらに、カードを学級の全員に配布したり提出するようにしたりすることもできるため、オンライン授業においてもとても役立った。

〈第一時〉単元の見通しをもつ

ロイロノートで、一つの作業につき一枚のカードを用いて単元の流れを説明した。その際、電子黒板にタブレット画面を映し、電子黒板の画面を撮影者タブレットで撮影した。Zoomの画面共有機能でロイロノートの画面を配信することも可能だが、①－ⅲで述べたように、スムーズにいかなかった。

〈第二時〉調べるテーマを決める

調べるテーマが決まった子どもから、ロイロノートのカードにテーマを書くようにした。それをロイロノートの提出箱に提出することにした。

〈第三時＆宿題〉テーマをもとに調べ、作文を書く

作文を書くために集めた資料（インターネット上の記事や新聞記事など）や、それらの資料をもとに書いた作文を宿題とした。そして、資料や作文を随時提出箱に提出することにした。提出には全てロイロノートを使用した。

※学校再開後に、作文の読合せと感想の交流を行った。

ⅱ．算数

算数では、「整数と小数」「体積」の二単元をオンラインで授業した。授業内容は基本的に教科書に沿ったものである。

ここでは、例として第五学年「体積」の第二時「体積の公式」の具体を挙げる（表3）。

・「整数と小数」「体積」（『わくわく算数五年』啓林館、一〇－二七頁）

・ツール：Zoom、電子黒板、教師用タブレット端末、その他教具

ⅲ．社会

社会では、「世界の中の国土」「国土の地形と特色」の二単元をオンラインで授業した。

・「世界の中の国土」「国土の地形と特色」『新しい社会五　上』（東京書籍、二〇二〇年、六－二一頁）

・ツール：Zoom、電子黒板、教師用タブレット端末、その他教具

社会も算数と同様、授業内容は基本的に教科書に沿ったものを行った。基本的な授業の流れは、資料を提示して、気付いたことや不思議に思ったことを発表する。そこから学習問題を立て、予想を立てた後に調べ学習へ移った。調べ学習では、子どもたちがすでに持っている教科書や地図帳、資料集を活用した。そして、調べたことを全体で交流し、まとめた。子どもたちが考えを発表する方法はいくつかある。具体については、表3を参照していただきたい。

2　画面越しの子どもと教師との関わり

①「さぼりやすい環境」という性質への対応

表３　【算数】「体積の公式」のオンライン授業の流れ

学習の流れ	教師			子ども	
	教師の動き（動作主）	カメラに写すもの	Zoom操作	○子どもの動き	Zoom操作
0.授業前準備	○ギャラリービューで出欠を確認する。（全） ○挨拶をして始める。（授）	授業者	入室を許可する。	○教科書、ノート、筆記用具などを準備する。 ○挨拶をする。	
1.学習の見通しをもつ	○箱を見せ、それぞれの形の名称を問う。（授） ○子ども役の教師が体積を求めるために、1㎤の積み木を積む。（撮、補） ○積み木を積む以外の方法を問う。（授） ○めあてを板書する。（授）	箱 積み木を積む様子 授業者 黒板のめあて部分	全員ミュート解除 設定	○答える。 ○見てつぶやく。 ○答える。 ○めあてをノートに書く。	
2.公式を考える	○予想を問う。（授） ○子どもの考えを紹介する。（当日までの宿題にしてあった）（授） ○気付いたことは何か問う。 ○積み木を積む。（授）	子どものノート記述の画像 積み木を積む様子	解除	○予想をチャットに書く。 ○気付いたことを発表する。 ○つぶやく。	チャットに記入 「手を挙げる」ボタン ↓ 指名された子どものみミュート解除
3.公式を作る	○どのような公式が成り立つか問う。 ○子どものノートの記述に対してフィードバックをする。（全） ○子どもを指定する。 ○動画（教科書のQRコードを読み込んだもの）を流しながら解説を加える。（授）	積み木 動画を流している電子黒板	設定	○ノートに考えを書く。 ○書き終えたらノートをカメラに写して教師に見せる。 ○考えを発表する。 ○動画と解説を視聴する。	「手を挙げる」ボタン ↓ 指名された子どものみミュート解除
4.まとめる	○まとめを板書する。 ○公式を読むことを指示する。	黒板のまとめ部分	解除	○まとめをノートに書く。 ○公式を声を合わせて読む。	
5.教科書の練習問題を解く	○子どもが問題を解いている間に直方体や立方体の図を板書する。 ○子どもを指名する。 ○挨拶をして授業を終える。	黒板	設定	○教科書を見ながら問題を解く。 ○ノートをカメラに写す。 ○発表する。 ○挨拶をして退出する。	「手を挙げる」ボタン ↓ 指名された子どものみミュート解除

授業の流れを教師と子どもの立場に分けて示した。また、通常の指導や学習活動に加え、オンライン授業特有の操作等の欄を加えた。

オンライン授業において、子どもたちは「さぼりやすい環境」にある。顔を写さない、そもそもミーティングに参加しない、他のアプリを操作しながら授業の音声だけ聞く、手元がカメラに写らないように授業とは無関係のことをする、などのことが簡単にできてしまう。オンライン授業時に保護者が不在の場合はなおさらである。しかし、オンライン授業のように、他者に見られているという感覚が希薄な場合、集中が切れたり、気が散ったりするのも無理はない。オンラインの会議や研修を経験したことがある方は、これらの行動をとりたくなる子どもの心理も理解できるのではないだろうか。

このような行動には、細やかに対応していくしかない。授業中は補助者の教師が個別にチャットでメッセージを送るなどの対応をした。さらに授業後は、ミーティングルームに入室していなかった子どもの保護者に、担任が個別に連絡をすることもあった。教室での授業なら直接声をかければ済むことも、オンライン授業だとそうはいかない。

②「ワクワク感」と「慣れ」

子どもたちにとって、オンライン授業は、「タブレットを使える」「家でも先生や友達とつながることができる」など、いつもなら味わえないワクワク感があるにちがいない。そのため、子どもの学習に対する意欲が、はじめから自然と高くなっていることを感じた。学習内容は同じなのに、学習ツールが違うだけで子どもの目の輝きは増す。しかし、慣れてくればそのワクワク感も減ってくる。しかし、だからこそ授業に工夫が不可欠であり、また努力のしがいがあるのだ。

③子どもの意欲を引き出すアナログな手法

②で述べたように、高かった子どもの学習意欲もだんだんと低下する。いかに子どもを惹きつけ、かつ、理解が深まるようにするか。我々の答えは、「とことんやってみせる」というアナログな手法だった。オンラインのため、子どもが実物を触れられない分、教師が楽しそうに実物を操作している場面を見せる。さらに、動画等を加えれば、オンラインであっても臨場感を感じ、実感を伴いながら視覚的に理解することができるのではないだろうか。

以下に、オンライン授業で実践した実物操作の例を挙げる。

【算数】
○1㎤の積み木を積み、体積の求め方を考える。
○実際に水槽に水を入れてわざとあふれさせ、容積の意味を考える。
○1㎥の枠の中に大人三人が入って大きさを視覚的に捉える。
○1Lの牛乳パックに10dLの水を一〇回入れ、単位と量の関係を視覚的に捉える。

【社会】
○世界の川と日本の川の長さを紙テープで比較する。
○世界地図を見て国あてゲームをする。
こういったアナログな工夫に加えて、Google Earthの3D機能を用いて日本の地形の様子を見せるなど、デジタルならではのよさや強みも存分に活用した。

おわりに

オンライン授業を、一般的に教室で行っている「通常の授業」と別物として捉えるべきではない。**オンライン授業は、「通常の授業」の延長線上にある。**それゆえ、こちらの意識次第で「通常の授業」だけでは経験できない教師の学びの場ともなる。オンライン授業を経験することは、ICTツールのノウハウなどICT教育の技術を身に付けることにつながる。また、それにとどまらず、「見せる」「記す」「問う」「聞く」「反応する」といった普段私たちが当たり前のようにしていることの奥深さや意義を再考することにもつながる。そうすることで、**自らの「通常の授業」の技術を磨き、向上させることができる**のである。

そしてそれは、子どもの学びを支えることに直結するにちがいない。

（共同実践者／杉本智・竹内聡史）

ポスト・コロナにつなげるオンライン・クロスカリキュラムの取組

新渡戸文化小中高等学校統括校長補佐　山本 崇雄

はじめに

私は、東京都の公立中学校、高等学校に二五年間勤め、二〇一九年度より新渡戸文化学園を中心に、中学・高等学校の教育改革に携わっている。二〇二〇年度から本格的に新しいカリキュラムに挑戦しようとしていた矢先に、新型コロナウイルスの脅威にさらされた。本来、やりたかったことの多くが、事実上ストップした。しかしながら、目指すべき教育の在り方は、コロナショック状況下でも変わることはない。そこで、本稿ではポスト・コロナにつなげる新渡戸文化学園のオンライン授業の取組についてご紹介させていただきたい。

1　教育をリデザインする

①寛容で自律した世の中になるために

コロナショック状況下で浮き彫りになったのは、世の中の不寛容さだ。国の緊急事態宣言や地方自治体の休業要請などに沿って、営業を工夫している店舗や感染者に対する誹謗中傷が起きている。緊急事態宣言や休業要請そのものに対する批判も多い。教育界では、臨時休業要請に沿って、全国の学校が通常どおりの教育活動ができなくなった。休校に対する各学校の対応は様々で、オンライン授業の整備が整わない自治体や学校への批判も集まっている。

確かに、コロナショックのような緊急事態では、国や地方自治体のトップの意思決定は重要だ。しかし、誰かの意思決定に依存しすぎると、何か不都合があった場合に誰かを批判するようになる。今、世の中が批判であふれてしまっているのは、このような依存型の思考から生まれているのではないだろうか。

このような状況下で私たち一人一人に求められていることは、**まずは寛容になること**だ。できないことは可能性と捉え、新たに世界を創っていこうとするポジティブな発想をお互いに出し合い、助け合うコミュニティーができれば誹謗中傷は少なくなり、誰もが幸せに暮らせる世の中になるだろう。オンライン授業もできないことは決して悪ではない。オンライン授業はあくまで手段であって、目的のないオンライン授業の方が悪になる。オンライン授業ができないことだけで批判を受ける必要はないはずだ。

これを機に、私たち教員が率先して「できないこと」にもっと寛容になったらどうだろう。そもそもコロナショック状況下で、一番我慢を強いられたのは子どもたちだ。成績をつけなければいけないから。いつまでに教科書を終わらせなければいけない、といった教師の都合で子どもたちを振り回してはいけない。まず、子どもたちの思いを大切に聞き取って「大丈夫だよ。できないことは可能性だよ」と、寛容さをもつことで全ての子どもたちに安心・安全の場を提供したい。

次に、私たち一人一人が自ら考え、よりよい選択肢を選び、自律して行動することが求められる。今回のコロナショック状況下のように、様々な問題にあふれ、変化の激しい現代社会では誰かの意思決定を待っていたら変化に対応できない。私たち教育者も、コロナショック状況下でどのような教育が必要なのかを一人一人自律的に考え、選び取ることが大切だ。

こう考えると、これからの教育は、社会と学校をシームレスにつなげていき、社会問題を子どもと共に考えていく営みが不可欠だ。社会にあふれる問題を全ての世代で肌で感じ、解決策を共に考え抜き、自分たちなりの答えを出し行動していくことが、誰もが幸せな世の中を創っていくと信じている。

②ポスト・コロナにつながる教育のリデザイン

教育をリデザインするという動きは様々な学校で起こっている。もともと、明治維新以降、約一五〇年間変わらない日本の教育に対する危機感から起きていた変化が、コロナショック状況下で広がりをもって加速していると言ってもいい。

私の勤務する新渡戸文化学園では、教員研修を一学期にオンラインも含め七回行っている。テーマは「オンライン授業」から「自律型学習者」「いじめ」「評価」まで多岐に及んだが、コロナショックの影響もあり、全ての先生が当事者意識をもって取り組んでいると感じる。

全ての研修で共通して話してきたことは、学校教育のリデザインについてだ。「今、学校教育という部屋が空っぽになった。何もない部屋に何を入れるかをポスト・コロナを見据えて話し合いましょう」と投げかけた。「一斉に同じことを同じペースで行う授業」「全てを教師が教える授業」「全員が一斉に参加する行事」「先生が全てを評価する」といった、これまで学校で当たり前に行われていたことが、コロナショック状況下で全て見直さざるを得なくなった今、まさに私たちの目の前には空っぽの空間がある。オンライン授業をどうするかという議論は、その空っぽの空間にどういった教育活動を入れていくかという観点がなければ意味がない。みなさんは、リセットされた教育の部屋にどんな教育を入れていきたいですか？

2　新渡戸文化学園の目指す教育

幸い、新渡戸文化学園には目指す教育が明確にあり、二〇二〇年からいよいよスタートという地点に来ていた。したがって、目指すべき教育を丁寧にこの部屋の中に入れていけばよいということになる。その通過点がオンライン授業であり、オンラインであっても目指すべき教育は変わらない。ここでは、新渡戸文化学園の目指す教育について紹介したい。

①Happiness Creatorと自律型学習者

新渡戸文化学園では、教育活動の最上位目標を「Happiness Creator（幸せを創る人）の育成」とした。Creatorとしたのは、自分だけでなく、地球上の全ての人、生物の幸せを創り出す利他的な行動者を育てたいという考えからで、初代校長の新渡戸稲造先生の人生の喜びを「世の中をよくすること」に見出す思想にも拠る。

Happiness Creatorの下位目標として、「自律型学習者の育成」を全ての教育活動を通して目指していく。「自律型学習者」とは、非認知スキルを身に付け、平和で持続可能な世界を創っていくために、よりよい選択ができる学習者のことだ。非認知スキルは「目標に向かって頑張る力」「人と上手く関われる力」「感情をコントロールする力」といったこれまでの学力テスト偏重型の教育ではなかなか身に付かなかった力だ。非認知スキルは自分を律する力とも言えるので、「自律」という言葉を使っている。

このように、自律型学習者を育て、Happiness Creatorとして社会で生きていく生徒を育てる過程で、学力試験偏重型の教育から、非認知スキル型の教育への変換をねらっている。ただ、学力テストなどで測れる認知スキルを軽視しているわけではない。自律型学習者は自ら学ぶ力が育まれるので、目的に応じて学び方を変えられるようになり、入試などを突破する学力も結果的につくと考えている（このあたりに関心のある方は、拙著『なぜ「教えない授業」が学力を伸ばすのか』〔日経BP社〕を参照していただきたい）。

②自律型学習者を育てる3Cカリキュラム

自律型学習者の育成を目指した教育デザインとして、新渡戸文化学園では三つのCで始まるキーワードをカリキュラム改革の軸に置いている。

三つのCとは、Core Learning（教科の基礎となる学び）、Cross-Curriculum（教科の枠を超えた学び）、Challenge Based Learning（社会課題の解決に向けて行動する学び）だ。

Core Learningとは、教科の基礎となる学習である。Cross-CurriculumやChallenge Based Learningを行うための各教科等の基礎となる知識や技能を身に付けることが目的になる。

知識や技能であっても、先生が一方的に教えることはできるだけ避け、生徒たちが目標を設定し、自分のペースで学びを進めることが基本になる。生徒が自分で学ぶことを重視するので、iPadを活用し、Google Classroomをプラットフォームに様々な学習アプリケーションの整備を始めていた。幸いこの準備が、オンラインでの自律的なCore Learningの学びをスムーズに始めることにつながっている。

Cross-Curriculumは、教科の枠を超えていく時間だ。物事を複数の教科の視点から学んでいく。例えば、貧困の問題を英語と生物の視点で考えていくような授業である。問題解決の手段として、教科の知識やスキルを使うようになり、Core Learningとのよい循環も生まれることを期待している。教科の違う複数の教員で授業をデザインすることで、教科の常識を超えて新しいアイデアも生まれやすくなる。今年度、中学校は水曜日、高等学校は木曜日の六時間授業を一日通して、複数の教科の教員でチームで授業をする時間割を組んでいた。時間割上は教科名が割り振られ、教科の授業時数としてはカウントされるが、生徒の視点では、時間割の枠が取り払われた連続した時間になる。

Challenge Based Learningは、ＳＤＧsなどリアルな社会問題の解決に向け、テクノロジーを駆使し、仲間との協働を通して学んでいくProject Based Learning（問題解決型学習）の一種である。問題解決のためのプロジェクトを起こし、解決を目指して協働しながら探究していくデザインになる。ここに企業や研究者、ＮＰＯをつなげると学びが社会とシームレスになり、社会でHappiness Creatorとして生きていくイメージを子どもたちはもつようなる。目的をもち、他者を意識することで自律的な深い学びが実現していくことを期待している。

3　新渡戸文化中学校のオンライン授業

臨時休業要請が出た後、目指す教育をどうオンラインで実現するかを議論してきた。その中で、自律型学習者を育てる観点で、以下の二点を重視して授業を組み立てることとした。

> ⑴生徒が教科を学ぶ目的をもち、授業の中で生徒が選択する場面をつくる
> ⑵生徒の学びをリアルな社会につなげる機会をつくる

⑴に関しては、主にCore Learningでの教科学習の中で取り入れ、⑵に関してはオンラインでCross-Curriculumの授業の実践を検討した。

①オンラインでのCore Learning

子どもたちが自律して学んでいくためには、まずはその教科を学ぶ目的を明確にする必要がある。私の英語の授業では、最初に写真1のようなワークシートを配り、「英語を使って何をしたいか」という学びの目的を考えていく「学びの地図」という授業をする。

このワークシートに「やりたいこと」を付箋紙に書いていき、教科を学ぶ目的を見出すのがねらいだ。アルファベットや単語、文法を覚えなさいといった知識を一方的に詰め込むことはしない。最初は「英語を学ぶ目的」はなかなか見つからない生徒もいる。それでも、決して焦らず、海外の動画を見たり、コミュニケーションの面白さを伝えたりするような様々な経験をさせていく。

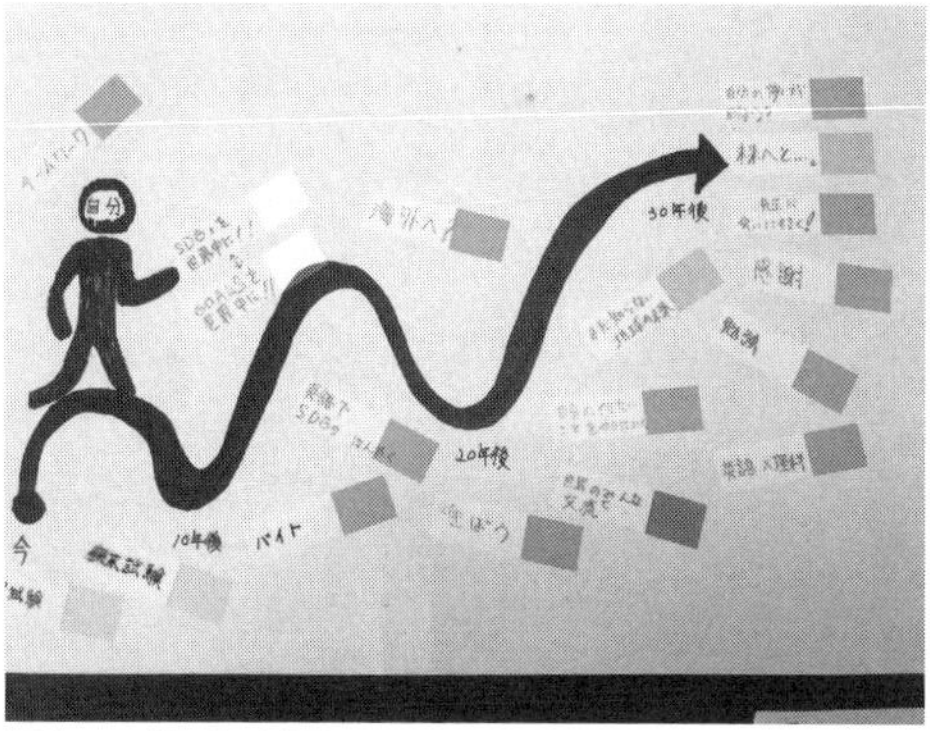

写真１　学びの地図

するとあるとき、ある生徒が付箋紙に「世界中の同世代の子どもたちと話す」と書き入れた。これにヒントを得て、Ｚｏｏｍ（ビデオ会議アプリ）を使い、世界の同世代の子どもたちと対話をする授業を計画した。

一学期は株式会社With The World（五十嵐駿太社長）と協働し、インドやスペイン、ＵＡＥの子どもたちとオンラインでつながることができた。この授業に向けて、自己紹介をする意味や単語や表現を増やしていく意味が生まれ、子どもたちは目的をもって学ぶようになった。このように学ぶ目的ができ、他者を意識し始めた子どもたちは、力強く自律的に学び始める。

次に、自律的に学ぶためには、学び方を手に入れる必要がある。例えば、英語の授業では、「分からない単語があったらどうするか」「分からない文法があったらどうするか」といった情報検索能力や、英語が「聞ける」「読める」「話せる」「書ける」といった技能のトレーニング法だ。これらの多くは、ＩＣＴの力でほとんど個別化した学習が可能になる。新渡戸文化学園では楽天スーパーイングリッシュ（現在はサービス停止）やeboard、Qubenaを導入して、基本的な語彙や文法のトレーニングからスピーキングやライティングの学習まで自学できる環境を整えた。Core Learningで学ぶ基礎的な知識や技能は、一人一人の習得の時間が違うので、ＩＣＴで学習を個別化し、一人一人のレベルで学べることが重要になる。

　また、これらのアプリを活用することで、生徒の学びの習得時間が格段に短くなっている。オンラインでは、生徒の負担を考え、実際の時間割の半分しか実施できていない。それにもかかわらず、ほとんどの教科等で、大きな学習内容の遅れは見られていない。これは、それぞれのアプリのＡＩなどを駆使した効率的な学習方法や生徒が放課後などの自由な時間に、自律的に学んだ結果だと考える。このことは、授業時数の削減につながり、Cross-Curriculum、Challenge Based Learningの時間だけでなく、生徒の主体的にやりたいことを生み出す時間を創出する可能性を示唆している。

　Core Learningを自律的に取り組むことで、学びの基礎を身に付け、Cross-Curriculum、Challenge Based Learningで学びを社会に広げていく学びにつながる循環を生み出したい。

②オンラインでのCross-Curriculum

　オンラインでも毎週水曜日は複数の教員で教科等横断的にCross-Curriculumの授業をすることとした。大きな目的は、生徒の学びが教科の枠を超える経験をしてもらうこと、そして生徒の学びを社会につなげることである。

ⅰ．オンラインで教科等横断

　まずは、生徒の学びが教科等横断になる経験として、料理を取り上げた。休校期間に『全一九六ヵ国おうちで作れる世界のレシピ』（ライツ社）がオンラインで無料公開されたのを利用し、ゴールデンウィーク中に生徒たちは料理から教科を紐付ける経験をした。写真2は、マケドニアのチーズインハンバーグを作り、五教科から分析した中学一年生の例。国語では「チーズインハンバーグを漢字で言うと？」と考えたり、理科ではなぜ焼くと膨らむのかを探ったり……、料理を通して教科を横断している様子が見られる。教科という枠を超えると学びが深くなったり、様々な問いが生まれてきたりといった、Cross-Curriculumでねらってい

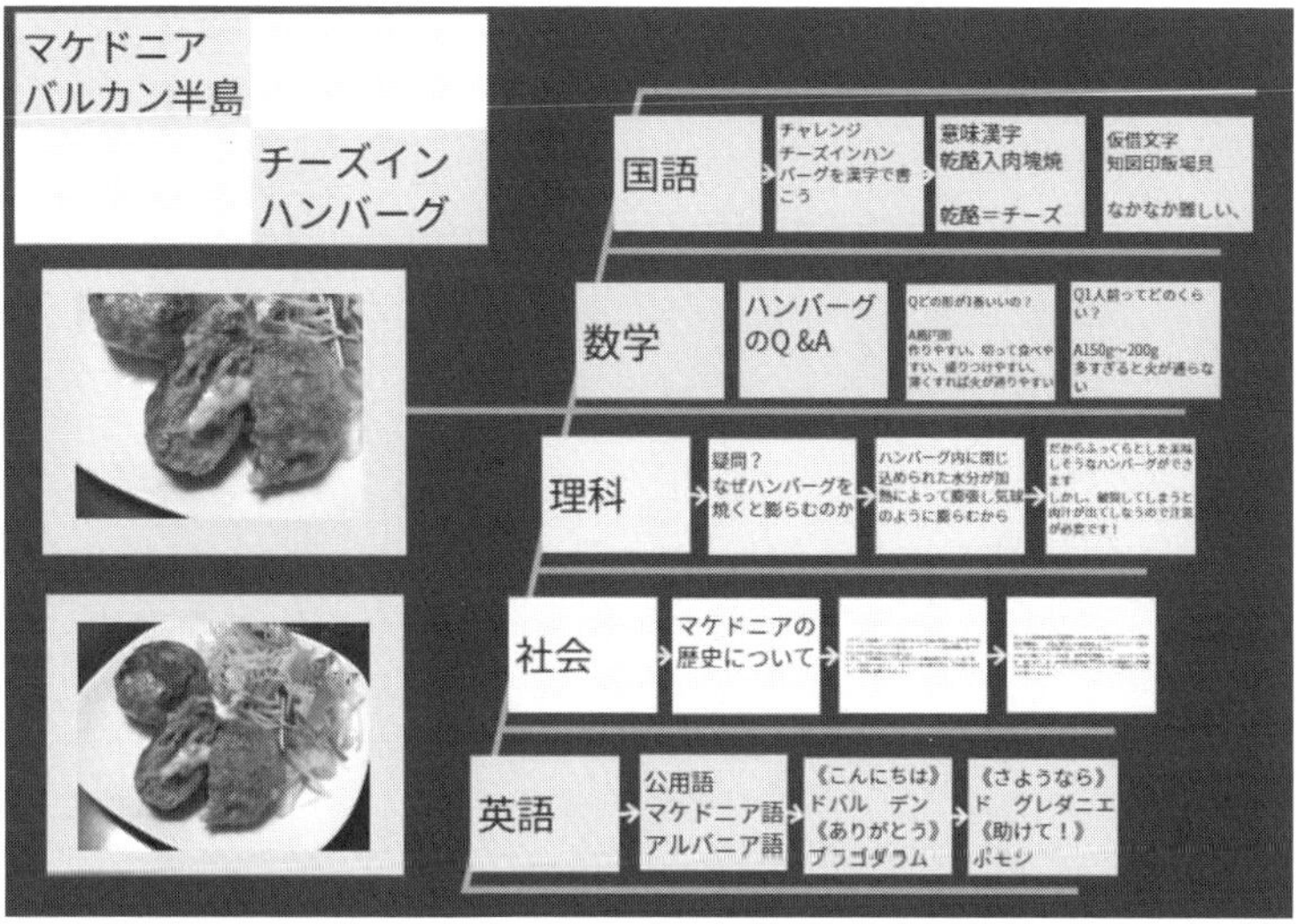

写真２　教科等横断の例

る学びが自然に生徒から生まれてきた。

ii．オンラインで学びを社会につなげる

オンラインで学びを社会につなげるために、在宅勤務で時間ができた社会人に授業に参加いただく授業を計画した。

第一回の大人との対話授業は、四月一五日。中学校担当教員のFacebookなどで参加者を募った。

一学期はこの大人との対話授業を五回実施した。生徒からの発案で、この時間をHappiness Bridgeと名付けることにし、ロゴも生徒が考えることになった。「ロゴを考えたい」からミニプロジェクトが生まれ、最終的にはプロのデザイナーからのアドバイスを受け、ロゴを完成させた（写真３）。

・一回目：四月一五日／テーマ「未来の社会を共にハッピーに創っていく」（大人の参加者二八名）
・二回目：四月二二日／テーマ「コロナ禍でのお互いの困りごと」（大人の参加者五六名）
・三回目：五月一三日／テーマ「お互いの困りごとを未来につなげる」（大人の参加者三六名）
・四回目：六月一〇日／テーマ「生徒の好きから探求する

①」（大人の参加者二六名）
・五回目：七月二三日／テーマ「生徒の好きから探求する
②発表会」（大人の参加者七〇名）

これまで、延べ二〇〇名以上の大人が授業に参加していただいた。オンラインでは空間的、時間的制約から解放される。海外在住者からは現地のコロナの状況がレポートされたり、元Jリーガー、ミュージカル俳優、ナレーター、企業の一線で活躍している方、主婦の方や他校の先生からは多様な仕事観に触れたりと生徒にとっては刺激の多い時間となっている。

Happiness Bridgeのキャッチフレーズは「一〇〇人の大人に出会う授業」。生徒には人生のロールモデルとなる大人に出会ってほしい。奇しくもオンラインのおかげで早々に一〇〇名以上の大人と授業を行うことができた。この経験は生徒にとって大きな自信となり、対話をきっかけに学びの目的を見つけた生徒もいる。「僕たちがもっている発想力と大人がもっている経験をかけ合わせたら、すごいものができるような気がしている。オンラインだからこその学びができて、先生たちにとても感謝している」という感想を見る限り、学びを社会につなげることのメリットは大きい。

4　生徒も教師も社会を創る当事者に

日本財団が二〇一九年九月下旬から一〇月上旬にて行った「一八歳意識調査」の結果は衝撃的なものであった。この調査ではインド、インドネシア、韓国、ベトナム、中国、イギリス、アメリカ、ドイツと日本の一七～一九歳各一〇〇〇人を対象に社会や国に対する意識が調査された。この中で、「自分で国や社会を変えられると思う」と答えた日本の一八歳は18・3％と全体の五分の一にも達していない。「自分

写真3　Happiness Bridgeロゴ

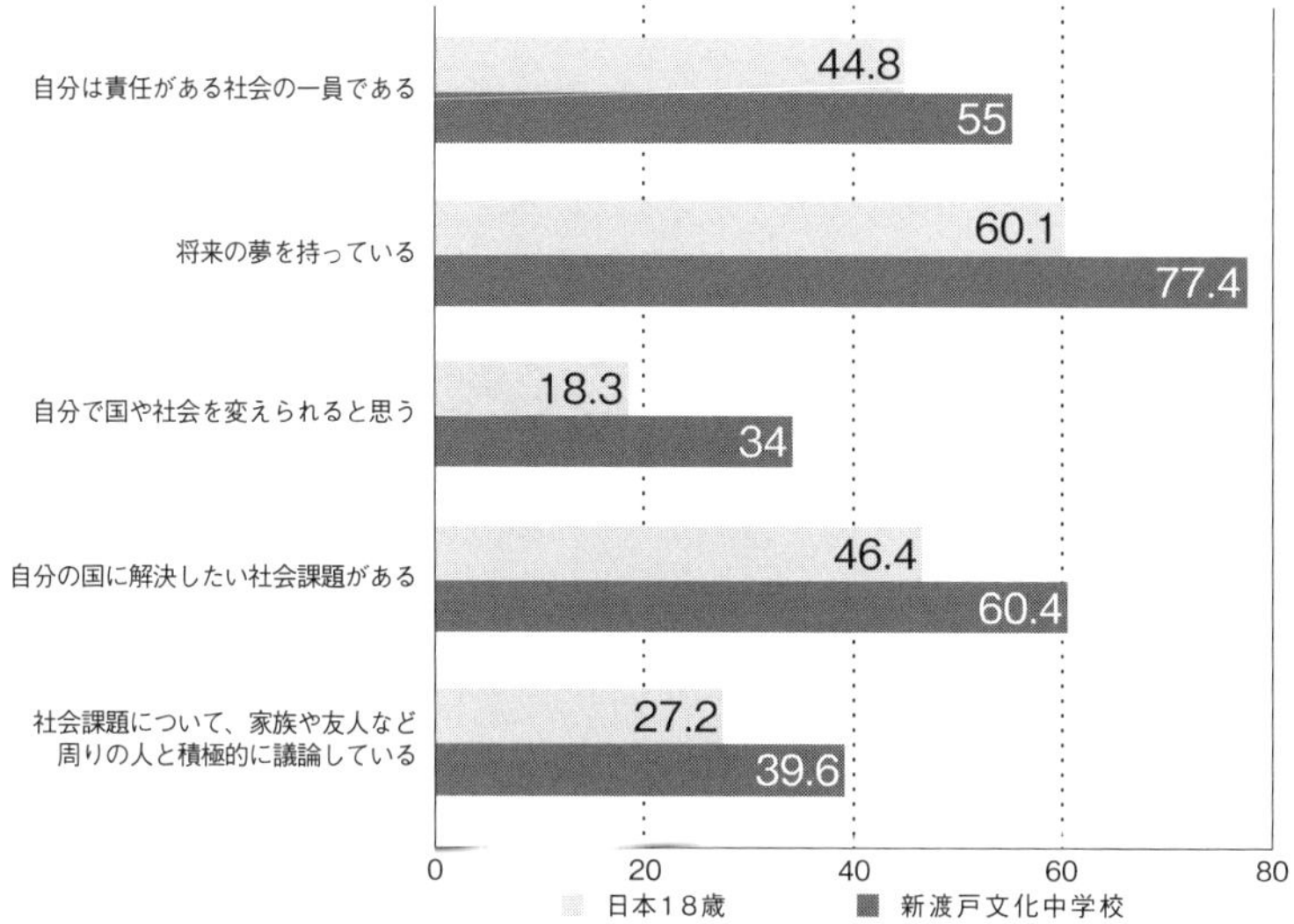
自分は責任がある社会の一員である
44.8
55
将来の夢を持っている
60.1
77.4
自分で国や社会を変えられると思う
18.3
34
自分の国に解決したい社会課題がある
46.4
60.4
社会課題について、家族や友人など
周りの人と積極的に議論している
27.2
39.6
0
20
40
60
80
日本18歳
新渡戸文化中学校

図1　アンケート結果

の国に解決したい社会課題がある」の回答も46・4％と他国に比べ三〇ポイント近く低い数字となっており、日本の若者が社会を創る当事者になっていないことが分かる。

同じ質問をオンライン授業の経験を積み重ねている新渡戸文化中学校の生徒にぶつけてみた。図1のグラフがその結果である（五月一六日アンケート実施）。結果として、新渡戸文化中学校の生徒の回答は、全ての項目で日本の一八歳の回答より上回っている。教科の枠を超えた学びを社会につなげ、対等に対話を重ねることで、生徒たちは社会を創る当事者となっていく。

これからの社会は全ての世代で、様々な社会問題に協働して立ち向かわなければならない。そう考えると、私たち教師は、子どもの学びを社会につなげる責任がある。子どもたちがよりよい社会を創っていく行動者として育っていく授業デザインが、オンラインでも対面でも求められている。

個が自律的に学ぶ単元内自由進度学習

東京学芸大学非常勤講師　佐野　亮子

写真１　自由進度学習の授業風景（一部分）
各自がそれぞれの課題に取り組むので、普通にしていれば「密」にはならない。子どもが自力で学習を進められるよう、教師は直接的指導に代わる学習材を準備し、情報提供の場となる学習コーナーを設ける。

1　教師が直接的に教えない授業

単元内自由進度学習は、単元の学習のはじめに行われるガイダンス（導入）と、単元の終わりに行われるまとめの時間を除いた、その単元の授業時間のほとんどを一人で学び進める学習方法である。ゆえに「**教科の一人学び**」とか「**教師が直接的に教えない（間接的に指導する）授業**」とも表現できる。

また、実践の特徴から、自分のペースで学べるので「自由進度学習」、一人で学ぶので「個別学習」、自分が立てた計画に沿って進めるので「マイプラン学習」、教師に頼らず自分で頑張るので「チャレンジタイム」など、実践者や実践校で独自の呼称が付けられている。

本稿では、単元内自由進度学習を略して「自由進度学習」と呼ぶことにする。

写真1は自由進度学習の授業風景の一部分である。一人一人の学習の様子が異なっている。これは拠り所となる「学習カード」が問答形式のものばかりではなく、課題解決に必要な活動が提示された学習ガイド式のものも多いからである。例えば「学習コーナーにある資料や掲示物から文豪のプロフィールをまとめる」「解説動画を見て作品の背景を理解する」「近代文学の表現や語句を辞書やインターネットで調べる」「同じ作家の別の作品を読む」といった具合だ。

また、自分で選択して自分のペースで学習するので、学習コースの内容や子どもの取り組み具合によって、活動にはバラつきが生じてくる（あえてそれをねらっている）。このため、一単位時間の授業の様子は「今、子どもたちは何をしているのか」を一言で説明できない状況となる。はじめて参観した人が「これが授業か？」と驚くのは、全体を一望したときの、その多様さへの違和感なのだろう。

しかし、全体的に眺めるのではなく、定点観測的に一人の子どもの学習活動を追っていけば、自分に合った学習スタイルで集中して学ぶ子どもの姿をいくつも見つけることができるだろう。多様な活動が展開しているのに教室が騒然としていないのは、一人一人が自覚的に自分の課題に取り組んでいるからである。もちろん、そこには教師の指導が存在している。それは、直接的な指示や説明ではなく、学習材を作成し、環境を整えることで実現されているのである。

では、どのような準備によって、自由進度学習は成立するのだろうか。事前の準備には大きく三つのプロセスがある。

一つめは、単元を選んだり学習コースを考えたりする「単元構想」、二つめは、自力で学習を進めていく拠り所となる「学習材づくり」、三つめは、学習材の効果的な利活用のためにしつらえを工夫する「学習環境づくり」である。ここでは、主に「単元構想」と「学習環境づくり」について述べたい。

2　個性的で魅力的な単元構想

①単元選び

自由進度学習を、どの教科のどんな単元でやるのか。基本的には全ての単元で可能であるが、実践者は単元を選ぶとき「実際につくってみたり、試してみたり、体を動かしたり、実験して比べるなどして考える活動が課題に組み込める」ことを目安にしているようだ。

また、「教師も子どももはじめてなので、まずは時数が少なめの四～六時間くらいの単元でやるのはどうか」と聞かれることがある。それについては、これからの準備（それなりに手間と時間をかける）を考え「実際の学習展開が一週間程度だと、子どもの中に『自分でやりとげた感』が残らないし、教師にとっても、せっかく準備してあっという間に終わってしまったら、もったいないですよ」とささやくようにしている。一教科でやるなら、一〇時間以上あり三週間程度は続く大きな単元でやる方がいい。その方が、子どもの自学の様子をじっくり見られるという利点もある。

②複数教科（複数単元）で実践するメリット

「一教科でやるなら」とあえて言うのにも理由がある。自由進度学習は、現場の授業改革の中で生み出された学習方法で、当初から複数教科が同時進行する授業だった。これは実践上の都合によるもので、一つは、それぞれの課題にどれくらいの時間をかけるかを各自が考えて調整できるよう、十分な時間的余裕をもたせ、課題のやり直しや発展課題への挑戦ができるようにしたかったこと、もう一つは、実験などに一人で取り組めるようにするために、器具や道具類を一斉に利用しないようにする工夫が必要だったからである。

現在は、実践上の都合よりも、学習上のメリットとして二教科同時進行は評価されている。例えば、どちらの教科からやるか選べることで、学習意欲が高まる。違う教科が同時に展開されると、学習進度や学習活動が個々バラバラになるので、他人の進み具合が気にならなくなる（真に自分のペースでできる）。不要に待たされることがないので必修課題が予定より早く終わり、発展学習を楽しむことができる、などである。

ちなみに教科担任制の中学校では、教科内の二単元、例えば、理科なら第一分野と第二分野からそれぞれ単元を設定して同時進行で学習したり、社会科では「日本の諸地域」の単元でいくつかの地域を順序選択や課題選択にしたりして自由進度学習が行われている。

体育では、マット運動と保健の感染症予防の単元を同時進行で行う実践もあった。体育館の一角に保健の学習コーナーが設けてあり、体調不良で見学する生徒はそこで学習するのだが、中には、マット運動の休憩時間に感染症のことを調べている生徒もいた。

③学習コースの設計

単元が決まったら学習コースを設計する。まず、単元の目標を達成するために取り組むべき課題（各コース内に必修課題が五～一二程度用意される）と学習の流れを検討する。この点は通常の単元指導計画と同じだが、自由進度学習では、一単元に複数の学習コースを設定し、子どもがどのコースで学ぶのか選択できる工夫をする。

一つは、「標準コース」といわれる教科書準拠のコースである。単元の学習事項に何があり、どんな順序で展開していくのかを教科書と学習指導要領解説で確認しながら、それを子どもが自力で学んでいくには、どのように構成していけばよいか考える。教科書準拠のコースは、実際に学習カードを作りながら「学習のてびき」を作成することも多い。具体的には一回分（一枚分）の学習カードに、学習事項をどのように「落とし込むか」を考えていく。一番素直には、教科書を内容的に区切りのよいところで切り分け、順次台紙に貼り付けていくイメージで学習カードを作っていく。

④習熟度によらないコースづくり

コース設計では、教科書準拠とは異なる別のコースも考案する。ここでよく見かけるのが、「標準コース」を基準にして、より「やさしい」コースと「むずかしい」コースを設ける習熟度的発想のコース設計であるが、それは極力避けたい。なぜなら、そもそも教科書にある学びの筋道に「のれない」「のらない」子どもが、学級に何人かはいるもので、そういう子には標準コースをどんなに易しく（難しく）しても、意欲をもって取り組む効果は期待できないからだ。

もう一つのコース設計では、習熟度によらない学びの筋道を考えたい。具体的には、普段から教科書での授業にのってこない「あの子」を思い浮かべ、「これなら食いついてくる」「ツボにはまる」という課題や活動をあれこれ考えてみる。「キミ」のために用意する「特別限定メニュー」くらいの気持ちで、思い切ってつくる方がよいだろう。その際、数人の教師でアイデアを出し合うといいようだ。なかなか知る機会がない教師たちの特技や趣味なども分かって盛り上がる。

実際には、ものづくりや体験的な活動を取り入れ、調べたことをカードゲームにして表現するコースや、文字情報ではなく視聴覚教材などで内容を理解できるよう、マンガやテレビ番組を利活用するコース、あるいは、その子が特に好きなもの（アニメ、乗り物、食べ物、生き物等）を登場させ、それと関連付けながら課題解決を促す、例えばアニメキャラクターを使ってレベルアップしていくコースなど、教師の愛があふれる魅力的なコースが考案されてきた。

写真２　整備された学習コーナーの様子
単元の内容がデザインされた「単元ボード」は、空間の目印になりシンボル的な役割を担う。天井から吊るせば場所も取らず遠くからも目立つ。周辺には単元に関連する図書や実物資料なども置いて、いつでも見られるようにしておく。

結果的に、そうして創作されたコースは、他の子どもにも気に入られて選択されることが多い。さらには、想定していなかった子の学習意欲を引き出したり、意外な特技や興味・関心を発掘する機会になっている。

3　学習環境づくり―空間がもつ教育力への着目―

学習環境づくりには大きく二つの仕事がある。一つは、子どもが自力で学習を進める際の手助けとなる掲示物や具体物、様々な道具や参考資料など（これらも含め学習材と総称されている）を作成したり準備することであり、もう一つは、学習材の置き場所や子どもたちが学習する場を、子どもにとって使いやすく、分かりやすくしつらえることである。

前者は、子どもの学習を支援し促進するための環境整備であり、後者は、子どもが安心して学習に取り組めるようにするための環境整備と言うことができる。

①学習材としての掲示物の特徴

自由進度学習の掲示物は、一斉指導で教師が子どもたちに注視させる資料とは一味違う。ポイントは、遠

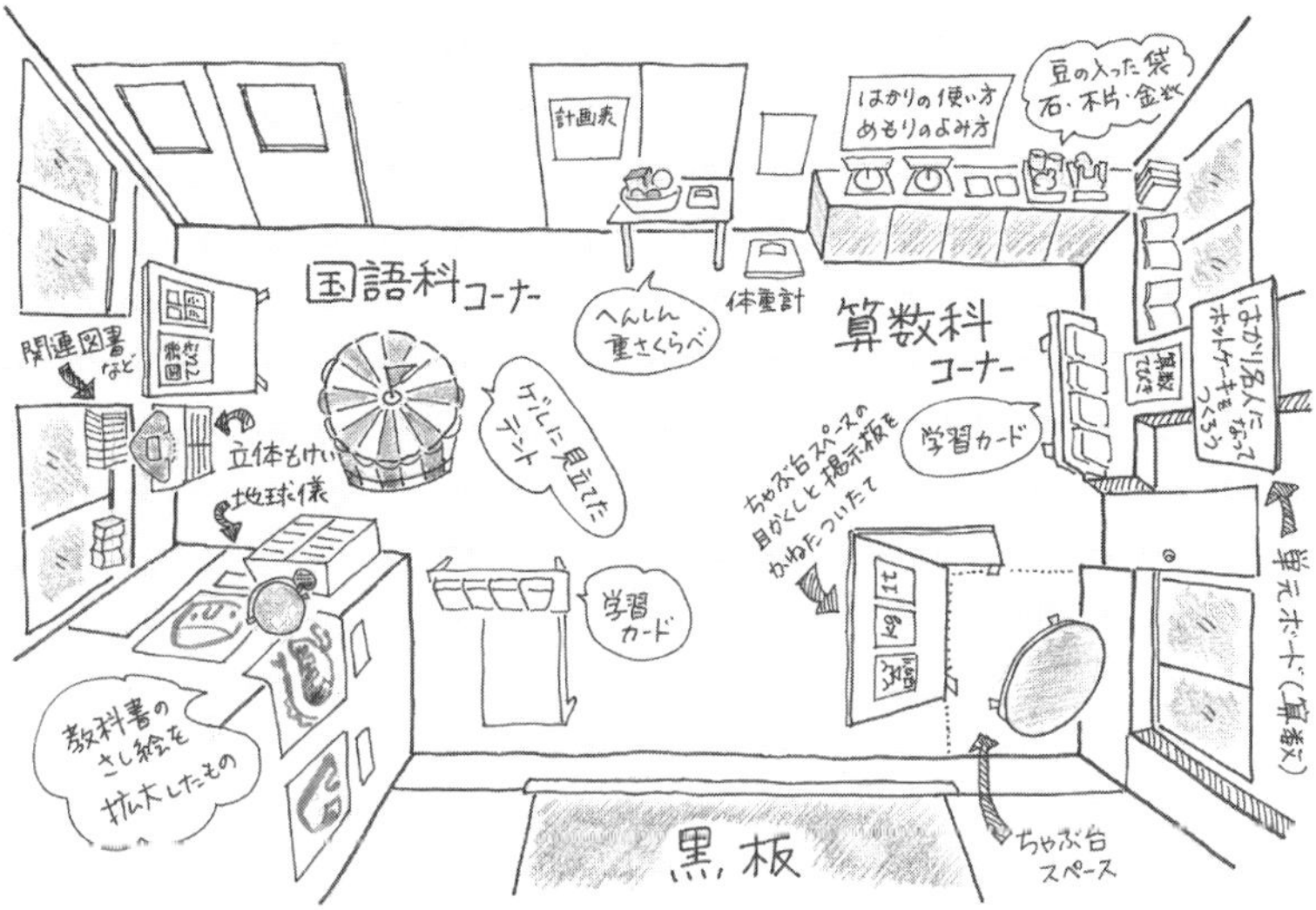

図１　学習環境構成図の例（三年生国語科と算数科）

写真３　国語科の学習コーナーの整備前（上）と後（下）

くから見て、思わず「なんだろう」と引き寄せられるようなインパクトのあるデザインにすることである。学習内容のキーワードや単元のねらいに迫る文章（問いかけ）は、文字が目立つように造作したり、資料の掲示もどこが重要なのか分かるようはっきりとアクセントをつける。写真2のように、イラストや写真なども多用して、視覚的にも学習内容がイメージできるよう工夫したい。

こうした掲示物を通しての教育活動は、保健室での健康指導や図書室での読書指導などで、従来盛んに行われてきた。保健室や図書室を子どもにとって身近な存在（場所）にするための雰囲気づくりや、間接的指導の媒体としての掲示物作りには、これまでに様々な実践やノウハウの蓄積があり、自由進度学習の環境づくりにも多いに参考になる。

教室で居心地の悪さを感じている子どもが保健室や図書室でホッとするのは、学級の子どもの視線や教師の注意から逃れるためだけではなく、その空間が魅力的であることも大きな要因となっているのだろう。

図1は、三年生国語科「人をつつむ形―世界の家めぐり」（東京書籍）と算数科「重さ」の二教科同時進行の自由進度学習のために整備された学習環境の構成図である。写真3は、図1の環境構成図の左側に位置する国語科コーナーの様子だが、整備前と比べて見ると雰囲気の違いは一目瞭然である。壁には教材文の挿絵（世界各地の家の絵）を大きく掲示して、そばに地球儀が置かれている。「ゲル」に見立てたテントを設置すると、子どもたちは進んで中に入り本を読むようになった。登校を渋る子どもの母親から「テントが教室にやってきてから、学校に行きたくないと言わなくなった」という声も聞かれた。

②多様な学習スタイルで学べる環境づくり

五年生社会科「自然を生かしたくらし」では、子どもが南国と雪国のどちらの地域から先に学ぶかを選び、さらに、各地域の「気候・自然」「くらし」「仕事」「歴史・伝統」について、どの項目から調べるかの順序も自分で決めて取り組めるようにした。

コース設計では、資料を読んでまとめる課題だけでなく、見る・聴く・味わうなどの体感的活動も取り入れたいと考え、写真やＤＶＤ資料を用意して自由に見られるようにしたり（写真4）、サトウキビをかじってみるコーナーや「かんじき」体験コーナー（写真5）を設けた。学習コーナーは教室に連続したオープンスペースに設置し、資料を広げて見たい子や動画を視聴したい子は、教室から近い家庭科室を利用するようにした（写真6）。教室、オープンスペース、家庭科室と学習場所が分散することで、一人一人の活動に十分な広さが確保できた。

一斉授業では一度に全員がかんじき体験をできるような準備はできないし、動画も繰り返し見せることは難しいが、自由進度学習では一斉に同じ活動をするこ

授業中の様々な活動の様子
写真４（右上）図や写真を見て気付いたことをまとめている。写真５（左上）「かんじき体験装置」は雪の代わりにシュレッダーの紙屑を利用した。沈み具合を試している。写真６（左下）家庭科室では動画を視聴して感想を話し合ったり（写真奥）、手前では様々な資料を広げて比べ読みをしている。

とがないので、一人で何度でも試したり、繰り返して見ることができる。また、同じ内容でも、資料を読むのと、動画を視聴するのと、体験するのでは、着眼点や思考の行き先も違ってくるだろう。そこで比較したり関連付けることで得られた発見は、学習の質にも影響を与えると考えている。

事例も交えながら、自由進度学習の実践がどのような仕組みでつくられていくのかを述べてきた。子どもの自律的学習のために、コースを考案し、学習材を作り、学習環境を整備する。その原動力は、子どもが夢中になって学ぶ喜びを味わい、多様な学習経験を通して、**自分のこだわりを見つけ、自分らしい学び方を磨いていく**、その成長の姿を見ることにあると思っている。

【引用・参考文献】

佐野亮子「本気で任せる授業」齊藤一弥、奈須正裕、佐野亮子『しっかり教える授業・本気で任せる授業』ぎょうせい、二〇一四年、一二八—二〇〇頁。

家庭学習にも探究を

新潟市立小針小学校教諭　小川　雅裕

写真１　家庭での探究的な学習の成果物

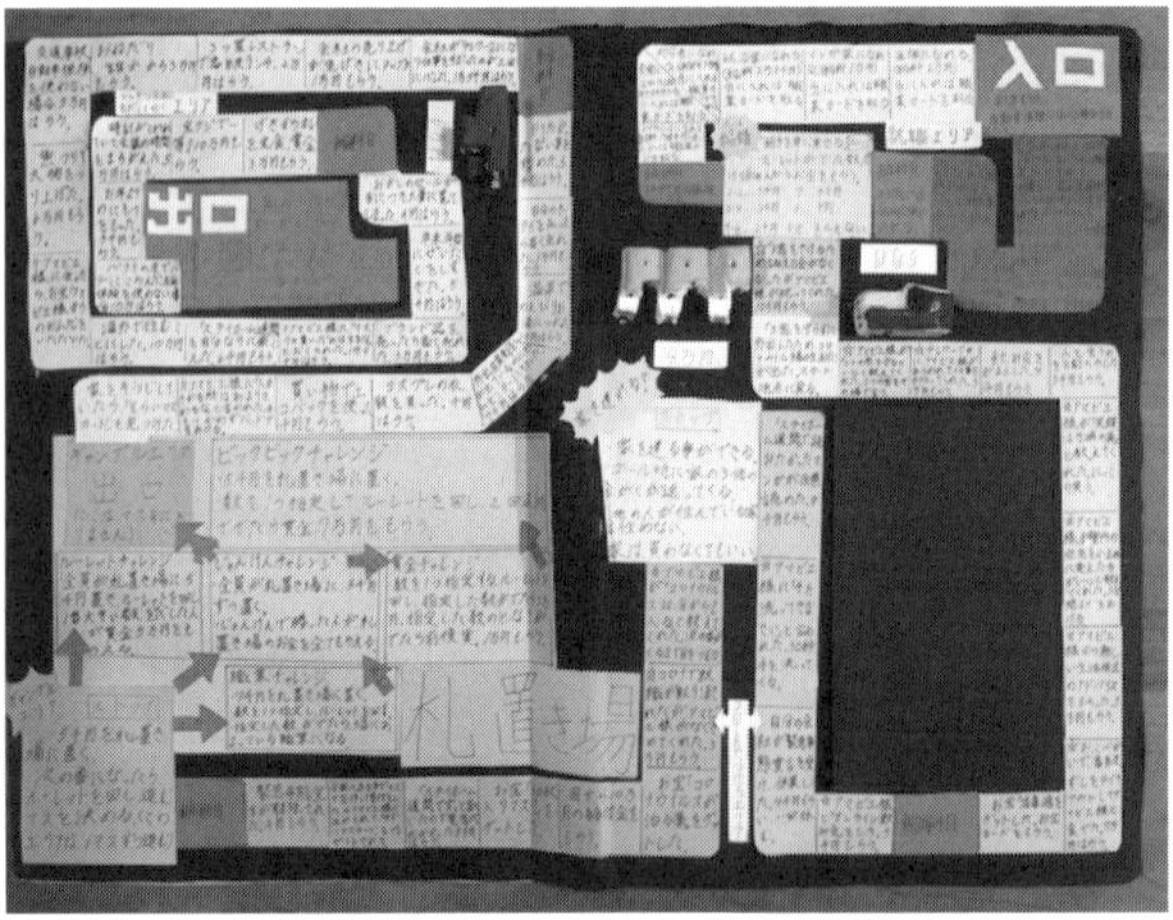

写真２　ボードゲーム内容
（ルーレットを回してゴールを目指すスゴロク型のボードゲーム）

右の写真は、臨時休校中に六年生の子どもが家庭で取り組んだ探究的な学習の成果物である。このボードゲームは、一人の子どもによって作成された。私の勤務校では、これまで総合的な学習の時間で行ってきた探究的な学習を、休校中に各家庭で行ってみるというチャレンジに取り組んだ。この取組を紹介しながら、家庭学習における探究的な学習の可能性について考えていきたい。

1　休校中の家庭学習

①臨時休校中の家庭学習の実際

突如、訪れた臨時休校。未知のウイルスの到来とともに、子どもたちと私たち教師は、共に教室で学ぶことができないという状況に追い込まれた。まさに「想定外」という事態の中、オンラインによる双方向の学習体制が築かれた学校は少なく、多くの学校で保護者の協力を得ながら、プリントやドリルを用いた復習中心の学習を各家庭に提供することとなった。地域によって違いはあるだろうが、臨時休校の期間は想定していたものよりずっと長く、これまで学んだ学習内容の復習ばかりしているわけにもいかなくなった。

私の勤務校では、長期化する休校に対応すべく、「予習型の家庭学習」に取り組むことにした。「予習型の家庭学習」とは、教科書を主な教材として子どもたちが学習を自分で進めていくためのプロセスを身に付けることで、学校再開後の学びをより効果的に展開するための仕組みづくりのことである。[(1)] このような取組を学校で推進する一方で、オンタイムで子どもたちの反応を確かめながら行う双方向の学びを実現することは難しく、「子どもたちは与えられる課題に飽き飽きしていないのだろうか」「子どもたちの未来に役立つ力を育むことができているのだろうか」という不安を抱いていた。

②学ぶことの楽しさと本来の意味

知識や技能を確実に習得することは大切にしながらも、子どもたちにもう一度、本気で没頭して学ぶことの楽しさや充実感、さらには自分にとっての学びの意味や価値を実感してほしいという願いから、探究的な学習を家庭で行うことはできないかと考え始めた。

今年度から小学校で全面実施となった新学習指導要領で目指すものは資質・能力の育成である。他者と協働しながら主体的に問題解決できる力を育むことと言い換えることができるだろう。主体的に問題解決する力とは、決して与えられた課題を与えられた方法で解決する姿ではなく、**むしろ自ら問題を見つけ、問題をしなやかに解決していく**探究的な学びの姿であったはずだ。

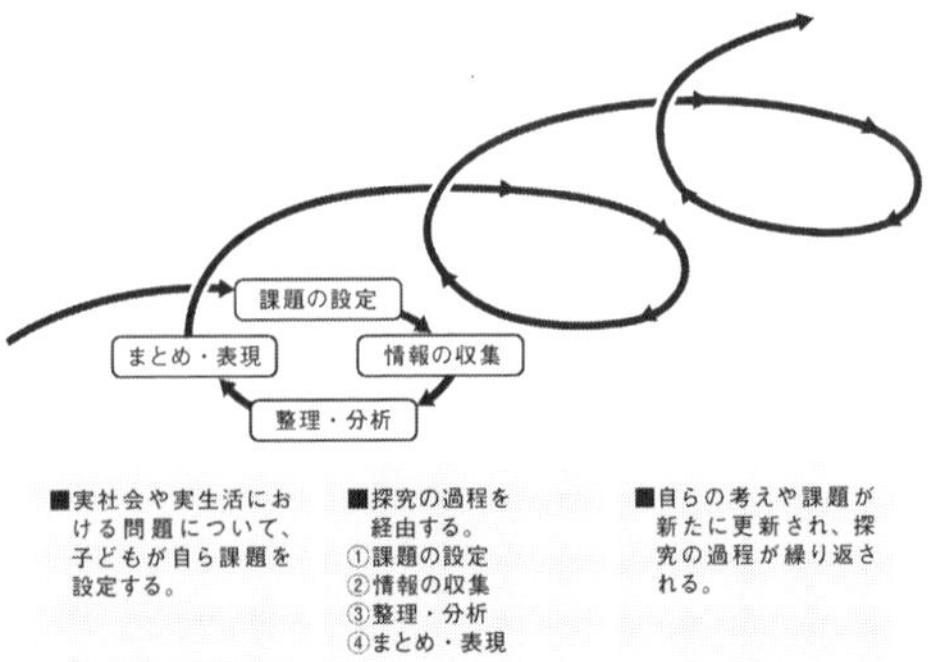
課題の設定
情報の収集
整理・分析
まとめ・表現
■実社会や実生活における問題について、子どもが自ら課題を設定する。
■探究の過程を経由する。
①課題の設定
②情報の収集
③整理・分析
④まとめ・表現
■自らの考えや課題が新たに更新され、探究の過程が繰り返される。

図1　探究のプロセス

総合的な学習の時間における「探究的な学習」とは、「課題の設定」→「情報の収集」→「整理・分析」→「まとめ・表現」というプロセスを発展的に繰り返す学びである(2)（図1）。その過程では、実社会に存在する問題を解決するために、子どもたちが培ってきた知識及び技能を活用したり、発揮したりする姿が期待される。休校中に各家庭でまとまった時間がとれる期間だからこそ、個々人の興味・関心に応じた課題にじっくりと向き合い、試行錯誤しながら解決していく過程を通して、一人一人が主体的に問題解決を成し遂げられる力を育成できるチャンスと捉え、探究的な家庭学習に取り組むことにした。

2　探究学習の進め方シート

①「探究学習の進め方シート」の作成に当たって

子どもたちには、臨時休校に入る前に「探究学習の進め方シート」を用いて、学び方についてのガイダンスを行った。手軽に自分が興味のあることに取り組み、没頭することが許される学びもあるのだ、ということを、とにかく言葉を尽くして伝えるよう努めた。

「探究学習の進め方シート」は、「探究学習のねらい」「①課題を設定するときのポイント」「②情報を集めるときのポイント」「③集めた情報を整理したり、分析したりするときのポイント」「④自分の考えたことをまとめたり、表現したりするときのポイント」の五つの内容で構成されており、後述する四枚の「探究学習シート」と対応している。探究的な学習の四つのプロセスを重視しつつ、子どもたちが自分で無理なく学び進めることができるように、それぞれのプロセスで行うことをなるべく端的に表現した。また、子どもたちの学びの多様性を保障するために、様々な選択肢の中から個人が選び取ることができるような表現を用いた。

併せて、家庭で探究的な学習を進めることを想定し、情報を集めるときの手段を明示したり、インターネットを使うときのルールを家庭で確認したりするように促している。また、「まとめ・表現」のプロセスでは、必ずしもアイデアを形にしなくても、文章やイラスト、設計図等で考えを表現することも許容し、取り組むこと自体のハードルをできるだけ低くするように心がけた。

お家でトライ！！　小針小学校　探究学習の進め方シート

年　　名前（　　　　　　）

休校の期間に小針小学校のみなさんには、楽しみながらミッション（課題）を解決していく学習に取り組む力をつけてもらいたいと思っています。

ミッション（課題）を解決していく手順は・・・
①課題を設定する　→　②情報を集める　→　③集めた情報を整理・分析する　→
④まとめる・表現する
という流れです。このような学習を「探究学習」と呼び、これから将来、みなさんがいろんな問題に出合ったときにその問題を解決していくための力を少しずつ身に付けていくことができる学習の方法です。この「探究学習」は、国語、社会、算数、理科、音楽、図工、家庭、体育などで学んだことを全て使って問題を解決していく学習です。

休校中にぜひ、自分で取り組んでみたい身近な課題を見つけて、お家の方や友達が、あっとおどろくような活動をしてみてほしいと願っています。

この探究学習を進めるための四つのポイントをまとめてみました。必ず、これから説明する方法や順序で学ぶ必要はありません。また、探究学習を進めるに当たって、思考ツール（頭を整理するための方法）を紹介しています。これらの方法や順序は違ってかまわないので、楽しんで取り組んでもらいたいと思います。

①課題を設定するときのポイント

（1）自分が今、気になっていること（「本当は〜だったらいいのに」「もっと〜したい」など）を思いつくままに書き出します。
ここで、思考ツール「ウェビングマップ」や「ふせんで分類」を使うことができます。
（2）たくさん書き出した中から、自分が最も取り組んでみたい課題、自分で解決できそうな課題（もちろんお家の人の力を借りても大丈夫です）を選びます。

<ウェビングマップ>

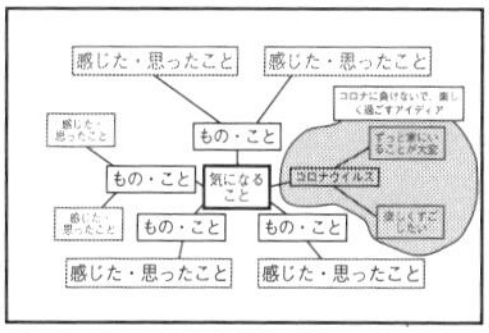

<ふせんで分類>

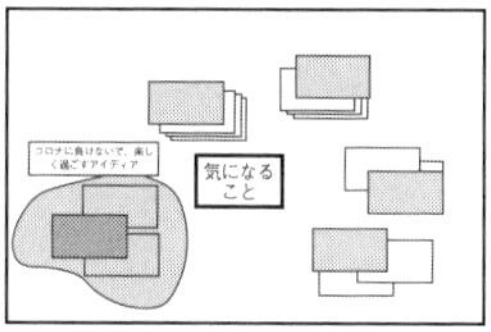

資料1　「探究学習の進め方シート」1ページ目

②最大の肝は課題の設定

探究的な家庭学習を実施する上

で、特に注意を払うべきは、いかにして本気で追究したくなる課題を設定できるかということに尽きる。

しかし、子どもが自らの力で問題状況を把握し、課題を設定することはなかなか難しい。「課題を設定する」とは、普段何気なく、無意識に様々な状況を受け入れて過ごしている日常から、**問題を立ち上がらせる行為**であるからこそ、教師の手助けがあった方が上手くいく場合が多い。具体的には、「本来このようにあるべきなのに、そうはなっていない」ことや、「こんなにも素敵なことがあるのに知られていないから、もっと広めたい」というように、現状と理想の隔たりの自覚化を促す手助けをすることが教師には求められる。

今回、家庭で個々が探究的な学習に取り組む前に、学校で課題を設定する時間を設けることにした。まず、ウェビングやKJ法的手法を用いて、自分の現在の問題意識を顕在化していった。その中で、解決してみたい課題であって、かつ自分の力でなんとか解決できそうな課題を選び取っていけるように、ウェビングをまず学校全体で

～取り組むことができそうな活動の例～
・家の中で楽しむことができるボードゲームを作ってみよう
・正しい手洗いを広めるための方法を考えよう
・家族で楽しめるおもちゃを作ってみよう
・家族や友達が楽しめる本（読み物、まんが）を作ってみよう
・栄養バランスのよい食事を作ってみよう
・コロナ対策リーフレット（新聞）を作ってみよう
・学級で楽しめるゲームを考えてみよう　　　　などなどアイデアを出してみよう

②情報を集めるときのポイント

（1）自分で決めた課題について、本、新聞、インターネット、人にたずねる、などの方法で情報を集めます。
＊インターネットを使うときには、お家のルールを守りましょう。
（2）調べて分かったことを、「探究学習シート❷」にまとめよう。
＊直接書き込むか、ふせんを使ってまとめてもよいです。

③集めた情報を整理したり、分析したりするときのポイント

（1）自分が決めた課題を解決するために、本当に使える情報はどれかを「探究学習シート❷」から選びます（赤でラインを引く）。
（2）「探究学習シート❷」を参考にして、自分が本当にやりたいこと、できそうなことを「探究学習シート❸」に書き出します。
＊多くて三つまでアイデアを書き出してみましょう。
（3）アイデアを一つ選んで、内容をイラストや図でかいてみます。

④自分の考えたことをまとめたり、表現したりするときのポイント

（1）アイデアを実際に形にします。
・「探究学習シート❸」をもとにして、本、新聞、リーフレット、パンフレット、歌、活動の説明書、料理（写真をとる）など、自分が実際に考えたアイデアを形にします。
・十分、安全に気を付けて、お家の方に相談してから取り組むようにしましょう。
・自分が取り組んだことを実物、イラスト、写真などで残します。できる範囲で友達や先生に学校で紹介できるとよいです。
（2）活動に取り組んでみて、分かったことや感想を振り返りシートに記入します。

資料2　「探究学習の進め方シート」2ページ目

行ったり、KＪ法的手法で付箋紙を操作する際に声かけをするなどのサポートを行った。併せて、子どもたちが探究についての具体的なイメージをもてるように、「取り組むことができそうな活動の例」として、今の生活を改善しつつ、楽しんで取り組めそうな例（「正しい手洗いを広めるための方法を考えよう」「家族や友達が楽しめる本を作ってみよう」等）をいくつか示した。

3　探究の成果

①探究学習シート活用の実際

探究学習シートは、探究のプロセスを一枚にまとめて活用できるようにした。ボードゲームを作成した子どものシートを見てみると（次頁に掲載の写真３参照）、まず、ウェビングを用いて課題を見つけ出し（探究シート①）、次に集めた情報を大きく四つに分類して記入している（探究シート②）。さらに、集めた情報をもとに、自分にできそうなアイデアを二つ挙げ、その中からコロナウイルスに関係のあるボードゲームを選択した（探究シート③）。そして、実際にボードゲームを作成し、分かったことや感想を振り返りで記入している（探究シート④）。

②成果物

冒頭に紹介した「アマビエ様と一緒に新型コロナをやっつけろゲーム」は、ルーレットを回してゴールを目指すボードゲームで、複数人でゲームに参加し、ゴールに到着した際に所持金が多い人が勝ち、というゲームとなっている。

特筆すべきは、新型コロナウイルスに関わる情報を収集することで知り得た事柄を、ボードゲームのマスという表現様式に合わせて、巧みにアウトプットしているところだ。例えば、「飲み会をがまんした」というようにユーモアのある文言のマス目や、「三つの密をその場で言う」「人と会うことを

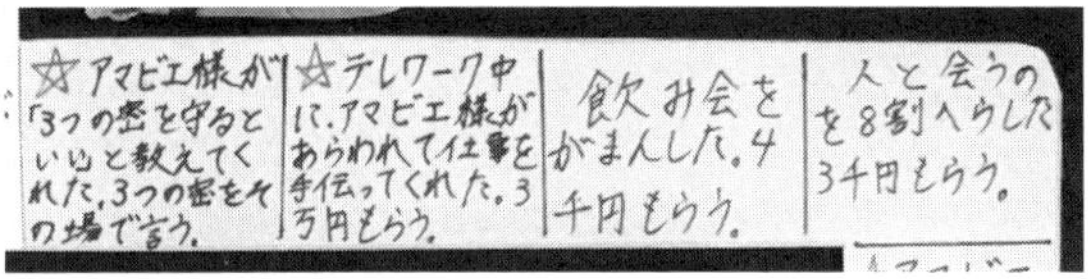

写真４　マス目

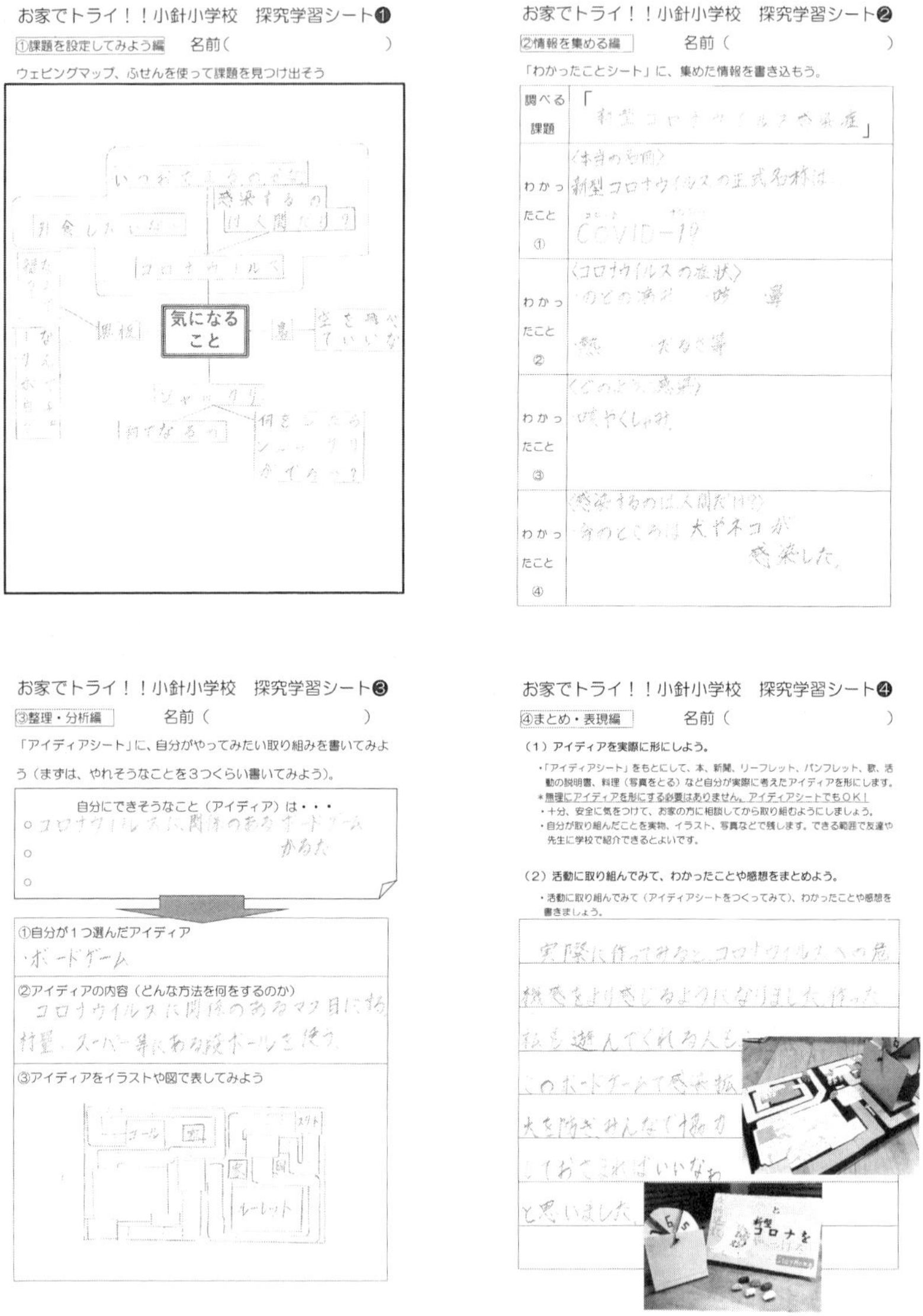
お家でトライ！！小針小学校　探究学習シート❶
①課題を設定してみよう編　名前（　　）
ウェビングマップ、ふせんを使って課題を見つけ出そう
気になること
お家でトライ！！小針小学校　探究学習シート❷
②情報を集める編　名前（　　）
「わかったことシート」に、集めた情報を書き込もう。
調べる課題
わかったこと①
COVID−19
わかったこと②
わかったこと③
わかったこと④
お家でトライ！！小針小学校　探究学習シート❸
③整理・分析編　名前（　　）
「アイディアシート」に、自分がやってみたい取り組みを書いてみよう（まずは、やれそうなことを３つくらい書いてみよう）。

自分にできそうなこと（アイディア）は・・・
①自分が１つ選んだアイディア
・ボードゲーム
②アイディアの内容（どんな方法を何をするのか）
③アイディアをイラストや図で表してみよう
お家でトライ！！小針小学校　探究学習シート❹
④まとめ・表現編　名前（　　）
（1）アイディアを実際に形にしよう。
・「アイディアシート」をもとにして、本、新聞、リーフレット、パンフレット、歌、活動の説明書、料理（写真をとる）など自分が実際に考えたアイディアを形にします。
＊無理にアイディアを形にする必要はありません。アイディアシートでもＯＫ！
・十分、安全に気をつけて、お家の方に相談してから取り組むようにしましょう。
・自分が取り組んだことを実物、イラスト、写真などで残します。できる範囲で友達や先生に学校で紹介できるとよいです。
（2）活動に取り組んでみて、わかったことや感想をまとめよう。
・活動に取り組んでみて（アイディアシートをつくってみて）、わかったことや感想を書きましょう。

写真３　「探究学習シート」実物

八割減らした」等、参加者に対して新しい生活様式に関わる行動化を促すようなマス目も見られる（写真4）。多くの人が楽しむことができるゲーム性を備えながら、新しく知識を得たり、実践したりしながら楽しめるボードゲームに仕上げた。

他の子どもたちの取組としては、楽しく家で運動できるトレーニングメニューを考えたり、コロナウイルス感染症対策に関わる新聞を作ったり、海岸の砂に含まれているマイクロプラスチックを使ったアクセサリーを作ったりする等、多様な探究に取り組む姿が見られた。これらの取組から、探究的な家庭学習が子どもたちの心と身体を突き動かし、一人一人にとっての意味を大切にもちながら、多様な方向へと広がっていく可能性を大いに感じた。

4　探究的な家庭学習を行う際に配慮したいこと

①ガイダンスの充実

言うまでもなく、探究的な家庭学習を行う場合には、子どもたちが試行錯誤しながら、個で設定した課題に挑むこととなる。こうした学習活動を楽しんでやれるのか、やらされているようになってしまうのかは、教師や学校のこれまでの取組が試されているとも感じている。しかし、子どもたちの学校における過去の学習経験によって、成否が左右されることは極力避けたい。だからこそ、ガイダンスを行わずに「探究学習の進め方シート」及び「探究学習シート」を配布することだけは絶対に行ってはならない。探究的な学習の各プロセスにおいて「ここだけは意識する」というポイントと、様々な選択肢を用意しているということを「探究学習の進め方シート」を活用しながら、子どもと共に確認してから渡すようにしたい。併せて、無理をせずに自分の手の届く範囲で気楽に楽しめる活動にすることを伝えられるとよいだろう。

②サポート体制

探究に取り組む中で、分からないことがあれば学校に相談できることを子どもたちに伝えるとともに、学校でその体制も整えておく。相談の方法は、電話、手紙（メモ）、メール、オンラインの交流ツールを用いる等、多様な方法が考えられる。探究という、答えのない問いに粘り強く取り組む学習だからこそ、困ったり、迷ったりしたときにいつでも相談できる相手や場が用意されているという安心感が、個の探究を支える土台となる。さらに、子ども同士がお互いの進捗状況を伝え合ったり、悩みを共有したりできる機会や場が、学校内やオンライン上で提供されることによって、探究的な学習がより促進していくことは想像に難くない。

③学校での取扱い

子どもたちが取り組んだ探究学習シートや成果物の取扱いは、主に二つの場合が考えられる。

ⅰ．学級の総合的な学習の時間とは直接関連付けない場合

一つめは、学級で展開する総合的な学習の時間とは直接関連付けない場合である。もちろん個の探究のプロセスとその成果について、しっかりと子ども同士での共有は行う。その上で、学級として改めて地域・学校・環境等に関わる課題を設定する。もしくはすでに設定していた課題に取り組む。

ⅱ．学級の総合的な学習の時間との関連付けを図る場合

二つめは、子どもたちの個々の活動をもとにして、学級全体の活動を考えていく場合である。その際に有効なのは、それぞれが行ったウェビングやＫＪ法的手法をもとに、学級全体で子どもたちの問題意識を可視化していく方法だろう。また、課題が設定され、活動の方向性が見えた際に、課題を解決するための方法として、子どもたちの取組の中から、学級全体で取り組む価値があるものはないかを探ることもできる。

学校の考え方、総合的な学習の時間の進捗状態によって、どのような扱いになるかは様々であってもよいと思うが、**個人の取組に最大の敬意を払い、個の成長をしっかりと見取る姿勢**だけは忘れないようにしたい。

5　探究的な家庭学習の可能性と限界性

①探究的な家庭学習の可能性

実際に探究的な家庭学習に取り組んだ六年生の振り返りを見てみると、「個人で取り組むことは大変だったけれど、自分の好きなテーマに取り組めて楽しかった」という内容の記述が多く見られた。普段、学級における総合的な学習の時間に取り組んでいる子どもたちは、個人で探究に取り組むことを新鮮で自由な学びの機会と捉えていた。また、画一化された方法ではなく、自分で学びを調整して進める経験は、よいリフレッシュの機会にもなったようだ。

徹底的に個が判断し、個で活動をつくり出していくという経験によって、問題解決者としての個の力を鍛錬できる可能性も見えてきた。実社会に存在する本物の課題を解決する過程で、知識や技能を選んだり、組み合わせたりして活用することによって、それらはより一層構造化され、汎用的な力へと拡充されていく。そのように考えるならば、自ら設定した課題に自ら考えたアプローチの仕方や順番で迫り、自分なりに納得する答えにたどり着く探究的な学びに取り組む価値は十分にあるのだろう。休校中の家庭での課題にとどまることなく、個人で課題を立てて日常的に探究的な学習に取り組むことや、長期休業の際に課される自由研究と呼ばれる取組をより一層、探究を意識した課題へと変革していくべきだと考えている。

②探究的な家庭学習の限界性

探究的な家庭学習の可能性を検討する一方で、学校と家庭で行う探究における明らかな違いを意識することも重要である。家庭での探究は、自己内対話が中心となり、他者との豊かな関わりを多くは期待できない。特に、学校における同世代の仲間との対話には、自身の考えを整理したり、新たな知識や概念を得たりする性質がある。さらに、課題に対するアクションを起こす場面では、仲間と役割を分担したり、お互いに知恵を出し合ったりしながら、協働的に活動する姿が期待できる。このような他者との関わりについては、家庭で探究を行うという性質上、限界性もあるのは明らかである。

大切なことは、家庭・学校それぞれの探究で何を目指すのかを教師が明確に理解した上で、両方を巧みに組み合わせたり、使い分けたりできる柔軟さを我々教師が備えていることだと思う。

(1) 東洋館出版社編『ポスト・コロナショックの学校で教師が考えておきたいこと』東洋館出版社、二〇二〇年、一二四－一二九頁。

(2) 文部科学省『小学校学習指導要領（平成二九年告示）解説 総合的な学習の時間編』東洋館出版社、二〇一八年、九頁。

解説

明治以来約一五〇年にわたって、学校は当然のように学級を単位とする対面での授業を基盤に据えてきた。コロナショックは、その対面での授業の実施を困難ないしは不可能とし、オンラインでの学習や家庭学習、一斉授業以外の様々な学習形態への人々の関心を一気に加速させた。二〇二〇年三月に突如始まった長期休校期間中、それらははじめて補助的な位置付けではなく、メインの学習形態となったのである。

第三章には、その挑戦の生々しいドキュメントが全国から寄せられた。一つ一つの取組の中に、約一五〇年に及ぶ歴史的蓄積を生かしつつ、どのように今後を展望していくかのヒントを垣間見ることができる。

オンライン学習を契機とする

伏木先生（一三八頁）は豊富な現職経験をもつ大学教員であると同時に、現在、長野県の教育委員でもあり、県教育長職務代理者という要職を担っている。少なくとも私は、そのような県の教育に一定の責任を負う意識の中で書かれたものとして、論稿を読んだ。

突然の行事の中止や一時的とはいえ学びを止めてしまったことへの無念さと申し訳なさ、不登校の子どもがオンライン学習に参加するなど様々な思いがけない出来事への驚きとそれを契機とした新たな可能性の模索、県内の先生方のひたむきな頑張りと創意工夫に対する感動と称賛、そしてそれを考え得る限りの筋道でサポートしていこうとする動きなどは、長野県に限ったことではなく、コロナショック状況下において全国の教育行政関係者が感じていたことであり、また現に取り組まれたことであるにちがいない。

我が国の教育行政は世界的に見ても中央集権が強く、まずは文部科学省が基本的な方向性を示し、各自治体は地域の実情を勘案し、可能な範囲でそれに基づいた対応を検討し実施することが多かった。ところが、コロナショックは参考にすべき経験がほとんどなく、またかなり突発的であったこともあり、政府からのまとまった指示を待つことなく、自治体ごとに目の前の状況に即時対応することが求められた。これは、従来の地方教育行政が経験したことのない事態である。

その結果、自治体によって対応が実に様々に分かれ、また一定の時間をおいてそれらが何をもたらしたかをつぶさに確認することができた。典型は、オンライン学習の実施に踏み切るかどうかの判断、そのための条件整備において発揮された創意工夫の質と徹底ぶりであろう。白馬村の取組はその最たるものであり、迅速にして柔軟な展開は、今後における、教育に限らない地方創生全般への希望を抱かせるものである。

今回のコロナショックでは、従来の学校に支配的であった、形式的な平等を厳格に優先するあまり一歩も前に進めないといった在り方との決別を、地域や学校に迫ることが度々あった。コロナショックをきっかけに、よい意味で吹っ切れることができたか否かは、今後に向けての大きな分岐点となろう。まだ遅くはない。一刻も早く、多くの自治体が前へと進むよう決断することを願いたい。

緊急事態宣言の解除に伴い、学校は落ち着きを取り戻し、多くの学校で対面での授業が従来どおり実施できるようになる中で、オンライン学習や家庭学習への関心も徐々に低下してきている。中には、長期休校期間のことなどすっかり忘れてしまいたいといった風潮さえ感じられる。少なからず忌まわしい出来事でもあったわけで、気持ちは分からないでもないが、せっかくの経験を無に帰すのはあまりにももったいない。

論稿のタイトルにもあるように、オンライン学習の導入を契機として、対面授業と家庭学習の新たな連携を模索し、将来にわたり安定的に実践する体制づくりが望まれる。佐久市立佐久平浅間小学校の反転学習的なアプローチなどは非常に参考になる取組であり、これを日常化することで、全ての子どもに質の高い学力の保障が可能となるにちがいない。

「通常の授業」を磨き、向上させる

田邉実践（一五〇頁）は、特に先進的な実践といったことではなく、長期休校期間中に全国各地において手探りで進められたオンライン学習の典型的な事例の一つとして執筆をお願いしたものである。

もちろん、子どもたちの不安な気持ちに優しく寄り添いしっかりと支えている点、内容と教材に関する周到な研究に立脚している点、オンラインならではの特徴を巧みに生かそうと工夫を凝らしている点、複数の教師がそれぞれの持ち味を生かして連携・協力しながら授業を構想・展開している点などにおいて優れた取組であり、学ぶところが多い。

と同時に、同様の志や水準での実践は全国各地で数多く報告されており、それが極めて短期間のうちに成し遂げられたことは、我が国の学校と教師の底力を改めて証明するものと言えよう。明治以来約一五〇年にわたり蓄積され継承されてきた授業づくりの力量は、はじめて取り組むオンライン学習に対しても、十分な有効性をもっていたと考えられるのである。

また、だからこそ、田邉実践の中で繰り返し強調されているように、オンライン学習への取組が、通常の授業の本質を捉え直すことに結び付いていくのであろう。つまり、確かな授業づくりを支える実践的な知恵が学校と教師の中に着実に息づいていたからこそ、短期間のうちに質の高いオンライン学習を生み出すことが可能となったのであり、また、オンライン学習での経験や気付きを通常の授業へと返していこうという発想が、ごく自然なものとして生まれてくるのである。

オンライン学習という新たな形との出合いが契機となって、自分たちが常々大切にしてきた理念や知恵や技巧のもつ意味なり価値が改めて自覚化される。だからこそ、田邉先生が「おわりに」で述べているとおり、「オンライン授業を、一般的に教室で行っている『通常の授業』と別物として捉えるべきではない」のであり、教師の意識次第で「自らの『通常の授業』の技術を磨き、向上させることができるのである。そしてそれは、子どもの学びを支えることに直結するにちがいない」

このような深く前向きな洞察を、新卒二年目の田邉先生が明快に綴ってくれたという事実に、私たちはこの国の学校と教育の未来への明るい希望を見る。

コロナショックが、客観的に見てとてつもない惨禍であることは疑いようがない。しかし、大切なのは、この現実を私たちがどのように受け止め、その先の時間を生きていこうとするかであろう。少なくとも、子どもたちは未来を信じ、前を向いて生きようとしている。そんな子どもたちの一番近くにいる教師がどんな心持ちで日々を送るべきか、答えは明らかである。

オンライン学習の可能性とそれを生かす理念

山本実践（一五八頁）もまた、オンライン学習を中心とした取組として執筆をお願いしたが、折しも新たなスタートを切ろうとしていたカリキュラム改革を含んだ実践報告となっている点において、田邉実践とは明確なコントラストを示している。

そもそも、教師が一方的に教えることを極力避け、子どもたちが目標を設定し自分のペースで学びを進められるようにするために、あるいは、SDGsなどリアルな社会問題の解決に向け、企業や研究者、NPOなどと関わりながらシームレスに学べるようにするために、ICTをかなり大規模に導入する計画があった。そこにコロナショックが襲ってきたのであり、そういった前々からの準備が、結果的にオンライン学習の即時での実施など、コロナ対応にもなったのである。

注目すべきは、オンラインの遠隔機能が、学校や教師と自宅にいる子ども一人一人を結ぶことに加え、実社会で活躍する様々な立場の人々と子どもたちを結び付け、また空間的にも海外も含めた様々な地域との関わりを子どもたちに提供することに使われている点であろう。実践報告はいずれも長期休校期間中のものだが、オンライン学習ならではのこのような機能なりそれがもたらす価値は、学校が再開され、子どもたちが学校で学びを展開するようになった際にも、なんら変わるところがない。

田邉実践に見られるような、今回、多くの学校が挑戦し、高い水準で成し遂げたオンライン学習の経験や、その過程でマスターした様々なノウハウは、まずもって、いつなんどき再度の感染拡大に伴い長期休校を余儀なくされたとしても、子どもたちの学びを二度と止めない学校体制の速やかな確立に生かすことができる。併せて、山本実践において示されている、オンライン学習が本来的にもっている様々な可能性の実現にも、生かしていきたい。

もし、コロナショックがなかったとしたら、多くの学校や教師はいまだにオンライン学習には取り組んでいなかっただろうし、オンライン学習の体制も整ってはいなかったにちがいない。また、GIGAスクール構想の実施の度合いやスピード感も、現状とはまったく異なるものとなっていたであろう。

これらのことは、まさにコロナショックというピンチがもたらした大きなチャンスである。そのチャンスをどのような教育理念、学力観、カリキュラムの下で生かしていくのかについて、山本実践は極めて示唆的である。何より、山本実践は二〇一七年版学習指導要領が指し示す方向性をストレートに、しかも高度な水準で体現している。ぜひ、ここに示された様々な要素をヒントとして、各地域、各学校ならではの闊達な実践の創造を期待したい。

学習環境整備とそれが意味するもの

以上の三つの論稿は、オンライン学習の実施と、それがもたらす様々な可能性に関するものであった。

残る二つの取組のうち、単元内自由進度学習（一六八頁）は学校における三密の回避に役立つ自律的な個別学習であり、小川実践（一七六頁）は、家庭学習において探究を実現する指導体制の工夫である。両者は、学びの場が学校であるか家庭であるかという点では異なるが、いずれも一斉指導ではなく個別学習である点、教師が常に子どもの近くにいて直接的に教えはしない点、そのためにカードやシートをプラットフォームとした文字言語による支援を駆使する点において、共通性をもっている。

教師が直接的に教えない教育は、環境による教育という原理によって子どもの学びを実現していく。単元内自由進度学習では、学習カードに加えて、子どもを取り巻く空間自体が教育力をもつよう整備する。

非常に斬新な発想のように思われるかもしれないが、カラフルな掲示による情報提供や、多様な教材・教具が手の届くところに魅力的に配置され、一人一人の判断でいつでも自由に使えるといった状況の設定は、幼児教育ではごく普通に行われてきたことである。第一章第三節でも述べたとおり、子どもは生まれながらにして、環境との相互作用の中で旺盛な学びを展開しているのであり、適切な環境との出合いさえあれば、自ら進んでこれに関わり、学び進めていく存在である。この原理に基づくがゆえに、幼児教育は学習環境整備を、学びを生み出す主要な方法論としてきた。

単元内自由進度学習は、これをそのまま小学校以上でも継続しようとする試みにほかならない。したがって、それは斬新であるどころか極めて正統的な学習指導の在り方であり、少なくとも学び手である子どもの側から見れば、実に自然で無理のないものと映るにちがいない。このことは、いかに従来の授業が、教え手である教師の側からの景色で構築されてきたかを気付かせてくれるだろう。

家庭と学校それぞれにおける探究の意義

小川実践も、子どもの学ぶ力、しかも与えられた課題を与えられた方法で解決するのではなく、「自ら問題を見つけ、問題をしなやかに解決していく探究的な学び」を実現していく力を信じ、ガイダンスの充実と万全のサポート体制により、教師がつきっきりで教えなくとも質の高い学びを実現していけると主張する。

カードやシートの構成、そこに盛られた情報とその子どもによる利用の仕方などについても、両者はかなり似通っている。また、長期にわたって一人で学び進めていくからこそ、その出発点においてしっかりと先々の見通しをもてるよう、ガイダンスの充実に心を砕く点などでも一致している。このことは、単元内自由進度学習については、第四章の緒川小学校の報告（二二〇頁）の中で詳しく述べられている。

長期的な見通しがもてるというのは、学びの文脈がしっかりと把握できていることを意味する。だからこそ、一人で学ぶ中で困難に出合っても、不安になったり混乱したりせず、自分なりのやり方で克服して前へと進むことができるのである。

注目すべきは、最後の「探究的な家庭学習の可能性と限界性」である。「徹底的に個が判断し、個で活動をつくり出していくという経験によって、問題解決者としての個の力を鍛錬できる可能性も見えてきた」との洞察は、非常に重要な気付きと言えよう。

一方、他者との関わりや協働的に活動する姿が家庭学習では難しいとの指摘もなされているが、このことが直ちに家庭学習における探究の意義を低めるものではないとの理解が重要である。いつでも協働的に活動できる状況が、子どもによっては他者への安易な依存を生み出していた可能性も否定できないのである。

少なくとも当初は、コロナショックによりやむなく取り組んだ家庭学習での探究だったかもしれない。しかし、結果的にそこに見えてきた価値や可能性は全て、今後いつでも利用可能な選択肢が増えたことを意味する。小川先生も指摘しているように、「家庭・学校それぞれの探究で何を目指すのかを教師が明確に理解した上で、両者を巧みに組み合わせたり、使い分けたりする柔軟さ」が大切なのである。

（奈須正裕）

第4章

子どもをアクティブ・ラーナーへと育て上げる教師の支援

阪本一英／奈良女子大学附属小学校主幹教諭

佐藤卓生／山形市立東小学校教諭

川崎市立川崎小学校

松尾統央／愛知県東浦町立緒川小学校教務主任

松倉紗野香／埼玉県上尾市立大石中学校教諭

「学習法」で自律した学習者に育てる

奈良女子大学附属小学校主幹教諭　阪本　一英

私が勤務している奈良女子大学附属小学校（以下、奈良女附小）は、大正期から児童中心の教育を展開してきた学校である。奈良女附小で、長年取り組み続けている「奈良の学習法」の根本となる考えに「学習即生活、生活即学習」[(1)]という考え方がある。また、「ひっきょう、学習とは疑うて解いていくことの反復」[(2)]という学習観ももっている。これらのことを私なりに解釈すれば「生活の中にある問題に気付き生活を改善することの反復を通して、人としてよりよく生きようとすることそのものが学習なのだ」というようなことだと捉えている。

このような考えに基づいて、私たちは、生活することと学習することが一つになっていくように、自律的に学ぶ子どもの学習生活を築くことに向けた取組を続けてきている。

本稿では、私たちが自律的に学ぶ子どもを育むために、どのように子どもの学習生活を築こうと取り組んでいるのかについて考えていくこととする。

1　自分のことを話す生活

①自分の生活を見つめる子ども

奈良女附小では、入学してきた翌日から朝の会の「元気調べ」を始めていく。学級のみんなで一人一人の名前を呼び、それに「はい、僕は元気です」と答える。そして、何か「一言」を付け加えるのである。

はじめから全ての子どもが「一言」を言えるわけではないため、「何か見つけたことや、気が付いたことはありませんでしたか」と問いかけ「一言」を思いつくように誘っていく。「僕は、運動場でキラキラ光る石を見つけました」のように話す子どもが出てくれば、「その光る石、見せてほしいなぁ」と、実物を持ち込んで話すことも誘っていく。「昨日言った光る石を持ってきました」と実物を持ち込んだ子どもに「よく、持ってきてくれたね」と声をかけ、光る石をテレビに映してみんなに見せる。すると、「わぁ、本当や」「キラキラ光っている」と、子どもたちが歓声を上げてくれるので、「本当や。こんなに砂粒みたいに小さいのに、よく見たらキラキラ光るんやなぁ」と、その子の気付きのよさを褒めてやる。褒められた子どもはうれしくなって、もっと何かを見つけてやろうと意欲的になる。他の子どもたちも、自分も何かに気付いたり見つけたりしたいと、自分の生活の中にある「一言」を探すようになっていく。子どもの生活と学習を一つにするはじめの第一歩である。

②「おたずね」で問いを立てて始まる学び

「運動場の中にこんなにキラキラ光る石がある」という事実は、一年生の子どもたちにとって、心をかき立てられる事実である。子どもたちの心が沸き立っていることを見取りながら、「何かおたずねしてみたいことがありますか」と、子どもたちに問いかけてみる。すると、「運動場のどういうところにありますか」「その石はどうやったら見つかるのですか」と、「おたずね」が続いていく。どうすれば光る石が見つけられるのかが知りたいのであろう。おそらく、尋ねられた子どもは、そんなことまでは考えていなかったにちがいないのだが、自分の話に興味をもってもらえていることを感じて、精一杯に「運動場の砂の多いところです」「砂の上をずっと見ていると、キラッと光るから見つかります」と答える。子どもたちの中に、自分ごととしての疑問や思考が息づいていくのである。

普通に考えると、朝の会の短い時間の中で、このような「おたずね」のやり取りをしている余裕はない。しかし私たちは、国語の教材文の学習ではない、こういった子どもの生活に根差した話の中でこそ、話す力や聞く力、「おたずね」とその応答によって考えを進める力が育まれていくことを経験的に感じている。「おたずね」をしている子どもたちの中には、「キラキラ光る石はどうすれば見つけられるのか」という切実な問いが生まれているし、答える側の子どもには、その問いをなんとか解こうとする思考が始まっている。そして、その問いや問いを解こうとする思考が子どもたちに共有され、「疑うて解いていくことの反復」という学習が始まると考えているのである。自分たちの生活に根差した学習を通して、生きて働くその子らしい話す力や聞く力はもちろん、問いを立てる力や解く力など、一生涯にわたって自らの力で学び続け、それを足場によりよい生活を創造し続けていくのに必要にして十分な力、今日でいうコンピテンシーの育成が可能になると考えているのである。

2　自律的に学ぶ子どもの思考を育む

私たちは、**子どもと共に生活の中にある問いを解く学習**を進めたいと願っている。そして、そのような学習を進めるためには、自分のもつ問いを明確に捉えたり自律的に学びを進めたりするための思考を身に付けていくことが大切だと考えている。

①「めあて」で育む自律的な学びの思考

奈良女附小で、子どもの自律的な学びを育むために大切にしていることの一つに、「めあて」と「ふりかえり」がある。近年、このことを重視している学校が増えてきていることを感じているのだが、奈良女附小での考え方と違いがあることも感じている。二年生の算数科を例に考えてみたい。

例えば、二けたの足し算の筆算での「めあて」で考えてみる。一般的には、「今日の学習のめあては『十の位に繰り上がる筆算の仕方を考えよう』ですね」と、その日の学習課題を、みんなで確認することを「めあて」としている。

一方、奈良女附小では、「今日は、十の位に繰り上がる筆算の仕方を考えます。めあてを考えましょう」と、学習課題についての自分の学びの見通しを明確にさせることが「めあて」となっている。

「今日のめあては○○です」のように、学級一律に「めあて」を与えられるよりも、その課題についての自分の「めあて」を考える方が、自律的な学びが展開できそうなことはご理解いただけると思う。奈良女附小で、一人一人の「めあて」を大切にしている理由はそれだけではない。

例えば、ある子どもが「今日は、筆算のやり方をしっかり覚えたいです」と自分の「めあて」を発表したとする。すると、私たちは「誰でも使えるめあてでは困りますね」や「前の時間でも次の時間でも使えそうなめあてですね」のように声をかける。

前者の声かけは、その日の学習課題に関する自分の状況を踏まえて、「めあて」を考えさせようとする声かけである。このような声かけを受けた子どもの「めあて」は、「僕は、昨日、繰り上がりを書く場所を間違えていました。だから、今日は繰り上がりの書き方を考えたいです」のように、その学習課題に関して自分がどうなのかを踏まえて「めあて」を考えるようになる。

後者の声かけは、その時間ならではの学習内容を捉えさせようとする声かけである。「前の時間は、一の位が繰り上がっていました。今日は十の位が繰り上がるのだけれど、私は同じやり方だと思うので確かめたいです」のように、前時との違いやその時間ならではの内容を意識して「めあて」を考えることを求めているのである。

奈良女附小では、このような「めあて」に関するやり取りが、算数科だけでなくあらゆる学習や活動の中で繰り返されている。その都度、これからすることの中心を見極め、そのことに対する自分の現状を振り返り、そして、自分はどのように学習（活動）したいのかと考えを進めていく。「めあて」を考えるときの思考が身に付いていくのである。このように、**自分自身の「めあて」をもつのか、一律一斉に「めあて」を与えられるのか**では、大きな差異が出てくると考えているのである。

②自分の学びの文脈をたどる思考

自律的に学ぶ思考を磨く場面は、「めあて」だけにとどまらない。「ふりかえり」を考えるときや日記を綴るときにも、自律的に学ぶ思考が磨かれていく。

「ふりかえり」では、自分がその学習（活動）で見通していた「めあて」を確かめ、その「めあて」に沿って自分はどうしたのか、友達の考えを聞いて自分の考えがどう変わったのかなどを振り返る。そして、今現在の自分の考えを確かめ、これからどう追究していきたいのかをはっきりと意識化する。毎時間の「ふりかえり」でこのような思考を磨くことを通して、子どもたちは自然と自分の学びや活動の文脈をはっきりと意識するようになっていく。

一日の終わりに日記を綴るときには、こうした文脈を伴った強い印象となっている学習（活動）が、自ずと想起されるようになる。日記は各時間の「ふりかえり」に比べ、かける時間も文字数も多いため、学習（活動）をじっくりと咀嚼して自分の中に再構成することができる。すると、日記の中で自分の考えがはっきりしたり、新しい視点を見出したり、今後の方針を見極めたりする思考も働いていく。だからこそ奈良女附小の教師は、毎日の日記に丹念に目を通し、子どもの学びに寄り添い言葉を添えることに力を注ぎ、子どもの思考を磨こうと試み続けているのである。

3　問いを立て、問いを解く生活を楽しむ

奈良女附小の子どもたちは、一日の生活の中で何度も、自分の生活や学びについての思考を繰り返す。前の日の日記を綴るときの思考が、元気調べに生かされ次の学習の「めあて」にも反映されたり、「めあて」にしていたことや「ふりかえり」で考えたことが、日記に綴る中で再構成されたりもする。その思考はお互いに関連し合いさらに深まりを増しながら、子どもたちの生活を自律的なものに変えていく。子どもの自律的な学習生活が立ち上がるのである。

こうした自律的に学ぶ態度は、学級のみんなで一つの問いを共有し、あれこれと試行錯誤しながら力を合わせて問いを解くことの楽しさを経験することで、より強化されていく。二年生の子どもたちと取り組んだ「おいしい作物を育てよう」の様子を紹介する。

①学級で問いを共有する

二年生の子どもたちと「しごと」学習（総合的な学習や生活科に当たる）として「おいしい作物を育てよう」というテーマの下、スイカや安納芋、トウモロコシ、ピーナツなどの栽培に取り組んでいた。

六月のある日、スイカの水やりをしていた子どもたちから「小さいスイカの実ができている」との報告がされる。みんなで確かめに行くと、なるほど大人の小指の先ぐらいの大きさしかないのに、しっかりとスイカらしい縦じま模様が入った実がついていた。ところが、その二、三日後に、その実がなくなっていることが報告されたのである。

早速「しごと」学習の時間に、このことが子どもたちの話題となる。

・スイカの実を観察しているときに、アリがいっぱい歩いていた。アリが運んでいったと思う。

・休み時間にカラスが来ていた。カラスに食べられたのじゃないか。

・植木鉢にバナナの皮を置くと、ナメクジが集まって食べている。ナメクジの仕業じゃないのか。

などと、子どもたちの仮説が出てくる。そのそれぞれについて、「本当に、アリがスイカの実なんか運んでいくのか」のような意見が出され、その信ぴょう性が吟味されていく。しかし、どれも仮説にすぎないため結論は出ない。子どもたちの中には「僕は、本当にアリがスイカの実を食べるのか観察します」「私は、カラスが実をつつきに来ないか見張ります」と、仮説検証に向けて動きだす子も出てくる。

子どもたちにとっては、せっかくのスイカの実が消えたという事実だけで大変な問題である。その大変な問題について、解決へ向けての精一杯の考えを出し合い、学級のみんなでその考えを吟味し合う。そういう活動を通して、子どもたち一人一人の中にもこの問題が切実な問いとして認識され、学級で問いを共有できるようになっていくのである。

②連続する問い

子どもたちは朝や放課後、休み時間を使い、アリがたかっていないか見張り、カラスよけのCDやキラキラテープを張り巡らせ、ナメクジの駆除も始めた。新しくできたスイカの実に見失わないための印を付け、実がなくならないように観察することも続けた。これらの活動の結果は、その都度「しごと」学習の時間に報告され、「どうすればスイカの実を大きく育てられるのか」という問いへの思考を積み重ねていく。そんな生活と学習の往還を繰り返す中で、子どもたちにとって衝撃的な出来事が報告される。印を付けて観察していたスイカの実が、黒くなってきたというのである。

早速、学級のみんなで確かめに行くと、言うとおり、実の一部が黒く変色してしまっている。一人の子がその部分に触れてみると、グニョグニョとした感触で、中身が腐っているようだと言う。そして、なんと、みんなの目の前でポロッと取れてしまった。何者かに食べられたのではないかと考えを進めていたのに、実際には腐って落ちてしまっていたのだということが分かったのである。

次の「しごと」学習の時間には、当然このことについての話合いが行われた。

・水やりプロジェクトの人たちが、水をやりすぎたのではないか。
・安納芋やピーナツは、水のやりすぎはよくないと言われていた。スイカも同じじゃないか。
・私たちは、そんなに水をやりすぎてはいない。
・梅雨に入って、雨が多いからではないのか。

などと話が進んでいる中で、違った考えも提起される。

・前から調べていたけれど、スイカには雄花と雌花がある。
・雄花の花粉を雌花に付けて受粉しないと実ができない。
・ミツバチが受粉してくれる植物もあるけれど、スイカは人間が受粉しないといけない。

以前から、子どもたちの中でくすぶっていた受粉に関する疑問が一気に出てきたのである。「何者かに食べられていたのではなく、腐って落ちてしまっていた」ことが分かった日の日記に、幾人もの子どもが受粉のことについて書いていた。学級でスイカを植えることが決まったときに調べていたことを思い出す子どももいれば、今回の出来事をきっかけに受粉について調べ始めた子どももいる。ちょっと前から人工授粉用の筆まで用意していたけれど、学級の「何者かに食べられたのでは……」という話の流れの中で強く主張しなかった子どももいたのである。

「どうすれば、スイカの実を大きく育てられるか」という子どもたちの問いは、「スイカの実を食べるのは何者か」から「なぜ、スイカの実は腐ったのか」「受粉を成功させるにはどうすればよいか」と、次々に新たな問いへ姿を変えていった。子どもたちは、様々に人工授粉の方法について調べたことを報告し、雌花を探すプロジェクトや受粉を成功させるプロジェクトを立ち上げ、万全を期して受粉の作業を進めた。そして、これで、スイカの実がすくすくと大きくなるにちがいないと観察を続けていたのだが、受粉翌日に少し大きくなっていたスイカの実は、その翌日にまたもや腐って落ちてしまったのである。

正直なところ、担任の私も八方ふさがりで打つ手がないと困り果てていた。しかし、子どもたちはこの原因を話し合う中で、一人の子どもが持ってきていた資料の中に「受粉は、朝一〇時頃までにすること」との記述があることを見つけ出したのである。

週末、金曜日の朝一番に人工授粉の作業を終え、ドキドキしながら迎えた週明け月曜日の朝一番。なんと、スイカの実は一気に直径五センチメートルを超える大きさに成長していた。学級全体が歓喜の渦に包まれたことは言うまでもない。

一連の学習の中で、子どもたちの自律的な学びの姿が深化されていったことを感じている。学級で共有した問いを解くべく、ときに朝の会で自分たちの気付きを語り合い、「めあて」や「ふりかえり」で自分の学びの文脈を確かめ、休み時間や放課後、家に帰ってからの追究を日記に綴る姿が頻繁に現れるようになっていった。子どもたちの生活と学習が一つになった現れである。

また、一連の学習が、学ぶことの楽しさを味わうことのできる学習となったことも感じている。切実な問いを自らの発想を生かして解こうとする楽しさ、精一杯の創意をもって問いに挑む楽しさ、連続する問いにも粘り強く試行錯誤する楽しさ、みんなの力を結集して問いを乗り越える歓喜的な楽しさである。低学年の生活と密着した問いを通して、こうした学びの楽しさを積み重ねてこそ、**直接の生活から離れた抽象的な問いにも、力強く自律的に取り組む意欲が培われていく**のである。

緊急事態宣言が解除され、子どもたちが学校生活を取り戻し始めた頃、今年の二年生の学級では「どんな遊びならコロナウイルス感染の心配がないか」が話題となっていた。あるグループの子どもたちは、「（直接の接触を避けるため）模造紙を丸めた棒でタッチする鬼ごっこ」を考え出していた。さらに、棒の同じところを触らないように色マジックで印を付け、誰がどこを持つのかを決める工夫も考え出していた。しかし、そうすると「棒の長さが変わり不公平」と新たな問題に頭を抱えていたという。

早速、ポスト・コロナへ向けた「疑うて解いていくことの反復」という学習生活が始まっているのである。

(1) 木下竹次「学習原論」中野光編『世界教育学選集　六四』明治図書出版、一九七二年、一八頁。
(2) 前掲書、二〇八頁。

主体的・協働的に学ぶ子どもに育てる

山形市立東小学校教諭　佐藤　卓生

七月はじめのある朝のこと、担任している三年生のA児が、神妙な面持ちで教卓にやってきてこう言った。
「あの、昨日自主勉強に夢中になりすぎてしまって、宿題のプリントをやるのを忘れました」

A児の自主勉強ノートを見ると、四年生の内容である四位数÷一位数のわり算の筆算が、ノートに六ページにわたってびっちり練習してある。

実は、前日の理科の時間にこんなことがあった。ゴムの働きで車がどのくらい動くかという実験をしたときに、子どもたちは、教科書にはゴムを引く長さごとに各三回実験している様子が示されていて何回か繰り返し調べることにより正しく比べることができる、と記載されていることに気付き、そのわけを尋ねてきた。そこで、簡単に平均の概念について説明し、併せて集合の総和を要素数で割ることで求められることも話した。その際に、わり算の筆算の手順も黒板上で例示したのであった。

A児はそのことに興味をもち、宿題のプリントをやるのを忘れるほど夢中になって自主勉強で筆算の練習を行い、次の日には友達に平均の計算の仕方を教えていた。A児がやるのを忘れた宿題は、算数で学習している、二位数÷一位数（九九を一回適用する除数と商がともに一位数であるわり算）の計算問題のプリントであった。

一口に「学び」と言っても、そこから想起される子どもの具体的姿は様々であろう。そうした振り幅が、学習指導要領が改訂され、「主体的・対話的で深い学び」の視点からの授業改善の必要性が主張されてもなお、一方的な大人の論理のみで展開している授業を目にすることもあることに現れていると考える。

しかし、コロナショックは、こうしたことに対する一つの示唆を与えてくれたのではないか。つまり、「ある現実」から、感覚・感情・時間・状況……といった様々な要素を捨象したような限定された場面で、自らのくらしの文脈とは無関係な知識や技能を記憶したり訓練したりすることは、およそ学びとは言いがたいということである。

先に紹介した事例では、A児は、大人から「宿題」としてやらされるはずだった二位数÷一位数のプリントをやるのも忘れ、理科の実験で平均を出すために必要な、宿題よりはるかに難しい四位数÷一位数の筆算の練習に自分から夢中になって取り組んだ。

もちろんこれで、小学校学習指導要領の算数の四年A（3）の内容が全て学べたということではない。しかし、教科や学年の枠組みを超えた、固有名詞をもった一人一人の子どものくらしの文脈の中にこそ、「学び」、さらに言えば本項のテーマである「主体的・協働的な学び」の本質があると考える。

そこで、具体的な子どもの姿をもとに、「主体的・協働的な学び」の本質とそれを支えるための支援について考察していきたい。

1　授業から

①単元のテーマを設定する

三年生「まいごのかぎ」（光村図書）の授業である。一時間目に作品を読み、各自「心に残った場面ベストスリー」という形で初発の感想をまとめた（写真1）。そして、それを話し合って、単元のテーマを設定することにした。お互いに「どうしてそこが心に残ったの？」「どうしてそう思ったの？」などと質問し合いながら話合いが進む中で、B児は「主人公のりいこは、だめだなぁと思った。僕だったら、かぎを拾ったらすぐ届けるのに」と話した。すると、C児が「そうだよねぇ。普通そうだよねぇ」と賛成した。しかし、それを聞いていたB児は、急に考え込んだ。そしてしばらくして、こう話し始めた。「でも、すぐに届けたらお話として面白くないなぁ。現実には起きないようなことがいろいろ起きるから、お話は面白いんだと思う」これを聞いていたD児は、「ピンチとか、現実に起きないことがあるから、お話は面白いんだよね」と語った。E児は、「いろいろ起きるから面白いんだよね」と語った。

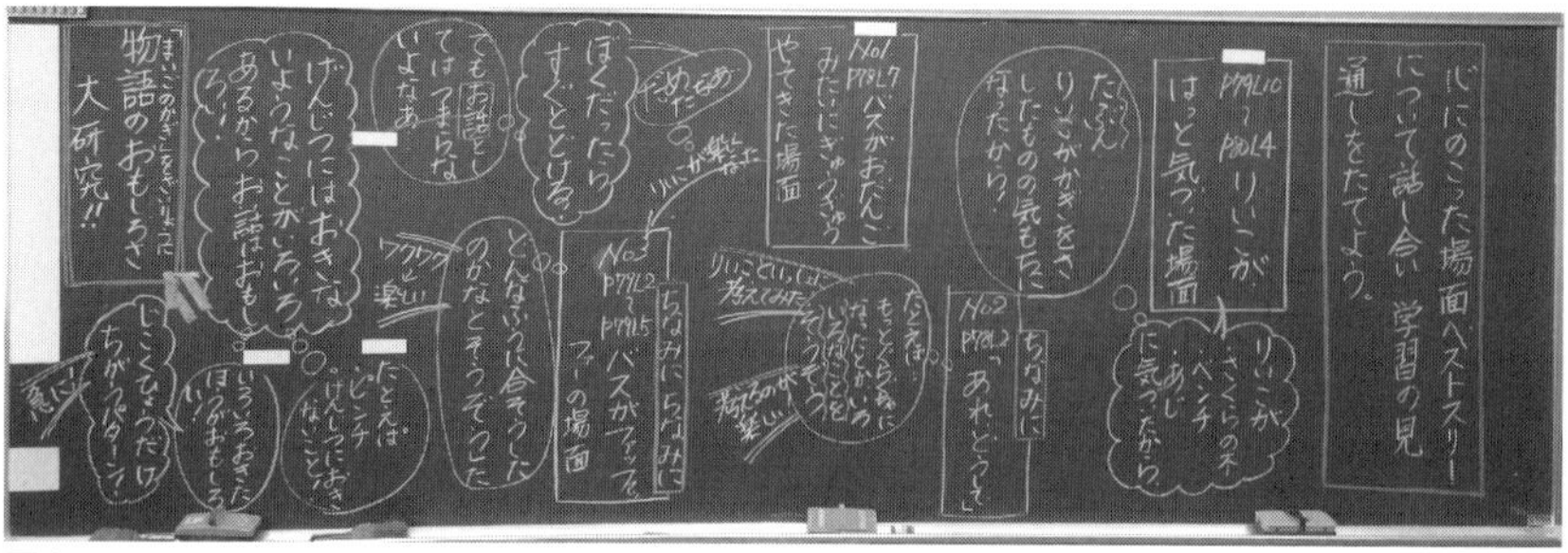

写真１

これらの発言を聞いていた他の子どもたちも「怖いことが起きるのも面白いよね」「謎解きみたいに進んでいくお話も面白いんじゃない」などと話し始めた。

当初、大まかに、一番心に残った場面をもとに感想をまとめるというような展開を想定していたが、子どもたちの様子をもとに、「それじゃあ、『まいごのかぎ』を手がかりにして、物語の面白さを研究するというような勉強をしていくのはどうかな」と提案してみた。子どもたちは大賛成で、『物語のおもしろさ大研究』というテーマで学習を進めることにした。

② 一人読みをする

前時に決定したテーマを受けて、面白いと思う部分を抜き出し、そこにどんな面白さがあるかメモをする時間を一時間、それをもとに自分が考える「まいごのかぎ」の面白さについて書きまとめる時間を一時間設定した。どの子どもも、この二時間で自分の考えをまとめることができた。

③ 一人読みをもとに「まいごのかぎ」の面白さについて話し合う

前時までの一人読みをもとに、「まいごのかぎ」の面白さについて話し合う時間を二時間設定した（写真２・３）。

一時間目は、まずＥ児が発言した。「私が考える『まいごのかぎ』の面白さは三つあります。まず一つめは、はじめの感想を話し合うときにもみんなが言っていた、現実には起きないようなことが起こるということです。二つめは、『〜のような』という書き方が多いことです」ここまで話したときに、Ｆ児が「今、面白さの二つめは、『〜のような』という書き方が多いところと

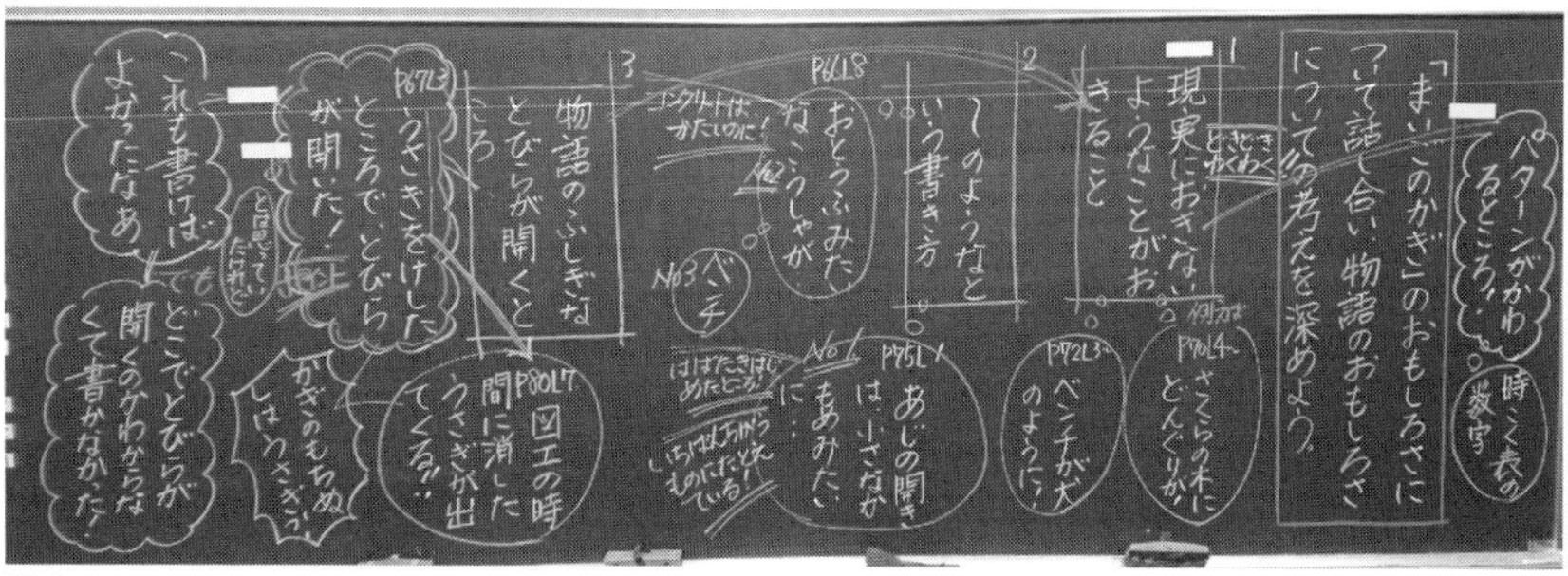

写真2

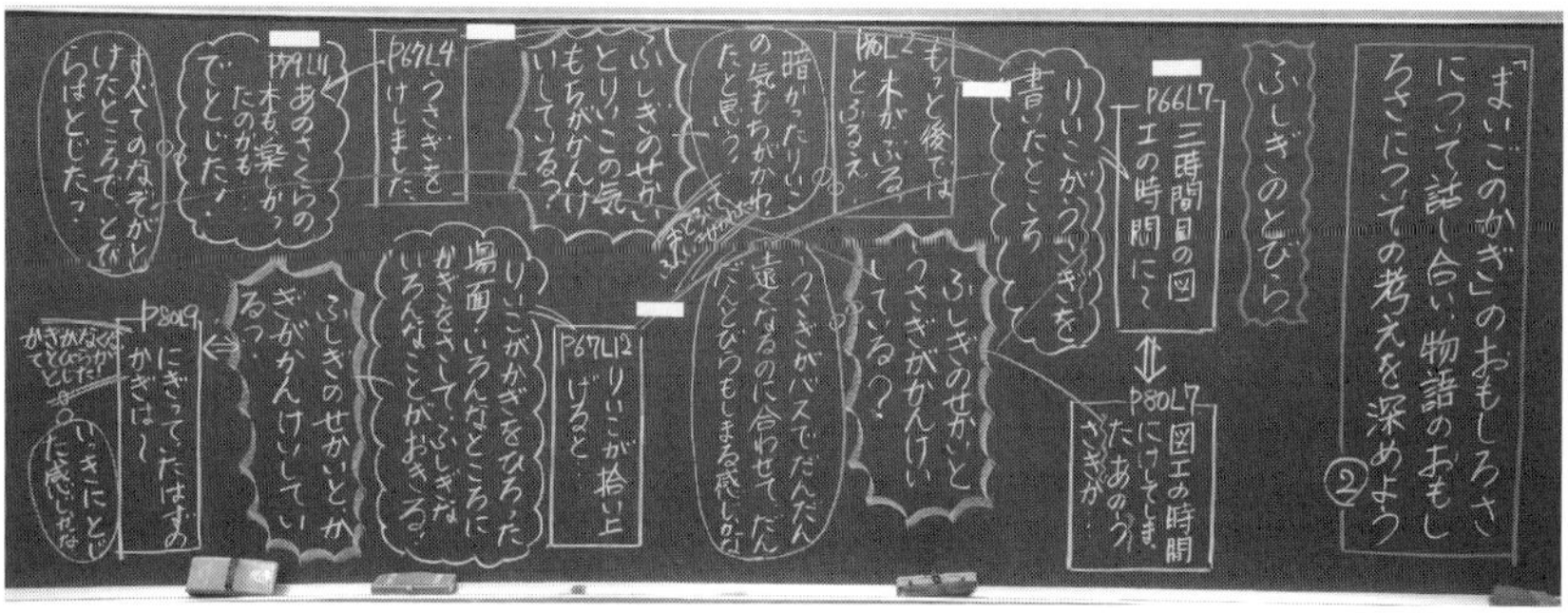

写真3

言ってくれたんだけど、その中で一番面白いと思ったのはどこなの？」と質問した。E児は、「『あじの開きは、小さなかもめみたいに』というところです」と答えた。すると今度はG児が、「たくさんある中で、どうしてそこが一番面白いと思ったの？」と質問した。E児は少し考え「魚なのに羽ばたき始めたところが面白いし、それは一番違うものに例えているからかなぁと思った」と答えた。それから続けて「三番目は、物語の不思議な扉が開いたところです」と話した。

　これを聞いていた子どもたちの反応は二つに分かれた。「なるほど」という表情をした子どもと首をかしげた子どもである。H児が「不思議な扉ってどういうこと？」と質問した。E児は、「不思議な世界に入っていく入り口というか扉があるんじゃないかなと思って」と答えた。するとH児は、「なんとなく分かる気がするんだけど、入り口があるということは出口もあるということ?」と重ねて質問した。E児は、「図工の時間にうさぎを消したところで扉が開いたんだと思います。それで、最後にそのうさぎがバスに乗って行ってしまうところで不思議な世界の扉が閉まるというか……かぎの持ち主はうさぎだったんじゃないかと思います」と話した。

これを聞いてH児も納得したようであったが、すぐに教科書の冒頭の部分と最後の部分のページをめくりながら確かめ始めた。I児は、「なんとなく不思議の世界に入っていくとは思っていたんだけど、なんて書いていいか分からなくてまとめられませんでした」と話した。J児も「これも書けばよかったなぁと思いました。でも、どこで扉が開いたのかがよく分からなくて……」と話した。これらの話合いをうなずきながら聞いている子どもも多かったが、「不思議な世界に入っていく入り口みたいなのについては、面白さとしてまとめたんだけど、僕が考えた入り口は違うんだ」とか、「うさぎだけが、不思議に入っていくポイントでないと思います」と話す子どもも多かった。ここで話合いの二時間のうちの一時間が終了した。

二時間目は、一時間目の続きから再開した。K児は、「やはり、りいこが図工の時間にうさぎを消してしまったところが不思議の扉になっていたんだと思います。最後の方で『図工の時間に消してしまったうさぎが』バスから手を振って行ってしまうというのは、扉がギーッと閉まっていく感じだと思います。だから、不思議の世界とうさぎが関係しているんだと思います」と述べた。これを聞いていたL児は、「僕はもっと後ではないかと思います。『木がぶるっとふるえたのです』というところで暗かったりいこの気持ちが変わったと思うんだけど、不思議の扉はりいこの気持ちと関係しているんだと思います。そこでりいこの雰囲気が変わっていると思います」と述べた。N児は、「みんなの言うこともそうかなと思うんだけど、私は不思議の扉が開いたのは、りいこがかぎを拾い上げた場面だと思います。最後の方で、『にぎっていたはずのかぎは、いつのまにか、かげも形もなくなっていました』とありますよね。K君は、最後の方でギーッとだんだん扉が閉まっていく感じって言ってくれたんだけど、私はかぎがなくなって一気に閉じた感じだと思いました」と述べた。

この後それぞれの意見に対して質問や意見が出され

たが、結局、どれが正解というわけではなく、それぞれの考えはあるけれど、不思議の世界への扉があってそこに入ってしまうところがこのお話の面白さの一つだということになった。

この後、「まいごのかぎ」の面白さについていろいろ出てきたが、それが他の物語にも言えることなのかどうか、それぞれが自分でテーマを決めて、様々な物語を読んで研究することになった。話合いの中で一番子どもたちが興味をもった「不思議の扉」だけでなく、様々な比喩を集めて面白い表現を探す子どもや、「いきなりパターンが変わる部分」に着目している子どもなどもいる。現在も、他の単元と並行して研究は続いている。

④子どもたちの姿から

今回の単元では、大まかな目標として、学習指導要領に示されている「ア　言葉には、考えたことや思ったことを表す働きがあることに気付くこと。（知識及び技能）」「イ　登場人物の行動や気持ちなどについて、叙述を基に捉えること。（思考力、判断力、表現力等）」を設定した。またそのための活動として、自分が好きな場面を紹介し合い、感想を書きまとめる活動を当初予定していた。

しかし、初発の感想を話し合う中でB児とC児のやり取りに他の子どもたちも反応し、「物語の面白さってなんだろう」ということを追究する活動が始まった。また、一人読み後の話合いの中で、E児が「不思議な扉がある」と述べたのに対してI児やJ児が「自分もそう思っていたんだけれど……」と反応し、この問題意識に他の子どもたちも乗り入れて、話合いが「不思議の扉」という方向に進んでいった。

少し細かくこの点について見てみると、「なんとなく不思議の世界に入っていくとは思っていたんだけど、なんて書いていいか分からなくてまとめられませんでした」というI児の発言は、次のように解釈することができるのではないか。I児は、一人読みをしたときは、「あれ、ここで何か起きているような気がする」（もちろんここまで明確に言語化されてはいないかもしれないが）とは感じていたが、それをどう表現するか、あるいはその感じの正体は何なのかはっきり認識することができなかった。しかし、E児の話を聞いて、「ああ、自分が感じていたことは、現実的な世界から不思議の世界に入っていくところがあるということでよかったんだな」とはっきり認識することができた。

この後、お互いに思いや考えを確認し合う中で、子どもたちの問題意識はより具体的なものになり、当初のこちらの想定を大きく飛び越えて、結果的に、ファンタジー作品の構造分析や表現の分析というレベル（もしかすると教師の教材分析のレベルと同質と言っても差し支えないようなレベルと言えるかもしれない）で学習活動が展開した。

2　「主体的・協働的な学び」の本質とそれを育成するための支援

①「主体的・協働的な学び」の本質

子どもたちの様子を詳細に検討すると、先の国語科の事例で見られるような学びの姿が、実は、冒頭で紹介した自主勉強の事例でも現れていたのではないかと考える。

A児は、翌日も自主勉強として七ページの筆算練習をして、その日の日記に「これでわり算の筆算は使いこなせそうだと思います」と書いてきた。まさか「使いこなせる」まではいかないだろうが、二日間にわたって自ら取り組んだ結果に、少なからず手応えを感じていることがうかがえる。「わり算」について、あるいは、「実験」や「平均」という概念についての認識が更新されたということができるのではないか。つまり、例えば、わり算についての認識が、「算数の教科書に載っているから勉強するもの」から、「実験の結果を処理するときのテクニックとして必要なもの」というように、A児の中で更新されたのではないかということである。

事例を見ても分かるように、子どもはこちらの想定すら超えて、自分や自分たちで力強く学んでいる。その過程で、認識が新たにつくり出されたり更新されたりしていると考えることができる。この点に「主体的・協働的な学び」の本質があるのではないかと考える。

筆者は、二〇一五年に、近年我が国の教育課題として議論されることが多かった「獲得した情報の関係性を理解して解釈したり、自らの知識や経験と結び付けたりすることなどに課題がある」というような問題と、学習指導要領で重視されてきた「言語活動の充実」との関わりについて、拙稿「教育的経験における『言語活動の充実』の意義に関する一考察[1]」で考察した。ここでは、その詳細な内容は割愛するが、デューイ、ブルーマー、ボルノウ等の主張をもとに、「教育的経験」を「他者やもの・こととの相互作用を核にして、意味や価値を生成・更新する営み」と整理した。

今改めて、本論で取り上げた子どもたちの姿を観察してみると、これまでに考えてきた「主体的・協働的な学び」は、拙稿の中で整理した「教育的経験」と同じことなのではないかと考える。

例えば、自主勉強でわり算に対する認識を新たにしているA児や、E児の不思議の扉に関する話を聞いて「ああ、自分が感じていたことは……」というように作品を読んで自分の中に浮かんできた感覚についてはっきりと認識したI児のような姿は「意味や価値を生成・更新している」状態であると言えるのではないか。また、こうした意味や価値の更新は、人（友達や教師等）やもの・こと（学習材や活動など）に対して、働きかけたり、そのことに対する反作用（結果であったり手応えであったりあるいは意見であったり）を受けたりすることを契機にして起きていると考えることができるのではないか。

こう考えると、「主体的・協働的な学び」＝「教育的経験」と捉えることができるのではないか。また、「**他者やもの・こととの相互作用を核にして、意味や価値を生成・更新する営み**」が「主体的・協働的な学び」の本質であると捉えることができるのではないかと考える。

②主体的・協働的な学びを支えるための支援

先に述べたように、主体的・協働的な学びの本質が、「他者やもの・こととの相互作用を核にして、意味や価値を生成・更新する営み」だとすると、我々が行うべき支援も、その方向性が見えてくる。

その重要なポイントになるのは、「言語化」である。子どもが意味や価値を生成・更新するためには、人・もの・こと、活動、自分の内面にある感覚や感情等について言語化することが大きな役割を担うことは、紹介した事例からも明らかであろう。そして、この言語化を促すためには、具体的に、「場の設定」「教師の問い返し」「板書」等の支援が必要であると考える。

ⅰ．場の設定

例えば、「スピーチのような活動を継続的に行う」「日記を書いたり学習の振り返りを書きまとめたりする等の活動を継続的に行う」等はその代表的な例として挙げることができる。その際、スピーチにしても日記にしても、あるいは学習の振り返りにしても、フォーマットをできるだけつくらないことがポイントになると考える。

ⅱ．教師の問い返し

イメージとしては、氷山の頂点として水面上に現れている部分を大きくする作業、言い換えるなら、意識の水面下に隠れているものを顕現化する作業を進めていくと、氷山の頂点に関わる、その子のくらしや個性的な対象との関わり方、考え方などが明らかになっていくと言えばいいだろうか。

例えば、「学校に来るときに怖い犬がいて……」という話があったとする。しかし、「怖い」あるいは「犬」について子どもが暗黙知的に捉えている意味や価値は、それらの言葉より遥かに膨大であるはずである。吠えるから怖いのか、鎖につながれていないから怖いのか、はたまた、実は他の子には怖くないのかもしれないが自分が小さい頃に噛まれた犬に似ているから怖いのか……。

はじめに言語化された内容を聞いて、そこからさらに具体化していくことができるような部分や、感覚や感情のレベルでその子どもなりの個性が隠れているような部分について教師が問い返しを行うことで、子どもは生成・更新された意味や価値を認識することができると考える。

また、こうしたことを積み重ねていくと、子どもは、あるフォーマットに縛られたような、誰にでもできる話ではなく、その子にしかできない個性的で価値的な話をするようになる。そしてこうした話が面白いから、聞いている子どももその話に乗り入れ、一緒にさらに水面下に隠れている氷山を大きくしようとしたり、そのことを契機にして自分の氷山の水面下に隠れている部分を水面上に出そうと動き始めるようになる。

もう少し具体的に言えば、友達が話したことに関して、「自分だったら」と自分の経験を掘り起こしながら一緒に考えたり、友達の話の言語化されずにいる部分について問い返しを行ったりしながら、共に意味や価値を更新するようになるということである。

ⅲ．板書

教師の解釈で板書をしてしまうと、発言した子どもの意味や価値等が、その子の実感と外れて表されてしまい、板書が子どもの学びを台無しにしてしまうことさえあるのではないかと考える。そこで、できる限り子どもの発言した言葉で、教師の「ここに導こう」というような思いを捨てて板書することがポイントになると考える。

もちろん、この他にも様々な支援が考えられるが、ここでは、基本になると考える三点を紹介した。しかし、実は、さらなる基盤として、これらを確かなものにする教師の研修こそが最も重要であり、筆者自身さらに研修を深めていきたいと考えている。

おわりに

今、算数の時間なのに、もしも教室のすぐ外の電柱の付け替え工事が始まり、子どもたちがそちらの方を気にしたら、担任はどうするだろう。実は、先週そんな場面が実際にあった。正直、困った。しかし、騒音がひどく授業をするのも大変そうだったので、「ちょっとだけ見ようか」と言ってみた。

すると、子どもたちはノートをもって窓際に行き、気付いたことをノートにメモし始めた。しまいには、「社会の仕事の勉強にしたいから時間割を変更してください」「国語の『仕事のくふう、見つけたよ』の勉強にさせてください」と言われ、時間割を変更して一時間見学した。

それぞれのノートには、ヘルメットや手袋、安全靴、反射材など安全に作業をするための服装で仕事をしていることへの気付きや、リーダー（子どもの言葉）をはじめとしてそれぞれが役割分担をしており、リーダーが一番若い人に指導もしながら作業をしていることへの気付きなど、様々な気付きがメモされていた。中には、帰ってから自分の地区の電柱の数を数え「大人六人で一本に六時間かかっていたから全部で……」と計算している子どももいた。

主体的・協働的に学ぶようになった子どもの中には、カリキュラム的意識も、問題意識を解決していこうという意欲も、その手段を考える力もあるのだと感じた。社会的には、コロナショックは大きいかもしれない。しかし、主体的・協働的に学ぶ子どもたちには、それさえも力に変えていく可能性があると感じている。

(1)佐藤卓生「教育的経験における『言語活動の充実』の意義に関する一考察」山形大学『教職・教育実践研究　第一〇号』二〇一五年、一九-二八頁。

共通した学び方が生み出す学校文化

川崎市立川崎小学校

1　川崎小学校の研究について

「『いい表情の子を育む』全員参加・全員理解の授業づくり〜「受容」と「共感」の川崎小の教育〜」これは、本校の研究主題であり、全学年・全学級で共有したい学級、授業づくりのイメージを表している。

新型コロナウイルスの影響によるおよそ三か月間の臨時休業が明け、六月一日から学校が再開された。長い期間の休み明け、新しい学級でのスタートであったが、子どもの中には「いつものように、またみんなで授業を創っていこう」という雰囲気があった。

本校では、平成二四年度から教師の授業力の向上、及び子ども全員が主体的に参加する授業を目指して研究に取り組んでいる。二〇一五年九月に国連で決議されたSDGsは、「誰一人取り残さない」をスローガンとした国際社会共通の目標である。この「誰一人取り残さない」という理念が、本校の研究の根底にもある。学級集団の中では、子どもたちの特性は多種多様であり、生活環境の違いにより価値観も大きく異なる。そのような集団の中でも、人と違うことを個性として大切にし、規範があり安心して過ごす中で個人差が受け入れられ、お互いを認め合う環境の中で「**全員参加・全員理解**」の授業を実践することにより、子ども一人一人が主体的に学び、いい表情の子を育むことがで

①全員が主体的に参加する　《全員挙手》
②思考をつなげる　《ハンドサイン》
③自分たちで授業を創る　《相互指名》
④発言力を高める　《発言の仕方》
⑤話し手が話しやすくなる聴き方《聴き方》
⑥仲間との関わりで学び続ける《人との関わり》

図１　「六つの具体的な手立て」とその目的

きると考える。具体的には「六つの具体的な手立て」（図1）による授業改善に取り組んできた。

この中でも最も重要な指標となるのが①「全員挙手」＝「全員が主体的に参加する」である。本校では、「全員参加・全員理解」を目指す授業の中で、子どもがお互いの考えを伝え合う自由闊達な話合い活動を重要視している。それは、教師の一方的な伝達ではなく、子ども自らが考えを深め、物事の価値や本質を見出すことを大切にしているからである。その際に、子どもが一人でも課題を把握していなかったり、自分の意見をもてずに話合いに参加したりしていては、「全員参加・全員理解」の授業にはならない。教師は、子ども全員が考えをもち、話合いに参加する土俵にしっかりと上がっているか、注視することが必要である。挙手できない子どもがいる場合、次の観点から自身の学級や授業を見直すようにしている。

「課題」：子どもの実態に合い、多様な意見が出る課題となっているか。
「個」：自信がないなど個別のニーズに対応できているか。
一人一人が挙手できるまで、教師は待つことができるか。

しかし、子どもが課題を自分のものとし、課題について自分の考えをもてたとしても、子どもが自分の意見を気軽に発言できる受容的な学級の雰囲気や、多様な考えや価値観・生活経験などを出し合い共感できる関係がなければ、間違いや責めを恐れ、挙手や発言はできない。教師は、自分の目の前の集団に規範意識があり、誰もが安心して過ごせる集団となっているかを常に意識しなければならない。「受容」と「共感」という学級の基盤があるからこそ、この六つの具体的な手立てが有効なのである。そこで、次の観点からも自身の学級や授業を見直すようにしている。

「集団」：自分の考えを素直に出し、間違っても馬鹿にしない集団になっているか。教え合い、助け合いができているか。

さらに、「仲間同士で教え合い、助け合い、人との関わりで学べているか」ということに着目して授業をつくっていこうとする手立てが、⑥「人との関わり」である。目の前に考えをもてずに困っている仲間がいる。そのようなときは自分から声をかけ仲間の困っていることを共有し、考えがもてるよう助ける。仲間という存在にしっかりと目を向け、「共に学ぶ」意識を育むようにしている。

つまり、本校の授業改善で示す「六つの具体的な手立て」とは、形式的な話型指導のような「型」の指導ではない。**「主体的に参加する態度」「失敗や間違いがあってもあたたかく受け入れられる環境」「仲間と関わり合うことの大切さ」**といった学習態度・人間性を育むことを目的としている。

しかし、研究を進める中で日々の授業の話合い活動が活発ではあるが、「その時間に何を子どもは学んだのか」「子どもたちの発言、話合いの質は高まっているか」という課題に相対した。話合いが自由闊達に行われるからこそ、その内容が洗練されていくよう教師は指導、支援していかなければならない。そこで、「深い学び部会」を立ち上げ、各教科等特有の「見方・考え方」を大切にした学習・教育活動を通して「深い学び」を子どもが実感できるよう研究を進めている。六つの具体的な手立てを軸とした「学級集団づくり」と「深い学び」を両輪とした授業改善を校内で共通性・一貫性をもって取り組むことにより、六年間の系統的な学びが積み重なっていくことが本校の大きな強みである。

2　休業明け　学級の実際の様子

①六年生　子どもたちが仲間との学びに飢えている

学校が再開し、子どもたちは友達とみんなで学び合うことのよさを実感している様子が随所で見られた。授業中、ある子どもが突然このようにつぶやいた。「やっぱりみんなで勉強するのはいいな」。思わず出てしまった本音であろう。それほど心待ちにしていたのかもしれない。学習が始まったと言っても、いまだに様々な制限がある中での授業である。しかし、それでも子どもたちには一年生のときから積み上げてきた全員が主体的に参加する授業スタイルが身に付いている。再開後は、はじめは当然ながらぎこちなさも見られた。本来ならばレクリエーションなどを通して仲間と打ち解けていくが、それができない。しかし、授業を積み重ねていく中で、次第に本来の授業スタイルになっていく子どもたちの姿に積み重ねのすごみを感じた。ある子どもの振り返りには「友達と話し合っていると

〝こんな考えもあるんだ〟と思えて、自分の考えが広がる」と書かれていた。何よりも、みんなで学ぶことへの意欲がそうさせたのではないだろうか。

②三年生「ゼロからのスタート」ではない

六月に行った三年生社会科の授業。学区探検ができなかったため、動画からまちの様子を調べ、話し合った。三年生ではじめての話合いである。

子どもたちの手が挙がる。隣の席をのぞき込んで「言えそう?」と声をかける子どもたちがいる。「言います」「はい！」。子どもたちの目が、自然と発言者に集まる。「○○と□□はお店じゃないですか。だから、駅の周りにはお店が多いと思います」。発言をした子どもが別の子どもを指名した。手はチョキのハンドサイン（図2）。「つけ足しで、駅は一日にすごくたくさんの人が使うじゃないですか。だから、周りにたくさんのお店があるんだと思います」「あぁ！」「確かに！」という声を上げる子どもたち。その後も話合いは続いていった。

三年生の子どもたちは、「六つの具体的な手立て」や、受容と共感の理念に触れ、経験を積み重ねてきている。だから、教師が様々なことを「ゼロからスタート」しなくても、本校の学習の仕方を理解している子どもたちが自分たちで学習を進めていくことができると考える。

③五年生　話合いの大切さを改めて考えること

五年生にもなると、相互指名やハンドサイン、聴き方など話合いの基本的なスキルはどの子どもたちも身に付けている。ただ、休業が明けた直後の授業の様子を見ると、学級の話合いに十分な活気があるとは言えなかった。

図2　ハンドサイン

そこで、子どもたちに「どんな話合いを目指したいのか」と問いかけた。すると、子どもたちから話合いで大切にしたいことが数多く挙がった。たくさんの人が参加することの大切さ、プラスの反応をして話しやすい雰囲気づくりをすること、身体全体で他者の考えを受けとめること。子どもたちの中には、毎年積み上げてきた学習態度、理想的な話合いを目指そうとする姿があった。休業期間がありながらも、問いかけによって子どもたちはかつての自分たちの姿を思い出し、実践しようとしたのである。

そして、話し合ったことをそのままにせず、自分たちが授業で意識するポイントとして、黒板横に「目指す姿」として掲示している。内容は一年間同じままではなく、子どもたちの実態や成長に合わせて変えることもある。各学年が、子どもたちの実態に合わせた目指す姿を教師と共に設定し掲示することで意識付けできるようにしている（写真1）。

3　自習による話合い

①授業を自分たちでつくる

（２年生の目指す姿）

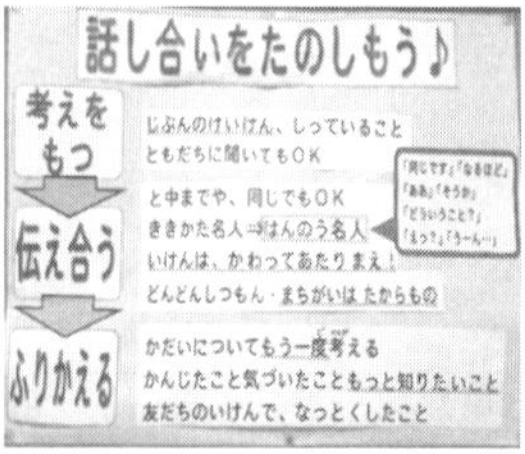

（５年生の目指す姿）

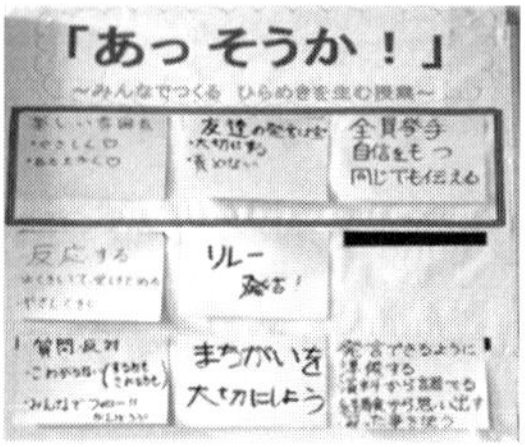

写真１　目指す姿　（2020年度）

本校では、「子どもたちだけの自習による話合い」に取り組んでいる。それは子どもたちが授業の主体者となることで、さらに「授業を創るのは自分たち」であることを意識できるようになるためである。また、自分たちで学習を進めることで、「学び方」に気付き、授業に広がり、深まりをもたせることが大きなねらいである。よく「人に教えることにより、自分の理解がより深まる」と、言われる。それを個と個ではなく、学級全体で行おうとしているのが本校の自習である。要点をまとめ、スムーズに授業を流してくれる人がいない、とあっては、子どもたち自身が動かざるを得なくなる。本校では、そのような自習に一年生から取り組んでいる。

②六年生での実践～学び方が身に付いているか～

自習の進め方は至ってシンプルである。司会を立てなくとも、はじめの人を指名することで、後は相互指名により、ハンドサインを交えながら授業が流れていく。自習と言えども、自分たちで授業を創っていくとなれば、「聴き方」「話し方」「雰囲気づくり」が大切になると子どもたちは理解しており、日々の学習で得た授業スタイルを自分たち自身で実践していくのである。

板書の方法は教科によって様々である。例えば、発言者が自分の発言を自分で板書する。または、何名か担当を決めて板書することもある。もちろん板書する子どもは、発言することが難しくなるわけだが、似ている発言を近くに書いたり（付け足し）反対の意見を青で書いたりして発言をつなげながら、分類し構造化していくことを試行錯誤しながら学んでいく。

意見が停滞した際には、「考える時間をとろう」と提案するなど、状況に応じて判断する力も養うことができる。日頃から話し合い、学習を深めていく中で、そのようなことは必ず起こる。それを経験しているからこそ、判断できる力がこの瞬間に発揮されるのである。

実際に、休業明けの六月二四日に自習の話合いの授業を行った。国語科の「聞いて、考えを深めよう」の授業の一環で、子どもたちから出された課題をもとに議論をしていく。単元を通して身に付けたい力として「比べて聴く力、まとめる力を養う」と提示した。自分たちだけで課題に対して学級の最適解をつくっていくことがゴールである。課題は「電気はこんなに必要か」である。授業後の黒板を見ると（写真2）、必要なのか、そうでないのかという立場に分かれ双方からの視点で議論をしていたことが分かる。そして学級のまとめは「電気は生活に必要だが、あまり使いすぎないように節電する」となった。いくつかの具体的な事例が出されていたことから、話し合いながらも双方の立場から考えられる妥当性を導き出し、学級の最適解としてまとめることができたようだ。新しい学級が始まって三週間ほどで、子どもたちだけでやってのけてしまったのである。

4　校内研修での取組

本校では、異動者や新任の教師でも本校の理念を共通理解し、学級集団づくりや授業づくりに生かせるように、「学級経営部会」と「深い学び部会」の二つが企画する研修を積み重ねている。休業期間中も、学校再開に向けて研修を行った。

「学級経営部会」では、「六つの具体的な手立てが授業でどのように活用されるのか」について研修を行った。教師役と子ども役に分かれてロールプレイを行い、模擬授業も行った。模擬授業では、目指したい子どもの姿や、教師の声のかけ方など体験を交えながら確認し、より実際の授業のイメージをもてるようにした。

「深い学び部会」では、若手教師の声をもとに授業展開についての研修を企画し実施した。四年生算数「面積」の単元の授業展開についてグループで話し合い、模擬授業の形で紹介した。その中からキーワードや授業展開のポイント（今回は、「子どもの思考の流れ」や「算数の見方・考え方」）を共有し、研修のまとめとした。

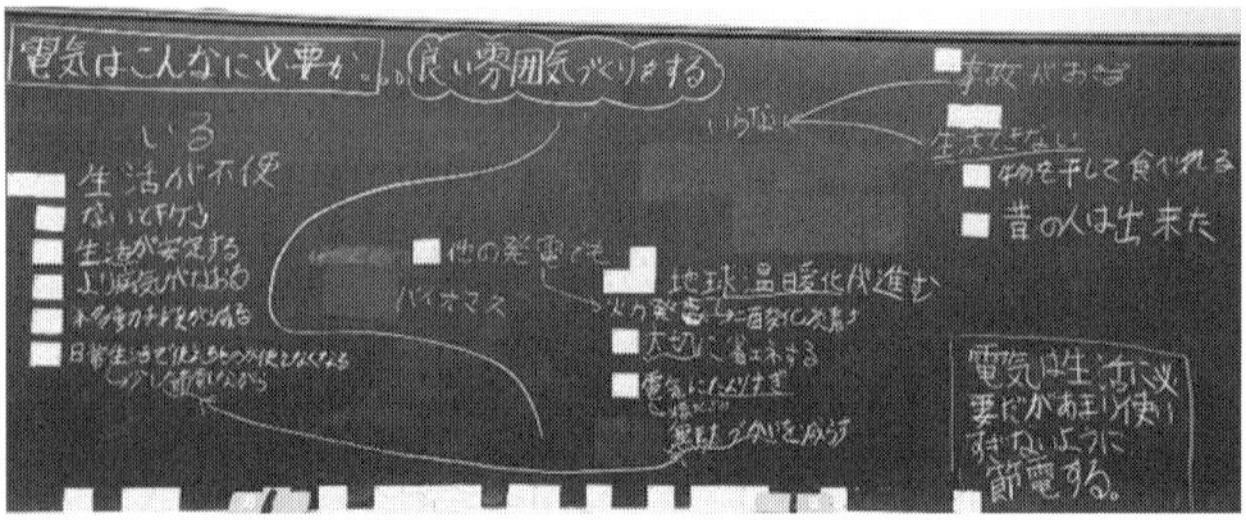

写真２　実際の子どもたちによる板書

また、研修の中では、日々実践する中での悩みなどを全体で共有していくことで、自分なりの解決方法を見つけるきっかけとなるようにしている。

5　一人一人の自力思考を伸ばす

コロナショックは本校が大切にしてきた「子ども同士の教え合い」が密になりやすいために難しいという新たな問題をもたらした。そこで、子どもたちが課題について話し合う前に、「一人一人が自立して課題について調べたり考えたりできる力」すなわち、自力思考を伸ばす手立てとして、現在、次の二点に取り組んでいる。

> ①学級全体で話し合う前に調べたり考えたりする時間に、いかに課題に対して粘り強く取り組ませるか。
> ②考えをもたせたり、調べたりする際に、自力思考できるための手がかりをどうつくるか。

①では、課題に対して、「もうこれ以上は考えられないだろうか」という意識をもたせるため、数に注目させた。自分で調べたり、考えたりした内容は箇条書きでノートにまとめていく（写真３）。その際、「目

標として、四個以上書けるよう頑張ろう」などと投げかけ、四個〜九個はB（頑張りました・目標達成）、一〇個以上はA（大変素晴らしい）、三個以下はC（頑張りました・あともう少し）などの評価を、課題や学級の実態に合わせて記す。また、話合いの中で、よいと思った友達の意見を星印（☆）で付け足していくことにより、調べたり、考えたりした数が増えていく喜びが味わえるようにした。数という目標をもたせ、自分の意見と友達の意見を区別できるようなノートづくりをすることで、以前よりも一人一人が自立して意欲的に調べたり、考えたりしながら、ノートに一生懸命書き込む姿が見取れる。

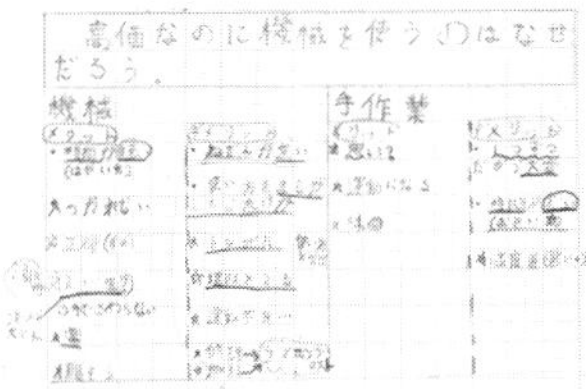

写真３　実際の子どものノート

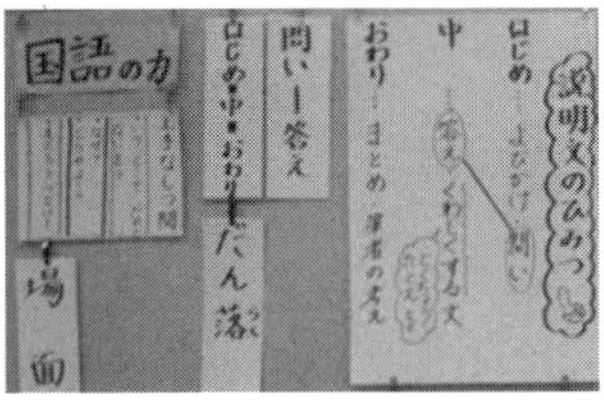

写真４　国語科の「アイテム」

②では、学習から子どもたちが見出した「考える視点・学ぶ視点」をアイテム化し、それを自力思考の手助けにできるようにした（写真４）。社会科で、米の消費量のグラフの傾きを延長し、未来の消費量を予想した子どもがいた。そして、「グラフは、過去や現状を読み取るだけでなく、未来を予測することが可能」という「アイテム」を学級で共有化することができた。今後、グラフから何が分かるかを考えるときには、読み取れることが増えることになる。そして、こうしたアイテムを増やしていくことで、自力思考での手がかりを増やしていくことができるようになる。

＊

本校の職員室では、学年にかかわらず教師間で、「課題・実践・喜び」を共有する姿が常に見られる。全学年を通して、共通性・一貫性をもって取り組むことのできる校内研究であるため、学校という組織がチームとして機能していることを感じる。「ポスト・コロナ」という状況にあって、子どもがいい表情で授業を受ける姿は本校の崩れない文化であり研究の成果と言える。

（文責／中臣信丈・鈴木雄大・高野智仁・鈴木千尋・丸山絵里香・有川亮介）

自己学習力を高める取組
～個別化・個性化教育の視点から～

愛知県東浦町立緒川小学校教務主任　松尾　統央

1　緒川小学校の考え方

学校は「様々なことを学ぶ場」であるだけでなく、子どもたちにとって「登校したくなる場所・行きたくなる場所」でなければならない。また、知識や技能の習得のみならず、**一人の生きる人間として個の自立を促す場**であると本校は考えている。このような学校であるために、学習プログラムの形成、オープン・スペースの活用、ブロック制時間割、外部講師の招へい、ボランティアの活用などの工夫を重ねてきた。

本校では、学習プログラムについて、六つの学習態様に分けている。①基礎的・技能的内容の定着を目指す学習（従来行ってきた「はげみ学習」）②学習内容に応じて集団を編成する「集団学習」（マスタリー・ラーニングを含む）③単元内自由進度による「週間プログラムによる学習」④子どもたちの興味・関心を優先させ、生活経験に根差した主題のもとに展開される総合学習「生きる」⑤興味・関心に従い、自分の立案した学習（作業）を展開する「契約学習」（オープン・タイム）⑥狭義の学習時間を除き、特別活動の領域を含む学校生活全体に対するアプローチの「集団活動」（創造の活動）である。これらを、個別化と個性化、個人と集団、教科と総合という三つの観点でバランスに配慮して位置付けてきた。「子どもたちが学習の主体者である」「個が育つ学校」「個別化・個性化教育を推進する学校」にすることが緒川小学校の使命である。

①子どもの思考の流れを重視して、主体的な学びとなる「特色ある学習」を取り入れる。②教科等横断的な教育課程を編成する。③日常生活や社会に目を向けた学習を展開する。④課題解決のための対話的な活動

を充実させることで、思考力、判断力、表現力等を高める。このように考え、授業づくりを行っている。

自己学習力とは、右記①～④を踏まえ、子どもたち自らが課題を設定し、実行し、振り返り、よりよい解決に導くことのできる力である。「週間プログラムによる学習」ならびに「オープン・タイム」はこの力を日頃から高めるためには有効な実践である。

2　週間プログラムによる学習

個別学習の場面では、教科のねらいを達成することに加えて、子どもの「自ら学ぶ力」を高めることも大切にしている。本校では現在「週間プログラムによる学習」に力を入れて行っている。

週間プログラムによる学習とは、単元内自由進度の個別学習である。学習のねらいは共通だが、それに迫るための学習方法は子どもたちの計画に委ねている。複数教科、複数コースを設定し、学習の仕方を工夫させながら、一人学びを通して「自ら学ぶ力」を高めることを目指している。使用する学習材（パッケージ）

写真１　ガイダンスの様子

週間プログラム学習	社会「自動車工業のさかんな地域」学習のてびき

名前

アトムコース　（標準時間９時間）

目標
・すぐれた製品の作り方、つくるための生産者の工夫や努力について知る。
・社会の現状を捉え、社会が求めるすぐれた製品について知り、その製品が社会で果たす役割について考える。

学習の流れ

学習内容	学習カード	教科書	社会科資料集
①　自動車とわたしたちのくらしの関わりについて調べる。	1	p4,5	
②　自動車はどのように作られているかについて調べる。	2	p6 ～ 11	p78 ～ 81
③　自動車工場で働く人々の工夫について調べる。	3	p12 ～ 15	p79、80
④　関連工場について調べる。	4	p14、15	p76,77
⑤　作られた自動車のゆくえについて調べる。	5 プリント	p16 ～ 19	p74,75
⑥　これからの自動車工業について調べる。	6	P18~21	P86、87
★チェック１　学習カード１～６を先生に見せる。			
⑦　調べたことをまとめよう。	7		
★チェック２　まとめの提出（発表）。			
ここまでは，必ず終わりましょう。			

発展学習例	発展学習に挑戦しよう！
	①マンガ，紙芝居，絵本，新聞を作ろう。
	②劇をつくろう。
	③未来の車のデザインをしよう。
	④クイズをつくろう。
	⑤車の CM を作ろう。
	⑥世界の車メーカーとエンブレム（マーク）についてまとめよう。

資料１　学習のてびき（社会）(1)

週間プログラム学習　学習計画表

名前

社会科「自動車工業のさかんな地域」（標準時間９時間）

理科「電流が生み出す力」（標準時間９時間）

時	月／日 曜 時	計画	実施（じっし）	ふり返り
		教科 計画	教科 実際の学習・活動	・良かったこと・悪かったこと ・分かったこと ・次の時間にやりたいこと　など
1	／ （ ）	社・理		
2	／	社・理		

資料２　学習計画表 (2)

は「学習のてびき」(1)「学習計画表」(2)「学習材」(3)である。

〈五年生〉社会「自動車工業のさかんな地域」
理科「電流が生み出す力」

導入時に学年一斉にガイダンスを行う。年度当初の週間プログラムによる学習では、まず、複数教科を同時進行で学習すること、自分のペースで一人学びを行うことを確認する。そして、基礎学習と発展学習について説明を行う。基礎学習のゴールはみんな一緒であり、その単元で身に付ける学力である。発展学習のゴールは人によって異なる。どのような手段で取り組むかは個人に委ねられる。大切なことは、自分自身の目標をもち、見通しをもって取り組むことである。そのために学習計画を自分自身で立てる時間を設ける。協力する場面はあるかもしれないが、あくまでも自分のペースで取り組むことが大切である。

今回であれば、理科九時間・社会一〇時間の合計一九時間をどのように進めるかを自分で決定していく（一時間はまとめの時間として設定）。通常のガイダンスでは、ゼロ番の問題を全体で共有する。「ゼロ番の問題」とは、単元が終了した際に解決できる問題である。今回の社会科「自動車工業のさかんな地域」では、実際の部品に触れることをきっかけにして車博士を目指し、理科「電流が生み出す力」では、電磁石の

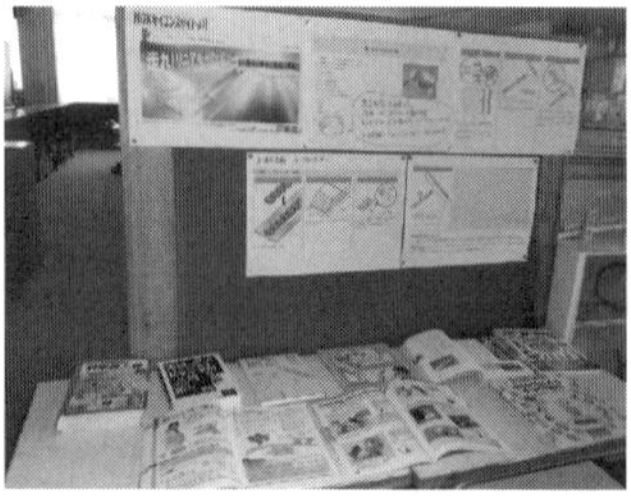
写真２　関連する資料や本(3)

写真３　触れる自動車部品(3)

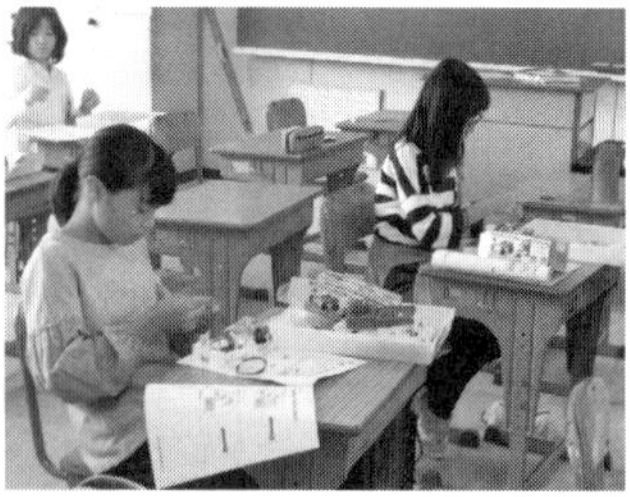
写真４　机の向きを変え一人学び

写真５　必要に応じて協力できる環境

特徴を示し、その謎を解くことを目指した。この「ゼロ番の問題」をきっかけに学習は進行していく。ときに教師は役者となり、子どもたちの好奇心をわき立てるようなしかけを行う。意欲が高まったところで、子どもたちは学習計画を立て始め、個々のペースで学習プリントを進めていく。子どもたちには明確な目標があるため、学習が始まると自分のペースで学習を進めていくことができる。

子どもたちはガイダンスで得た情報から、実際の大きさで自動車を作ってみたい、電磁石の性質を利用したおもちゃ作りをしてみたいという目標などが個々に芽生える。そのとき教師は、支援を必要とする子どもの様子を見て個別指導することができる。ときには支援し、ときには様子を観察するだけのこともある。子どもたちの様子を観察しながら、必要に応じた支援をしていくことが大切である。

学びが進んでいくと、担当教師のチェックを受ける場面が設定してある。ここで、それまでの学びの成果を担当教師と確認することもある。その際に、次からの学びに必要な問いを与えることもできる。

一ブロック（二校時分、九五分）の学習を終えると計画表に振り返りを行う。計画どおりにできたかどう

写真６　映像資料から学びを深める

写真７　成果発表会の様子

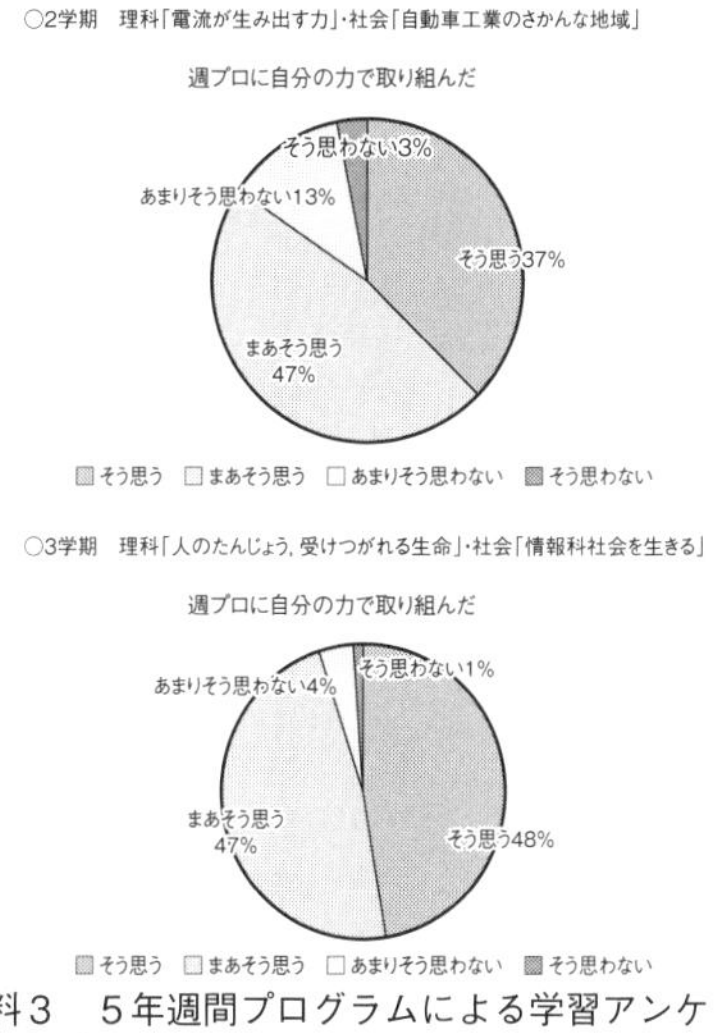
○2学期　理科「電流が生み出す力」・社会「自動車工業のさかんな地域」
週プロに自分の力で取り組んだ
そう思わない3%
あまりそう思わない13%
そう思う37%
まあそう思う
47%
そう思う　まあそう思う　あまりそう思わない　そう思わない
○3学期　理科「人のたんじょう，受けつがれる生命」・社会「情報科社会を生きる」
週プロに自分の力で取り組んだ
そう思わない1%
あまりそう思わない4%
まあそう思う
47%
そう思う48%
そう思う　まあそう思う　あまりそう思わない　そう思わない
資料３　５年週間プログラムによる学習アンケート結果

	学年　教科　単元	学年　教科　単元
1学期	2年国語「こんなもの見つけたよ」 3年算数「円と球」 4年理科「電気の働き」 6年社会「天下統一と江戸幕府」	3年国語「気になる記号」 4年国語「新聞を作ろう」 6年総合学習 生きる「国際理解」
2学期	1年国語「自動車比べ」 2年算数「かさ」 3年国語「すがたをかえる大豆」 3年国語「宝島の冒険」 4年国語「だれもが関わり合えるように」 5年社会「自動車工業」 6年理科「てこのはたらき」	3年算数「三角形」 3年理科「ものと重さ」 4年理科「閉じ込められた空気と水」 6年算数「図形の拡大・縮小」
3学期	1年国語「動物の赤ちゃん」 2年算数「総復習」 3年理科「電気の通り道」 4年算数「直方体と立方体」 5年理科「人のたん生」 6年国語 社会 算数 理科「まとめ」	2年国語「たのしかったよ2年生」 3年国語「ことわざについて調べよう」 4年社会「ちいきの発展に尽くした人々」 5年図工「コマコマアニメーション」

資料4　2019年度「週間プログラムによる学習」（実施教科・単元）

か、今後の計画を変更する必要があるかどうかを子どもたちは振り返る。教師は振り返りの確認を行うことで、一人一人の学びがどのように進んでいるかを把握することができる。このように一人ずつ計画に従って自分のペースで学習を進めることができる。

　複数教科を同時に進めることによって、子どもたちの学びの選択は増えていく。どうしても子どもには得意不得意の教科が存在する。苦手としている教科も、得意な教科と合わせることで、タイムスケジュールの面で自分の学習をコーディネートすることができるようになる。そして、一斉授業では学習のスピードがそれほど速くない子どもも、複数教科での取組を行う状況下では教える側に立つことができる。

　また、週間プログラムによる学習によるメリットは、学習を自分自身で決めることができることである。一時間一時間をどのように学ぶかを子どもたち自身が決めることは主体的に学ぶ姿そのものである。また、選択したことに責任をもつことにもなる。「**自分で決めたから**」は、子どもたちの学ぶ意欲に確実につながると感じている。

　二〇一九年度より三年生以上の取組であった週間プ

ログラムによる学習を全ての学年で取り組んでいる（資料4）。子どもたちにとっても週間プログラムによる学習を繰り返し行うことで、この学習の進め方に慣れていくことが分かった。また、自学自習のよさに気付く子どもたちもいる。今後も一層充実した学習になるように、さらに新たな単元開発に取り組んでいく。

3　オープン・タイム

オープン・タイムは、四年生以上の子ども一人一人が、自らの学びを計画し、教師がその実行を支援するスタイルの学習である。自分の願いを実現するために、学習課題の設定や学習活動の進め方、学習のペースなどを自らデザインして取り組む。最も自由度の高い学習であり、子どもたちが、自分のもつ全ての力を生かすことのできる時間である。ねらいは、①子ども一人一人が、自分の興味・関心に基づくテーマを設定して、学習活動を計画することができる（計画力を養う）、②計画に従って、学習活動を進める（実践力を養う）、③テーマを達成する成就感を味わう、である。このように、個人総合として取り組んでいる。

Ⅱ期オープン・タイム計画表

	年		組		番	名前

テーマ		分類	
活動のきっかけとめあて			

日時	11月7日(木)	11月14日(木)
活動予定・内容		

Ⅱ期オープン・タイム計画表

	年		組		番	名前

テーマ		分類	
活動のきっかけとめあて			

日時		11月7日(木)	11月14日(木)
活動予定内容	3B前		
	3B後		
自分で用意するもの			
学校で借りるもの			
反省			
先生より			

資料5　オープン・タイム計画表
（上：初心者用　下：経験者用）

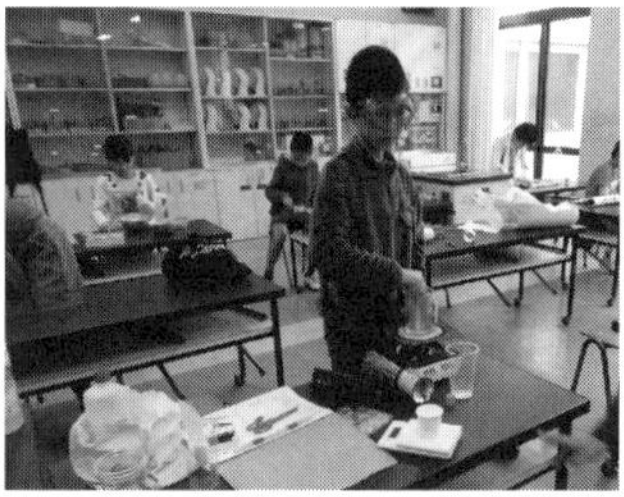

写真8　理科の実験を行う子ども

写真9　切り絵を行う子とフランス語でポスターを作成する子

①計画書の作成

二学期に入り計画書の作成を行う。夏休みに計画を進めることができるように事前に配布をしている。二学期以降は担当の教師と相談しながら進めていく。時間は業間休みを活用して行う。活動のめあてを確認し、活動のゴール地点をはっきりとさせていく。ここをしっかりともつことができれば、一時間一時間の活動計画はスムーズに行うことができる。計画書を完成させるためにおよそ二か月を費やす。担当とのセッションは三回計画しているが、必要に応じて活動開始までやり取りは続く。一人一人自分の興味・関心に基づくテーマは違っている。例えば「玄関に飾るために切り絵で作品を作りたい」「フランス語を勉強して、フランス語でおしゃれなポスターを作成したい」「自分の部屋に私だけのベンチを作りたい」「スライムを作る中で、材料の配分について調べたい」などである。

②活動を進める

一ブロック×四回（八校時分）の活動を進める。学校の至るところを活動場所として行っていく。理科の実験を行う子どももいれば、紙粘土を使ってマスコットを作る子どももいる。オープン・タイムは一人一人活動が違い、個人で行う総合的な学習の時間である。自分で立てた計画をもとに、一人一人のペースで完成を目指す。活動を行っていくと必ず計画を見直す必要が生じる。活動の終わりには振り返りを行い、今後の活動計画の見直しをしていく。この繰り返しを四回行い、一人一人充実した活動にしていく。

③活動のまとめ

最後の活動ではまとめを行う。ここまではそれぞれの活動を個々に進めてきた。最後に自分の活動を振り返るとともに、友達の活動について共有していく。活動場所ごとに発表会を行ったり、付箋紙等を活用してお互いのよいところを認め合ったりしていく。このとき四年生には六年生の計画書を見るように促す。こうすることで、今後さらによりよいオープン・タイムにしたいという気持ちを高めていくことになる。

おわりに

これまでオープン・スペースを生かした個別化・個性化教育を実践し続けてきたことで、子どもたちの自己学習力が少しずつ培われてきた。例えば、一斉授業の中で受け身がちの姿勢ではなく、「週間プログラムによる学習」をはじめ、特色ある学習プログラムによって、子どもたちは学習の方法を選択し続けてきた。すなわち能動的に学習に取り組む姿が習慣付けられている。今回学校が臨時休業となったため、家庭でも学習できるように本校にあった文字のはげみ、数のはげみをホームページに公開した。自主登校に参加していた子どもが印刷し、それに取り組む姿があった。また、子どもたちにはこの機会にオープン・タイムのような取組をしてみようと問いかけた。子どもたちの学びがどのような状況でも続くことができるよう、今後も自己学習力の育成に取り組みたい。

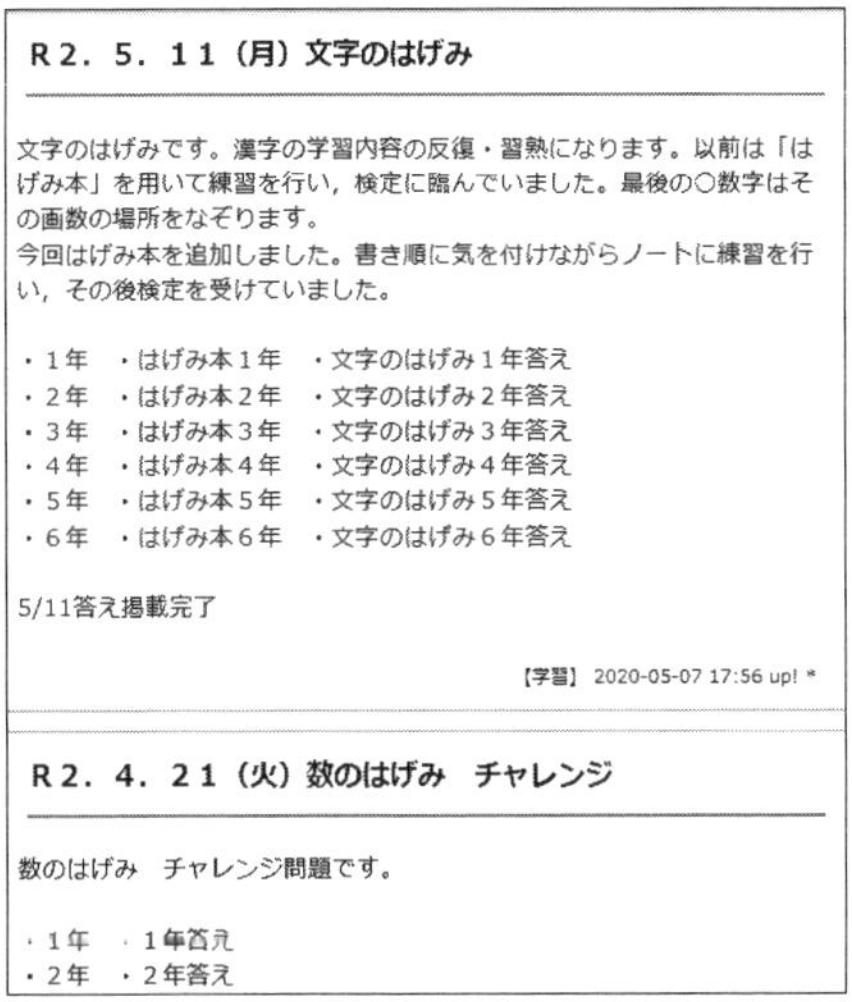
R2．5．11（月）文字のはげみ
文字のはげみです。漢字の学習内容の反復・習熟になります。以前は「はげみ本」を用いて練習を行い，検定に臨んでいました。最後の〇数字はその画数の場所をなぞります。
今回はげみ本を追加しました。書き順に気を付けながらノートに練習を行い，その後検定を受けていました。
・1年　・はげみ本1年　・文字のはげみ1年答え
・2年　・はげみ本2年　・文字のはげみ2年答え
・3年　・はげみ本3年　・文字のはげみ3年答え
・4年　・はげみ本4年　・文字のはげみ4年答え
・5年　・はげみ本5年　・文字のはげみ5年答え
・6年　・はげみ本6年　・文字のはげみ6年答え
5/11答え掲載完了
【学習】 2020-05-07 17:56 up! *
R2．4．21（火）数のはげみ　チャレンジ
数のはげみ　チャレンジ問題です。
・1年　・1年答え
・2年　・2年答え
資料6　はげみ学習をホームページに掲載

ホームページリンク

(1)「学習のてびき」‥コースごとに作成し、活動の目標、標準時数、標準的な学習の流れなどが示されている。
(2)「学習計画表」‥「学習のてびき」を参考に自分なりの学習計画を立て、学習後に振り返り（反省）をする。
(3)「学習材」‥読んで課題を解決する「学習プリント」、全ての課題を終えた子どもが挑戦する「発展プリント」等がある。また、図書・実物等も含まれる。

【参考文献】

愛知県東浦町立緒川小学校『オープンスクール選書　個性化教育のすすめ方　写真でみる緒川小学校の実践』明治図書出版、一九八七年、一二九頁。

愛知県東浦町立緒川小学校『改訂　個性化教育三〇年～緒川小学校の現在《いま》～』中部日本教育文化会、二〇一三年、一六四頁。

社会を変革できる子どもに育てる

埼玉県上尾市立大石中学校教諭　松倉　紗野香

はじめに

新型コロナウイルスは、あっという間に私たちが住む社会を変えた。そして、この大きな変化はどこか一部の国や地域で起きているのではない。

ユネスコ[1]の調査によれば、日本の多くの学校が休校措置をとっていた五月はじめには、世界のおよそ一八六か国で休校措置がとられ、およそ七六％の児童生徒が学校閉鎖による影響を受けていた。その数は一三億人に上るという。

コロナショック以前であれば、「学校に通えない」「教育を受けられない」と聞くと、開発途上国の問題として捉えられることが多かった。しかし、今回の休校措置によって、こうした「影響を受ける子ども」の中には私たちが日頃接している子どもも含まれることになった。

閉鎖によってこれまで「遠い国の出来事」として捉えていた問題は突如、私たちにとって「自分ごと」として考えるべき問題になったのだ。

これは教育に限ったことではない。経済も医療も社会全体のあらゆるところで、私たちが今までどこか「他人ごと」のように感じていた問題が一気に私たちのすぐそばにあるものになった。そして、今現在、これらを解決できる唯一の解決策を誰ももち得ていない。

学校が再開された今、こうした予測困難な社会を生き抜く子どもたちにどのような「学び」をどうつくっていくことが求められているのだろうか。本稿では、「探究的な学習」を通して社会を変革する子どもを育むための学習を紹介すると同時に、こうした社会の中で必要となる「教師」の役割について考えたい。

1　SDGsの視点から見たポスト・コロナショックにおける学校

二〇一五年に国連が採択した「SDGs」[2]（Sustainable Development Goals 持続可能な開発目標）は、二〇三〇年までに世界が協力して取り組むべき目標とされ、それぞれの国でその達成に向けた行動が求められている。採択から五年がたち、SDGsの知名度の上昇とともに国内外では、社会のあらゆるセクターでSDGsの達成に向けた活動が動きだしている。学校現場においても、SDGsをキーワードに教師向けの研修や講座も数多く開催され、授業実践も増えてきた。

そうした中での新型コロナウイルスによる影響は、SDGsの達成にも大きな影をもたらしている。これまでにもSDGsの達成には、乗り越えるべき壁がいくつも存在していたことは事実であるが、コロナショックの影響によって目の前にはより高い壁が現れ、世界中で「持続不可能な現実」を実感することになった。

①SDGsの達成を目指した学習をつくる

「持続可能な社会の担い手」の育成を目指した学習を展開してきた、埼玉県上尾市立東中学校（以下、上尾東中）の事例を紹介する。筆者は同校で、研究主任・教務として実践に関わってきた。

上尾東中では、文部科学省より研究開発学校の指定を受け、二〇一五年度から二〇一八年度の四年間、新教科「**グローバルシティズンシップ科**」（GCE科）を設置し、学校全体で研究を推進してきた。現在はGCE科の内容を総合的な学習の時間で継続しつつ、これまでに培った学習方法や内容を残し、学校全体でグローバルシティズンシップ教育を継続して実践している。

同校では、「SDGs」を学習の柱として位置付け、カリキュラムの中に取り入れた。SDGsを取り入れるに当たっては、SDGsを「知る」学習にとどまらず、生徒も教師も、一人一人がSDGsに書かれていることを「自分ごと」として引き受け、「SDGs」の達成を目指した学習をつくってきたのである。同校では、探究的な学習を一貫して進め、「本物」の課題を用い、それらの課題の解決に向けて取り組む様々な人々との「出会い」を繰り返すことを大切にしてきた。

まず、中学一年生は、ワークショップ形式で社会課題に関する体験を通して、課題解決の必要性に気付くことから学習が始まる。「ＳＤＧｓありき」のスタートではなく、生徒たちの「もっと知りたい」や「自分たちも課題の解決に関わりたい」といった好奇心を引き出せるよう、学習方法の改善に取り組んできた。

続く二年生では、持続可能な社会の実現を目指し社会の中で活躍する方々との出会いを通して、課題解決に自らがどのように関わっていくのかを考える。

そして、三年生では、まちづくりを題材に、自分たちの住むまちをより持続可能なまちにするための提案書や企画書を作成してきた。

②「社会を変えることができる」と思える生徒たち

上尾東中のカリキュラム（表１）は、学年が上がるにつれて、生徒が社会に参画する度合いを上げ、自らが社会の一員として課題を見出し、その解決に向けて社会と関わりながら行動する場面を多く設けてきた。

中学二年生の校外学習では、グループテーマに沿って訪問先を決め、省庁、企業、ＮＧＯ、大学等を訪問し、社会課題の解決に挑む専門家、実践家の方から直接お話を伺う機会を設けていた。

中学生の受け入れに躊躇する企業もあったが、生徒たちは諦めることなく、その企業について細かく調べ、具体的な質問を送ったり、自分たちが進めている活動がＳＤＧｓの達成に貢献することを伝えてきた。

その甲斐があってか、同校の生徒がその企業にとってはじめて受け入れた中学生となる事例も少なくなかった。

持続可能な社会を実現するためのＡＩの活用をテーマとした学級では、グループテーマとしてＡＩの医療、電化製品、

	1年生	2年生	3年生
1学期	世界の現状を知ろう（ワークショップ体験）	生き方・働き方を考えよう（職場体験学習×GCE）	SDGs フォトコンテスト（修学旅行×GCE）
	生徒総会に向けて（全校）		
2学期	SDGs を自分のことばで（SDGs 理解のための活動）	持続可能な社会の実現に向けて（校外学習×GCE）	上尾をプロデュース・政策評価
3学期	社会の中にある SDGs・講演会・SDGs の視点から見る職業	・関係機関訪問・SDGs 達成に向けた提案・レポート作成	・まちづくりと SDGs・政策提案

表１　2018年度のGCEカリキュラム（一部抜粋）

自動運転、教育への影響について課題を設定し、それぞれ関係する企業や研究所を訪問する機会を得た。

自動運転システムを開発している企業や手術ロボットの開発を目指す企業を訪れたグループでは「事故が起きたときの責任はどこにあるのか？」という質問をしたり、家電メーカーに対しては「今後必要になる家電は、どんな機能をもつ家電なのか？」と、自分たちのアイデアに基づく提案を試みたりしていた。

また、各グループでは企業のホームページなどを参考に、それぞれの企業の取組とＳＤＧｓとの関わりを調べていた。そして、訪問した際には「今の取組はＳＤＧｓの達成にどのように貢献していますか？」「この商品は、ＳＤＧｓの教育や医療につながっていますが、格差を広げてしまうことはありますか？」など、ＳＤＧｓの達成に関しても直接お話を伺えるまたとない機会となった。

校外学習を通して、生徒たちは最先端の分野で活躍する方々から貴重なお話を伺えたと同時に、そこで働く方々が、それぞれの課題の解決に向けて研究や開発に臨む姿勢にも触れることができた。訪問して聞いてきたことをまとめる中で、生徒たちには「もっと知りたい」など新たな質問がわき出てくる様子も見られ、各グループで追加の質問を考えたり、他の企業や研究所の事例、海外の事例について調べたりする姿も見られた。

実際に社会の中で活躍している方々から刺激を受け、生徒たちは、出会った企業の方や研究者の方が「自分たちが考えていたことと同じ悩みをもっていた」や「持参した提案について一緒に考えてくれた」と、訪問先での経験から自分たちの学習について自信をもつことができた。そして、こうした学習をすることが、社会課題の解決につながることを実感したようである。

三年生のまちづくり学習においても、持続可能なまちづくりに関わる人たちの話や、上尾市に暮らす人たちへのインタビュー活動を通して、そこにある課題を「自分ごと」として捉え、学習を進めていった。

生徒たちは、実際に学校近くの児童館を訪れ、児童館を利用する方に「こんな政策があったらいいな、と思うものはありますか？」「育児をしていて一番困るのはどんなときですか？」などと聞いたり、農園を訪問し、農家の方から経営や後継者にまつわるお話を聞いたりして、市民の声をもとに課題解決に向けた提案書や企画書を作成していた。その上で、課題解決に関わる人たちの姿を見ながら、自分たちができる行動について考えるようになっていったのである。

このように生徒たちは、課題の現状について知り、その原因や背景を多様な視点で考え、解決に向けて行動する、という一連の活動を通して、自らの参加や行動によってよりよい社会をつくっていく過程について学んでいるのである。

そうした学びを経験したことによって、同校のおよそ七〇%の生徒が「自分で国や社会を変えられると思う」と答えている。日本国内の一七歳から一九歳のうち、同じ質問に対して「はい」と回答したのは一八・三%であった。(3) このことから、GCE科の学習が上尾東中の多くの生徒たちに社会を変革できるという気持ちをもたらしたことが分かる。

③求められているのは変容・変革

SDGsが示されている国連文書、二〇三〇アジェンダのタイトルは「Transforming our world : the 2030 Agenda for Sustainable Development」（以下、二〇三〇アジェンダ・二〇一五年九月の国連総会で採択・「私たちの世界を変革する・持続可能な開発のための二〇三〇アジェンダ」）である。

タイトルに示されているように、二〇三〇アジェンダで求められているのは「変容・変革」である。

新型コロナウイルスによって、私たちは自らの生活を変えることを求められている。マスクの着用やソーシャル・ディスタンスの確保、移動の制限など、これまで経験したことのない日常の中で生活をしている。

そうした状況下で学校が再開され、それぞれの学校での生活が始まった。その際に「従来の日常」に戻すことが果たして「よし」とされることなのか、と考えることが必要であろう。ポスト・コロナ社会において「新たな生活様式」が必要なように、学校教育においても、従来とは異なる「学校の在り方」が求められており、それぞれの学校で、今一度、再考することが必要である。そして、各学校での取組がSDGsの達成にどのように貢献できるのか。また、SDGsの達成に向けて、私・私たちは学校や授業の何を、どのように「変革」していくことが必要なのか。そして、私たち一人一人が責任ある市民として、どうしたら「SDGsを達成できるのか」を考え、ポスト・コロナ社会においてこれまでとは異なる視点をもって行動を起こすことが求められている。

2　ポスト・コロナショックにおける学校づくり

学校が再開されるに当たって、世界中でガイドラインの作成が行われた。日本でも文部科学省による学校再開のためのガイドラインが作成され、[4]それに基づいて市区町村や学校単位でより細かな行動指針等が作られたのではないだろうか。

少しでも安心・安全な状態で学校を再開させたい、という思いは世界共通である。ポスト・コロナショックにおいて学校をどうつくっていくのか。「子ども」の目線を踏まえて考えたい。

①子どもと共につくる授業

学校が再開され、日常が戻りつつある今、改めて子どもと共につくる授業を考えたい。行事の開催の有無やその運営。感染拡大を予防するための学習形態や活動の配慮に頭を悩ませている学校も多いだろう。

そうした学校が抱えている課題を、**子どもと共に解決しようとする姿勢**をもって話し合う機会を設けることができないだろうか。

授業の進め方に悩むのであれば、率直に残り何時間で何を学習する必要があるのか、そのためにどういった順番で、どのように授業を進めたらよいのか、先生から子どもたちに聞く機会があってもいいだろう。

修学旅行の実施については、現地の状況や移動に伴うリスクを踏まえることも必要だが、どういった状況であればより安全な旅行がかなうのか、子どもたちも一緒に考え、共に行事をつくる機会があってもいい。

こうした話合いを行うことは、社会の本物の課題を扱う探究の場を設け、子どもと共に学校や授業をつくることのできる貴重な機会になるはずだ。

②Who decides?

学校再開に向けた「新たなルール」や授業の進め方、行事について決めてきたのは「誰」だったのだろう。

例年どおりにはいかない今年度だからこそ、学校行事の企画・運営の在り方そのものを考え直す機会を設けると同時に、その話合いの中に子どもの率直な声を取り入れていくことが必要であろう。体育祭も修学旅行も、それらは「大人」の問題ではなく、むしろ「子ども」の問題である。

授業も行事も「先生が決める」ことを当然のように思う子どもたちよりも、自らの学校生活を少しでも**「自分で考える」「自分で決める」**経験を積むことを大切にすることが、予測困難な社会を生き抜く上では必要な学びとなるはずだ。

ポスト・コロナ社会においては、私たち大人でさえも「なぜ？」「どうして？」と思う決定が度々行われてきた。この数か月の間に、国が違えば政策決定の在り方も大きく異なることを目の当たりにしてきた。

例えば、スウェーデンは小・中学校の休校措置をとっていない。都市封鎖は行わず、国内経済活動を維持するという独自の政策を進めてきたのである。一方、同じ北欧のデンマークでは、三月中旬から学校や飲食店を封鎖し、後には商業施設の閉鎖や大人数での会合も禁止された。このように、新型コロナウイルスの感染拡大防止策にも、様々な「違い」を実感することが多かった数か月だったと言えよう。

そうした数々の政策の「決定」に関わってきたのは誰なのか。そこに「市民」の声はどれだけ反映されていたのだろうか。

「学校」に置き換えて考えても、同じことが起きてはいないだろうか。子どもたちの中には、もしくは教師の中にも、この間の学校の対応に疑問をもつことが出てきているかもしれない。それらを「決まりだから」として片付けるのではなく、誰もが不安を感じ、唯一の解決策をもち得ない状況であるからこそ、あらゆる声に耳を傾け、さらに周囲と広く共有し、納得がいくまで開かれた議論を尽くすなどして、不透明な決定を少しでも透明にしていく努力が必要だろう。

3　社会を変革できる子どもを育む学び

今や世界全体にとって共通の課題となった「新型コロナウイルス」を巡り、多様な立場からの様々な考えや意見が飛び交っている。こうした状況下で見えてきた、社会をより持続可能なものへと変革するための学びについて、さらに具体的に考えてみたい。

①今だからこそできる「探究課題」

新型コロナウイルスは誰にとっても、どの国や地域にとっても「身近で切実」な課題である。身近で切実な課題として「コロナ」をキーワードに子どもたちと課題の設定を行うと、どのような探究課題が出てくるだろうか。

日々の生活体験から「コロナ」を巡る「なぜ」や「どうして」を挙げることは、難しいことではない。例えば、中学三年生であれば、図1のように入試制度や入試問題に着目して課題を設定することなどが考えられる。そして、これらの課題を探究課題とした学習は、社会科をはじめとする教科学習と関連付けて進めることが可能であり、効果的でもあろう。

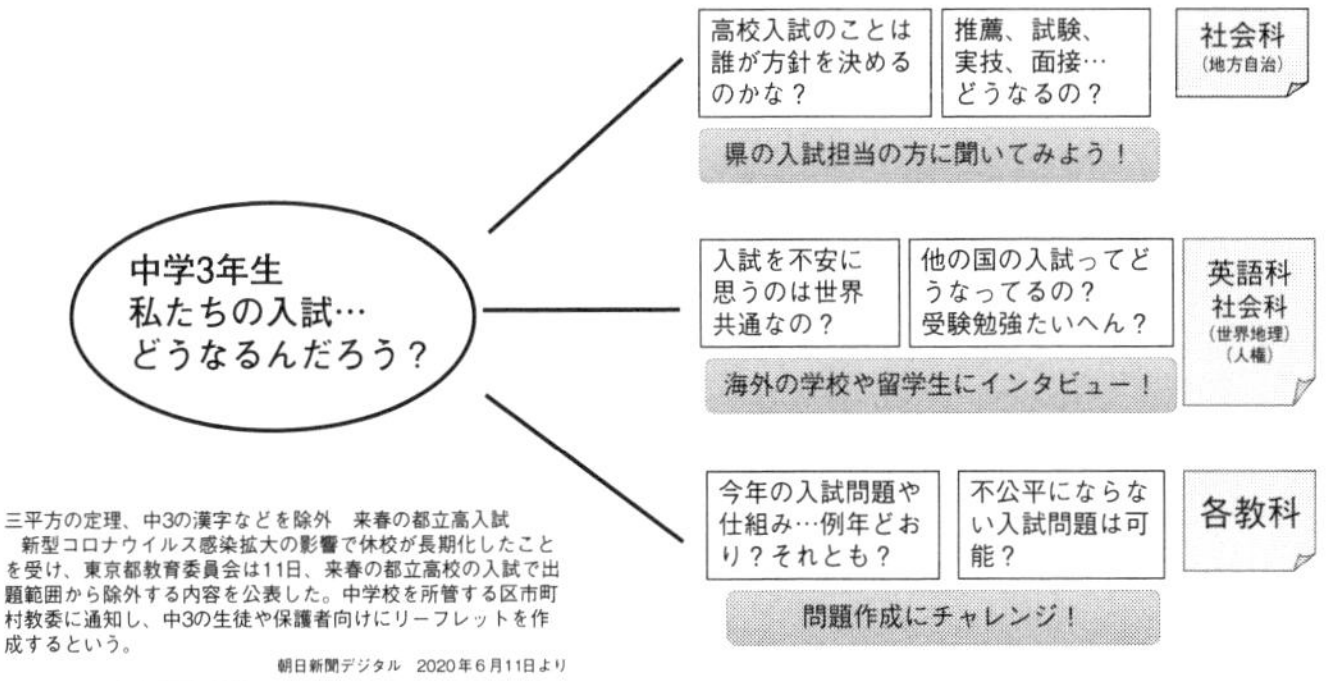
中学3年生
私たちの入試…

どうなるんだろう？

高校入試のことは誰が方針を決めるのかな？

推薦、試験、実技、面接…どうなるの？

社会科（地方自治）

県の入試担当の方に聞いてみよう！

入試を不安に思うのは世界共通なの？

他の国の入試ってどうなってるの？受験勉強たいへん？

英語科 社会科（世界地理）（人権）

海外の学校や留学生にインタビュー！

今年の入試問題や仕組み…例年どおり？それとも？

不公平にならない入試問題は可能？

各教科
問題作成にチャレンジ！

三平方の定理、中3の漢字などを除外　来春の都立高入試
新型コロナウイルス感染拡大の影響で休校が長期化したことを受け、東京都教育委員会は11日、来春の都立高校の入試で出題範囲から除外する内容を公表した。中学校を所管する区市町村教委に通知し、中3の生徒や保護者向けにリーフレットを作成するという。

朝日新聞デジタル　2020年6月11日より

図1　課題例①

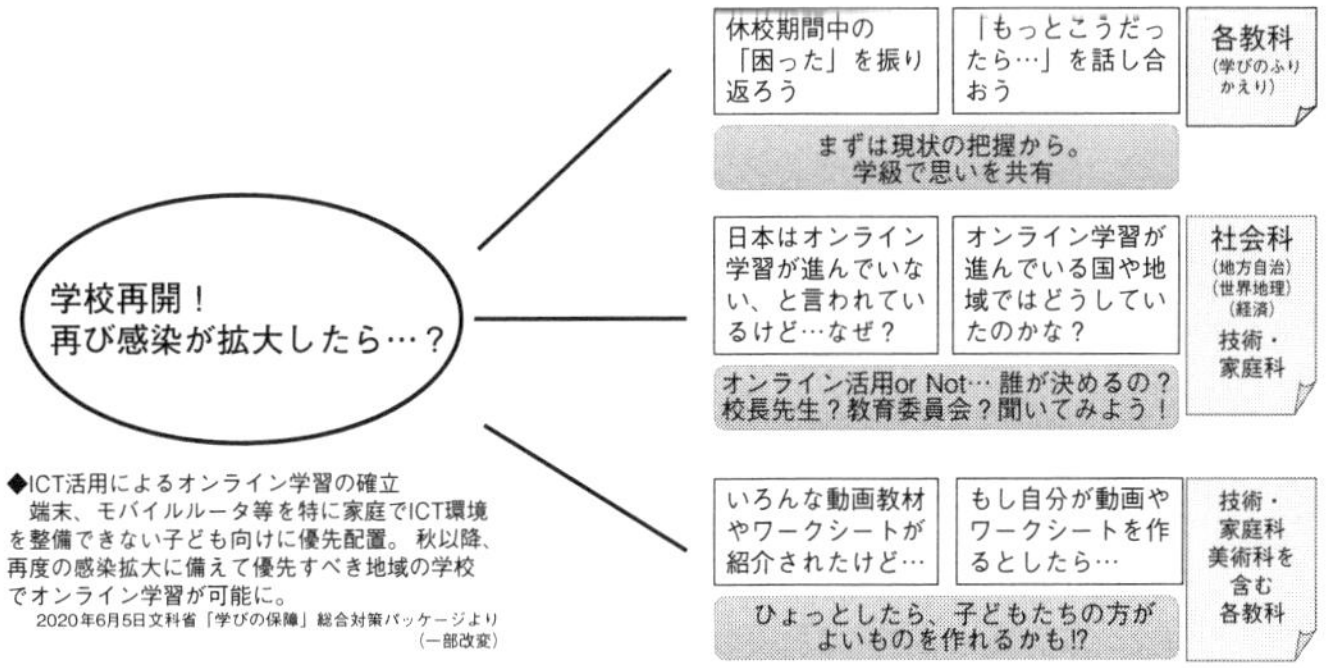
学校再開！
再び感染が拡大したら…？
休校期間中の「困った」を振り返ろう
「もっとこうだったら…」を話し合おう
各教科（学びのふりかえり）
まずは現状の把握から。
学級で思いを共有
日本はオンライン学習が進んでいない、と言われているけど…なぜ？
オンライン学習が進んでいる国や地域ではどうしていたのかな？
社会科（地方自治）（世界地理）（経済）技術・家庭科
オンライン活用or Not… 誰が決めるの？
校長先生？教育委員会？聞いてみよう！
いろんな動画教材やワークシートが紹介されたけど…
もし自分が動画やワークシートを作るとしたら…
技術・家庭科 美術科を含む各教科
ひょっとしたら、子どもたちの方がよいものを作れるかも!?
◆ICT活用によるオンライン学習の確立
端末、モバイルルータ等を特に家庭でICT環境を整備できない子ども向けに優先配置。秋以降、再度の感染拡大に備えて優先すべき地域の学校でオンライン学習が可能に。

2020年6月5日文科省「学びの保障」総合対策パッケージより（一部改変）

図2　課題例②

あるいは、図2のように再び学校が休校になったらどうするのか、という問いに着目してもいい。休校期間中の経験を振り返りながら、困ったことやもっとこうだったら、という意見を共有することから学習をスタートし、休校中に議論となったオンラインの

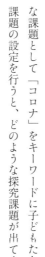

活用や動画教材を事例として探究的な学習を進めることができる。

「日本のオンライン学習が進まないのはなぜか」という問いを立てて探究を進めた際には、社会科の地方自治や経済に関する単元と関連付けて学ぶことができる。自分が住んでいる地域や在籍する学校で、オンライン学習の実施の是非やその中身は誰が決めていたのか。他の地域ではどのように進められていたのか。その差は何が要因なのか。このような問いを立てることで、学習を深めることができる。

さらに、現状や課題を踏まえた上で、よりよい社会づくりに向け、改善するための方策を考えたり、その実現に向けた行動に必要なことを明らかにしていく。こうした学習を通して、子どもたちは社会課題を自分ごととして捉え、課題の解決に取り組み、社会を変えられるという意識をもった市民へと育っていく。

大人が不安や疑問に思っていることは、子どもたちも同様に不安や疑問に思っている。そうした共通の思いから、探究をスタートさせてみてはどうだろう。

②教師の役割を捉え直す

探究的な学習を進める際には、教師の役割を捉え直すことが必要だ。

特に、今、私たちが生きている社会では、これといった正解が用意されているわけでもなく、世界中の多くの専門家でさえも確実な解決策をもっているわけではない。そうした状況においてもなお、「先生だからなんでも知っている」や「用意された回答がある」といった従前の在り方をもち続けようとすること自体を見直す必要がある。

併せて、「子どもたちから学ぶ」ことも大切である。実際、上尾東中の教師たちは、ＧＣＥ科の授業を通して「生徒から学ぶことが多かった」と述べている。子どもたちは教師が思う以上に、すでに多くのことを知っているのだ。

教師が「正解を示さなくてはいけない」「一つでも多くの知識を教えなくてはいけない」という発想を転換し、**教師も子どもと共に悩み、考える学習者である**という理解に至れたならば、新たな気持ちで授業づくりに臨むことができるだろう。

もちろん、教師もまた学習者であるということは、生徒とすっかり同じ地平に常に居続けるということを意味するわけではない。教師は、学習者であると同時に、子どもたちの探究的な学びを支え、その学びを促す存在でもある。

二〇一九年九月にユネスコが示した「ESD for 2030」（「ESDはSDGsの達成に不可欠な実施手段」と述べた国連文書）では、[5] SDGsを達成するための優先事項の一つとして教育者を掲げ、その役割について「教育者は学習者の学びを促すファシリテーターでなくてはならない」と記している。筆者は、「ファシリテーター」の役割の一つは「つなげる」ことにあると考えている。つまり、学校と社会、学びと学び、教師と生徒など、様々な要素をつなぐ役割を担うのがファシリテーターの役割であり、そうした役割が探究的な学習には不可欠なのである。

今、目の前にいる子どもたちを「持続可能な社会の創り手」として、社会を変革できる子どもたちに育てていくために、私たち自身が「学習者」として、そして「ファシリテーター」としての教師像を描いていきたい。

(1) UNESCO "Education:From disruption to recovery" https://en.unesco.org/covid19/educationresponse
(2) SDGsについては「国際連合広報センター」のページに詳しい。
(3) 日本財団、一八歳意識調査「第二〇回—社会や国に対する意識調査—」要約版（二〇一九年一一月三〇日） https://www.nippon-foundation.or.jp/app/uploads/2019/11/wha_pro_eig_97.pdf
(4) 文部科学省「学校における新型コロナウイルス感染症に関する衛生管理マニュアル～『学校の新しい生活様式』～（2020.6.16 Ver.2）」
(5) UNESCO（2019）: *Framework for the implementation of Education for Sustainable Development*（*ESD*）*beyond 2019* https://unesdoc.unesco.org/ark:/48223/pf0000370215

【参考文献】
埼玉県上尾市立東中学校『平成三〇年度研究開発学校最終報告書』二〇一九年、五一—六七頁。
松倉紗野香「上尾市立東中学校における実践(1)」「上尾市立東中学校における実践(2)」田中治彦他編著『SDGsカリキュラムの創造—ESDから広がる持続可能な未来—』学文社、二〇一九年、九八—一三三頁。

解説

今回のコロナショックを通して多くの教育関係者が痛感したのは、子どもを自律した能動的な学び手、アクティブ・ラーナーへと育て上げることの大切さである。このことはまた、従来の教育がいかに子どもたちに他律的で受動的な学びを強いていたか、その結果として「学びに向かう力」はもちろん、伝統的な意味での学力さえも頭打ちに終わらせてきたかについて、深く反省を迫るものでもあった。

その一方で、コロナショックに伴う長期休校期間中、大人たちの心配をよそに、自らの意志と力で着々と学びを進める子どもたちがいた。第四章に登場するのは、そのような学校や学級の子どもたちである。

教育の極楽浄土

教育に際して、教師をはじめとする大人がどのように教えればよいか、つまり教授法を追究するのではなく、学習者である子どもが自らの意志と力でどのように学び育っていくか、つまり学習法を中心に据え、全ての子どもが学習法を体得し、自在に使いこなせるようにするには、学校と教師は子どもをどのように支え、あるいは鍛え上げていけばよいかと思案し続けてきた学校がある。現在の奈良女子大学附属小学校であり、その歴史は大正期にまでさかのぼる。

阪本実践（一九四頁）は、その現在における到達点を、伸びやかで個性的な子どもたちの姿で描き出している。読者は、例えば近年話題になっている「めあて」や「ふりかえり」が指し示す意味なり質が、多くの学校とはすっかり異なることに、少なからず驚くであろう。しかし、よくよく考えるならば、教師が講ずる手立ての全てが自然であり、子どもを自律的な学習者へと鍛え上げるのに有効であると深く納得するにちがいない。

注目すべきは、決して甘くはない、ときにはかなり厳しいとすら感じられる要求を教師は突きつけるが、子どもは前向きに受け止め、むしろそれをこそジャンプボードとして飛躍的な成長を遂げていく点である。まさに、子どもがどのように学び育つか、学習法に対する深い洞察があってこそ生まれてくる教師の関わり方であり、鍛え上げ方と言えよう。

大切なのは、この違いがどこから来るかである。一つには、教授法ではなく学習法で思考するという奈良の一〇〇年に及ぶ伝統が大きい。多くの学校は、教えるための「めあて」「ふりかえり」を追い求めてきた。

もう一つは、学ぶことと生きることが相即的に結び付いているとの認識である。生活することは、単に生存することではない。折りに触れ、今現在の自らの生活を自覚し、これでよいのかと自らに問う、すなわち吟味する。吟味の結果、「このままではいけない」「もっとこう在りたい」という求めが生じたならば、より納得のいく在り方を求めて、自己を更新していく。

その際、自身の手元にある知識や技能や見通しでは望む更新が果たせないと気付いたとき、人は切実な思いを抱いてその学びを求め、納得がいくまで執拗に学び深めていく。そして、新たに知り得たことや身に付けたこと、長く深い思案の末に納得したことを拠点に、自らの生活、つまり生き方や在り方を更新していく。

このように、自身の生活に関する自覚・吟味・更新の過程が学習の動機となり、また目的ともなる。すなわち、よく生きようという志を抱く者はよく学ぶというか、よく学ばざるを得なくなるのである。

また、このように学ぶことと生きることが相即的に結び付いていれば、仮に教師から教科的な知識を本で教わったとしても、自身の現在の生活との関わりの中でその知識が自らに何を問うているか、深く考えるにちがいない。そして、自らの生き方や在り方で更新すべきことを見出したなら、躊躇なくその方向へと歩み出す。つまり、よく生きようとの志を抱く者は、いかなる学びをも、今現在生きていることと関わらせることができるというか、関わらせざるを得ない心持ちを抱いて、今というかけがえのない時間を生きている。

奈良の学習法の根幹にある「学習即生活、生活即学習」という理念を私はこのように理解してきたが、このシンプルにして深い人間への信頼に満ちた原理を感得したならば、およそ教育に関する全ての迷いは消え去る。その境地は、まさに教育の極楽浄土である。

なお、阪本実践では低学年の様子が描かれているが、ここにも奈良の学習法の重要なポイントがある。低学年の時期に、自分たちの生活を自分たちの意志と力で自覚・吟味・更新する学びとくらしの往還をしっかりと経験し、学習法の根っこを確かなものとしていくことにより、中学年以降に出合う直接的な生活とはやや距離のある問いや学びについても、自分ごととして向かい合い、自律的に学び進めていくことができるようになるのである。

学びの本質の把握から導出される教師の支援

佐藤実践（二〇二頁）もまた、「固有名詞をもった一人一人の子どものくらしの文脈の中にこそ『学び』の本質があるのであり、「自らのくらしの文脈とは無関係な知識や技能を記憶したり訓練したりすることは、およそ学びとは言いがたい」との立場をとる点において、奈良の学習法と軌を一にしている。

報告されている三つの事例、自主勉強に夢中になって宿題を忘れたA児、「まいごのかぎ」の授業において互恵的、相互触発的に学びを深めていく子どもたち、不意にはじまった電柱の付け替え工事を様々な教科の学びへと昇華していく子どもたちの姿は、それぞれが生み出された経緯や状況こそ様々に異なっているものの、子どもが「他者やもの・こととの相互作用を核にして、意味や価値を生成・更新する営み」である点においては通底しており、それこそが主体的・協働的な学びの本質ではないかと佐藤先生は提起する。

学びに関するこのような洞察は、第一章第三節において心理学的な知見を足場に確認した「人間の生涯にわたって続く『学び』という営みの本質」ともすっかり整合するものであり、人間の学びに関する最も正統的で無理のない把握と言えよう。したがって、もし、ここに描かれた授業の景色や立ち現れる子どもの姿に私たちが驚きを禁じ得なかったり、一定の斬新さを感じたりしたならば、それは私たちが暗黙裡に抱いている学びの観念の中に「人間の生涯にわたって続く『学び』という営みの本質」とは相容れないものが少なからず混入していることを示唆している。

ぜひ、ここに描かれた子どもの姿のどのような部分について、どのような驚きをどのような理由により感じたのか、丁寧に内省してみてほしい。それは、あなたの学びに関する把握の歪みや逸脱を修正し、子どもに対するあるべき理解を生み出す大いなる助けとなるにちがいない。

論稿の後半では「言語化」を促す教師の支援について具体的に述べられているが、そこで繰り返し主張されているのは、できるかぎり予断をもたない、フォーマットをつくらないことである。

これとは逆に「私は○○だと思います。理由は□□だからです」といった話型指導の徹底により、子どもの言語化を促すという取組も広く実践されてきた。しかし、話型指導が定着すればするほど、子どもは指導された話型で可能な思考や表現しかしなくなる。つまり、表面的にはよく話す子になるかもしれないが、肝心の話す内容、さらには思考の中身が、その子ならではのものではなくなってしまう可能性が危惧される。

やはり、教師の支援としての「言語化」が意味するものや質が、大いに違っているのである。そして、この違いもまた、子どもの学びをどのようなものとして捉えるかの違いに起因していると考えられる。

安心して伸びやかに学べる学校文化の創造

川崎市立川崎小学校（二一二頁）は、全員参加による協働的な授業を進める上でどうしても必要となってくる教室での振る舞いに関するルールを全校で共通することにより、学年や学級、教師が変わっても、子どもたちが不安を感じたり萎縮したりすることなく、常にありのままの自分で伸びやかに学べる学校文化を生み出してきた。

先に、話型指導のような型の指導の問題点を指摘したが、川崎小が校内で共有するのは、子どもたちの思考を枠付け制限するようなものではない。むしろ逆で、一人一人が安心して闊達な学びを縦横無尽に展開できるよう、いわば広く盤石な学びの土俵をしっかりとしつらえる取組である。

多くの学校では、担任が変わる度に、子どもたちはハンドサインや発言のルールを学び直し、板書に書かれた矢印や記号、カラーチョークのそれぞれの色が意味するものを改めて推測しなければ、教室で上手く学ぶことができなかった。四月の授業に伸びやかさやエネルギーが欠けるのは、教師の力量不足でも子どもの意欲が低いのでもなく、子どもたちが新たなルールを探り探りしながら学んでいるからにほかならない。

そんな理不尽を毎年繰り返すことで身に付くのは「忖度」する力と習慣くらいであるが、子どもにはおよそ不要なものであり、むしろ有害であろう。川崎小の取組はこの理不尽を一気に解消し、新年度当初からのフルスロットルでの授業を可能としている。私自身、四月中に複数の学年で研究授業を当たり前のように実施できる学校を、川崎小以外には知らない。

カラフルでバランスのとれた学びの提供

近年、「個別最適な学び」が注目を浴びているが、愛知県東浦町立緒川小学校（二二〇頁）は四〇年以上前から個別学習形態での自律的な学びに取り組んできた。第一章や第二章で紹介した「単元内自由進度学習」も、そのオリジナルは緒川小の実践である。

子どもをアクティブ・ラーナーに育てる最もシンプルにして確実な方法は、一人一人が自力で学び進めることを余儀なくする状況の設定であろう。個別学習形態は、まさにこの条件に当てはまる。

個別学習の様子を見ていると、手が止まっている子や、一定の時間、ぼんやりと過ごしている子に目がいくが、同じことは一斉指導の中でも起きている。一斉指導では、前を向いてさえいれば、思考が止まっていようがぼんやりしていようが、それが教師にも参観者にもさとられないだけのことである。

つまり、個別学習形態では子どもの頭の中、心の中が見えやすい。これにより、学習に関わるその子ならではの持ち味やこだわり、支え育むべき側面などへの理解が進み、より適切な支援が適時に実施可能となる。併せて、子ども自身の自己理解も深まる。このことは、メタ認知や学習の自己調整の能力、緒川小が自己学習力と呼んできた学力を育成する原動力となる。

緒川小は一貫して個別学習にこだわりをもって実践を展開してきたが、一方でダイナミックな集団活動、学級や小集団での学習の充実にも力を入れてきた。多様な形態や状況を準備し、カラフルでバランスの取れた学びを子どもに提供するというのが、実は緒川小が最もこだわってきたことである。

そんな緒川小から見れば、従来の学校は学級単位の指導に特化してきたとも言えるが、その理由を説得的に語れる人がどれくらいいるだろうか。「日本古来の教え方だから」などと言う人があるとすれば、それは全くの事実誤認である。学級単位の一斉指導は、明治期に海外から直輸入された、当時最新の教育方法にほかならない。むしろ、日本古来と言えば寺子屋になるが、寺子屋は個別学習を基本としていた。今一度、「当たり前」や「普通」を問い直し、本当に自分自身が納得のいく教育の創造へと赴きたいものである。

「社会に開かれた教育課程」が意味するもの

松倉実践(二二八頁)もまた、アクティブ・ラーナーの育成を目指してはいるが、学んで理解して終わりではなく、学びを通して子どもが社会を変革していけるようになるところまでを学校教育の守備範囲としている点において、これまでの取組とはやや趣を異にする。「そんな大それたことをしてもいいのか」と思われるかもしれないが、二〇一七年版学習指導要領で打ち出された「社会に開かれた教育課程」の中に、この方向性は含み込まれている。学校教育と社会の関係について、教育学では二つの考え方があるとされてきた。

一つは、その時代の社会が要請する人材を過不足なく適切に供給できるよう、社会の変化に遅れることなく、しっかりと着いていくのが学校教育の任務であるという考え方であり、社会的効率主義と呼ばれる。

もう一つの考え方は、教え・育てた子どもたちが次世代の社会を主体として創出するという筋道を介して、学校教育は社会の変化を先導して生み出すというものであり、社会改造主義と呼ばれる。

中央教育審議会答申においては、「社会に開かれた教育課程」を説明する文言の中に「よりよい学校教育を通じてよりよい社会を創る」という表現があるが、明らかに社会改造主義的な色彩を帯びている。従来の学校教育が、ともすれば社会的要請に従属・追随しがちであったことを考え合わせるならば、これは一定の方針転換であるとも言えよう。これからの学校には、主体として積極的に社会に関わり、変革を生み出すことが期待されているのである。

もちろん、学校だけが先走って一方的に社会を改革するのではない。やはり「社会に開かれた教育課程」の文言にあるとおり、「社会や世界の状況を幅広く視野に入れ」ながら、また「社会と共有」しながら慎重に進めていくのである。

学校の役割の変化は、当然のことながら教師の役割にも変化を求める。社会の変革という答えのない課題を前に、教師もまた子どもと共に悩み、考える「学習者」となることが、まずもって大切である。併せて、子どもたちの学びを支え、促すファシリテーターとしての役割も担う。「学び」の本質を見つめ直すことは、当然のことながら、「教える」という行為の本質に対しても再検討を求めるのである。

(奈須正裕)

コンピテンシーは個人と社会の Well-being のために

上智大学教授　奈須 正裕

コロナショックへの対応という眼前の課題から出発した本書だが、やはり対処療法的アプローチは得策ではなく、長期的展望に立って新たな地平を切り拓く道を歩むこととなった。二〇一七年版学習指導要領もその立場に立つコンピテンシー・ベイスの教育を原理とし、オンライン学習や家庭学習なども駆使しながら、全ての子どもを自律した学習者、優れた問題解決者へと育てる道である。

最後に考えたい。子どもたちは、身に付けたコンピテンシーをなんのためにどう使っていくのか。

この点について、ＯＥＣＤの「二〇三〇年に向けた学習の枠組み（The OECD Learning Framework 2030）」は、地球全体のWell-beingの実現、すなわち、全ての人々が個人的にも社会的にも健やかに生きることができる未来の創造を、教育が目指すべき最終目標としている。コンピテンシーは、この目標を目指して懸命に尽力する人々の動きを力強く支えるものとして位置付けられた（図１）。

ここで重要なのが、包摂的で持続可能な未来（inclusive and sustainable future）の創造という価値観である。現在、地球上には格差の拡大や環境の破壊など様々な問題が生じている。これらの問題を多角的・重層的に理解し、望ましい在り方を求め、全ての人が共生できる公正な未来を創造する営みに参画することが今、私たちに、そして未来社会の建設者である子どもたちに求められている。

二〇一七年版学習指導要領等でも、全ての学校種について同趣旨の記述を認めることができる。「一人一人の児童が、自分のよさや可能性を認識するとともに、あらゆる他者を価値のある存在として尊重

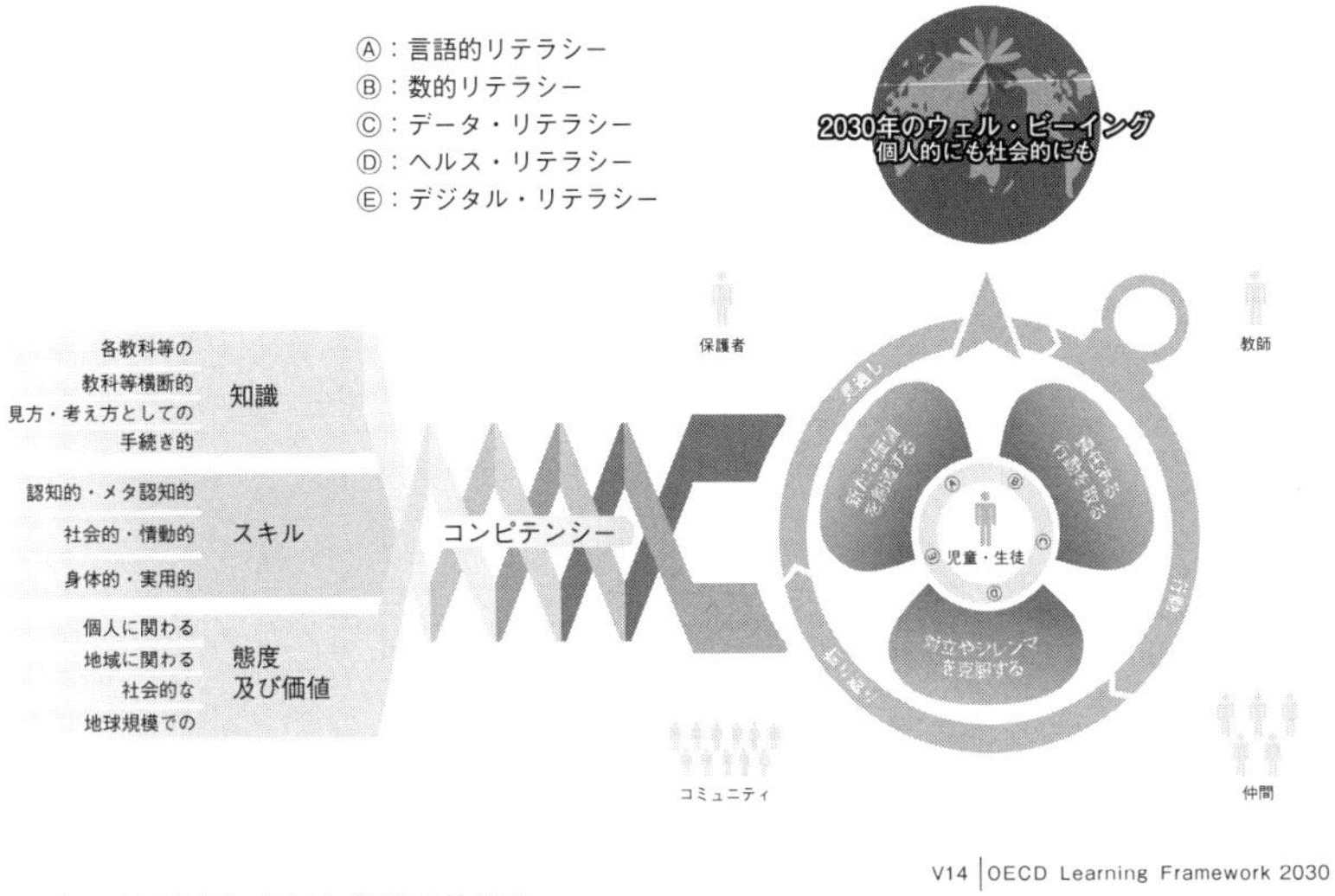
Ⓐ：言語的リテラシー
Ⓑ：数的リテラシー
Ⓒ：データ・リテラシー
Ⓓ：ヘルス・リテラシー
Ⓔ：デジタル・リテラシー
2030年のウェル・ビーイング
個人的にも社会的にも
保護者
教師
各教科等の
教科等横断的
見方・考え方としての
手続き的
知識
認知的・メタ認知的
社会的・情動的
身体的・実用的
スキル
個人に関わる
地域に関わる
社会的な
地球規模での
態度
及び価値
コンピテンシー
児童・生徒
対立やジレンマを克服する
コミュニティ
仲間
V14 | OECD Learning Framework 2030

図１　OECD 2030年に向けた学習の枠組み (1)

し、多様な人々と協働しながら様々な社会的変化を乗り越え、豊かな人生を切り拓《ひら》き、持続可能な社会の創り手となることができるようにすることが求められる」（小学校学習指導要領前文）

幼稚園から高等学校まで、今後における我が国の学校教育は、子どもたちを「持続可能な社会の創り手」へと育て上げることを目指して計画、実施されていく。

ＯＥＣＤ文書も学習指導要領も、公表時には頭では「なるほど」と理解しつつも、いまひとつ実感をもてないという人が少なくなかった。しかし、コロナショックを経験した今、ここに記された表現の一つ一つが、誰の胸にも深い真実性を伴って迫ってくるにちがいない。

ポスト・コロナショックの教育は、包摂的で持続可能な未来の創造による個人と社会のWell-beingの実現を最終目標とし、その動きを支えられるだけの強靭さと柔軟さを兼ね備えたコンピテンシーの育成へと赴く。二〇二〇年は、その記念すべき門出の年となった。

(1) http://www.oecd.org/education/2030-project/about/documents/OECD-Education-2030-Position-Paper_Japanese.pdf

編著者紹介／執筆者一覧（五十音順）

奈須正裕（なす　まさひろ）

上智大学総合人間科学部教育学科教授。東京大学大学院教育学研究科博士課程教育心理学専攻を単位取得退学、博士（教育学）。神奈川大学助教授、国立教育研究所教育方法研究室長、立教大学教授などを経て二〇〇五年より現職。二〇一七年版学習指導要領に関わっては、中央教育審議会初等中等教育分科会教育課程部会、教育課程企画特別部会、総則・評価特別部会、幼児教育部会、中学校部会、生活・総合的な学習の時間ワーキンググループ、小学校におけるカリキュラム・マネジメントの在り方に関する検討会議、小学校段階における論理的思考力や創造性、問題解決能力等の育成とプログラミング教育に関する有識者会議、二〇二〇年代に向けた教育の情報化に関する懇談会等の委員として、重要な役割を担う。主著に『子どもと創る授業』（ぎょうせい）、『「資質・能力」と学びのメカニズム』（東洋館出版社）、『次代の学びを創る知恵とワザ』（ぎょうせい）など。

安達真理子（あだち　まりこ）

立教小学校教諭。日本私立小学校連合会全国教員夏季研修会国語研究部実行委員長。東京私立初等学校協会国語研究部運営委員。全国国語授業研究会理事。『子どもと創る「国語の授業」』編集委員。東京国語教育探究の会副代表。国語に関わる実践書の分担執筆多数。

小川雅裕（おがわ　まさひろ）

新潟市立小針小学校教諭。地域参画をキーワードに、総合的な学習の時間の研究を進める。文部科学省「小学校におけるカリキュラム・マネジメントの在り方に関する検討会議」協力者などを務める。主著に『授業のビジョン』（東洋館出版社）。

小野健太郎（おの　けんたろう）

武蔵野大学教育学部教育学科講師、前・東京学芸大学附属小金井小学校教諭。教科教育（主に算数）の実践研究を教育心理学的視点から進める。著書（分担執筆）に『教科の本質を見据えたコンピテンシー・ベイスの授業づくりガイドブック』（明治図書出版）など。

川崎市立川崎小学校
「いい表情の子を育む」をテーマに、「よき未来の創り手となる資質・能力の育成」を目指す研究を推進している。「受容」と「共感」をベースに、共通性と一貫性のある取組を大切にしながら、教師一人一人が個性と能力を発揮し、「深い学び」を実現する授業を目指す。

齋藤淳（さいとう　じゅん）
福岡教育大学附属福岡小学校教諭。社会科、生活科・総合的な学習の時間を中心に研究。文部科学省研究開発学校である同校では、二〇一八年より研究主任としてカリキュラムのスリム化を図る。分担執筆に『学びを変える新しい学習評価』（ぎょうせい）など。

阪本一英（さかもと　かずひで）
奈良女子大学附属小学校主幹教諭。一九九五年に同校に着任し、「奈良の学習法」に魅せられる。以来、二六年間「しごと」学習（総合的な学習）・体育学習を中心に実践を重ねる。同校の著書に『自律的に学ぶ子どもを育てる「奈良の学習法」』（明治図書出版）など。

佐藤卓生（さとうたくお）
山形市立東小学校教諭、明星大学非常勤講師。「子どもの自己形成」に対する国語教育、カリキュラム論からのアプローチを研究領域にしている。著書（分担執筆）に『教科の本質を見据えたコンピテンシー・ベイスの授業づくりガイドブック』（明治図書出版）。

佐野亮子（さの　りょうこ）
東京学芸大学非常勤講師。博士（教育学）。オープンプランの学校建築と多様な教育方法の関係について、現場の先生方と授業づくりを試みながら実践研究を行っている。共著に『しっかり教える授業・本気で任せる授業』（ぎょうせい）など。

田邉彩希子（たなべ　あきこ）
熊本市立城北小学校教諭。大学では社会科教育学を専攻。授業を通して子どもたちが社会と深く関わることができる社会科学習の在り方について主に研究した。教職二年目でまだまだ勉強中。昨年度は四年生、今年度は五年生の担任をしている。

伏木久始（ふせぎ　ひさし）
信州大学学術研究院教育学系教授。博士（教育学）。教職大学院専攻長／長野県教育委員会委員（教育長職務代理者）／中央教育審議会・教員養成部会教育課程専門委員／（独）教職員支援機構フェロー／東京都内の小・中・高校教諭を経て二〇〇三年、信州大学転任。

松尾統央（まつお　のりひさ）
愛知県東浦町立緒川小学校教務主任。半田市立宮池小学校、東浦町立東浦中学校、大連日本人学校を経て現任校に至る。二〇一六年から二年間緒川小学校研究主任を務め総合学習「生きる」をはじめとした特色ある教育課程の推進を行う。

松倉紗野香（まつくら　さやか）
埼玉県上尾市立大石中学校教諭。認定NPO法人開発教育協会（DEAR）理事。研究開発学校であった上尾市立東中学校にて新教科「グローバルシティズンシップ科」設立に携わる。共著に『SDGsとまちづくり』『SDGsカリキュラムの創造』（ともに学文社）など。

森勇介（もり　ゆうすけ）
聖心女子学院教諭。公立、国立附属小の教諭を経て現職。朝日新聞花まる先生掲載。二〇一八・二〇一九年読売教育賞優秀賞受賞。子どもとつくる「深い、イイ♥」授業を追究している。主著に『気軽に始める学び合い算数好きを増やす授業づくり』（東洋館出版社）など。

山口大学教育学部附属山口小学校
子どもの意識を大切にした授業をもとに、二〇一八年度から文部科学省の研究開発指定を受け、「創出と受容、転移をコアにした教科融合カリキュラムに関する研究開発～『創る科』の創設を通して～」をテーマに、学びの自覚化に関する研究に取り組んでいる。

山本崇雄（やまもと　たかお）
新渡戸文化小中高等学校統括校長補佐他。公立中学校、東京都立中高一貫教育校を経て現職。複数の学校や企業に勤務し、リアル社会の視点を教育に取り入れ、生徒が自律型に育つ教育改革を実践。主著に『「なぜ『教えない授業』が学力を伸ばすのか」（日経BP社）など。

ポスト・コロナショックの授業づくり

2020（令和 2）年 9 月 18 日　初版第 1 刷発行

編　著　　奈須正裕
発行者　　錦織圭之介
発行所　　株式会社東洋館出版社
〒113-0021
東京都文京区本駒込5丁目16番7号
営業部　TEL：03-3823-9206
　　　　FAX：03-3823-9208
編集部　TEL：03-3823-9207
　　　　FAX：03-3823-9209
振　替　00180-7-96823
U R L　http://www.toyokan.co.jp

装　幀　　國枝達也
編　集　　河合麻衣
印刷・製本　岩岡印刷株式会社

ISBN978-4-491-04291-6　　Printed in Japan

ポスト・コロナショックの学校で教師が考えておきたいこと

東洋館出版社編集部 編
赤坂真二
内田　良
小川雅裕
加固希支男
川上康則
川越豊彦
喜名朝博
黒崎洋介
酒井　朗
末冨　芳
副島賢和
田村　学
津崎哲郎
土居正博
苫野一徳
中原　淳
奈須正裕
萩原　聡
初川久美子
放課後 NPO アフタースクール
堀田龍也
前馬優策
山口晃弘
山中ともえ
渡邉正樹

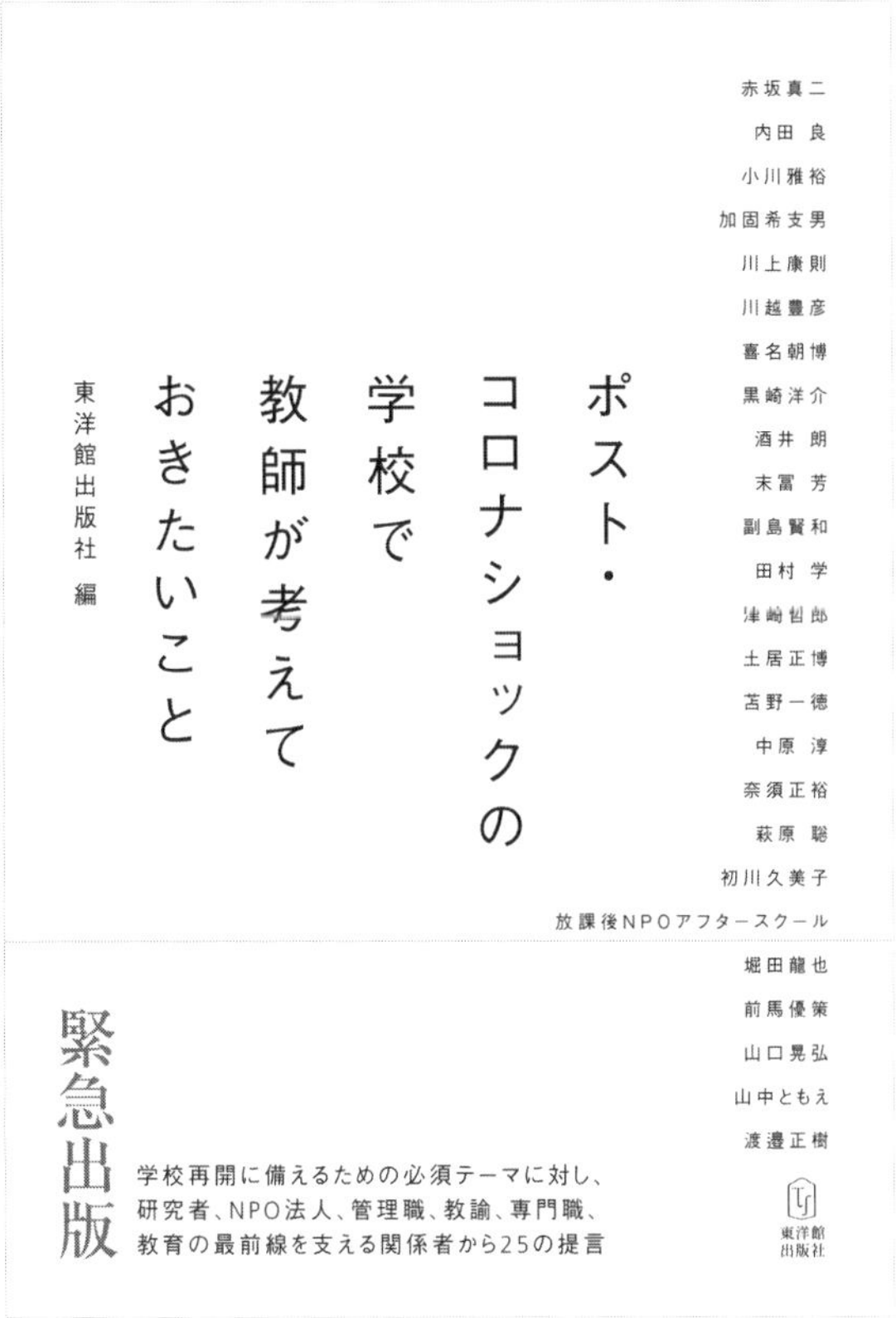

ポスト・コロナショックの学校で教師が考えておきたいこと
東洋館出版社 編
赤坂真二
内田 良
小川雅裕
加固希支男
川上康則
川越豊彦
喜名朝博
黒崎洋介
酒井 朗
末冨 芳
副島賢和
田村 学
津崎哲郎
土居正博
苫野一徳
中原 淳
奈須正裕
萩原 聡
初川久美子
放課後NPOアフタースクール
堀田龍也
前馬優策
山口晃弘
山中ともえ
渡邉正樹
緊急出版
学校再開に備えるための必須テーマに対し、研究者、NPO法人、管理職、教諭、専門職、教育の最前線を支える関係者から25の提言
東洋館出版社

文部科学省から 5 月 15 日「新型コロナウイルス感染症の影響を踏まえた学校教育活動等の実施における『学びの保障』の方向性等について（通知）」が発出されました。地域の感染状況に応じて、段階的に学校が再開されている中、学校再開及びそれ以降に備えるための一助となるよう、「ポスト・コロナショックの学校」で生じる課題と対応策について研究者、管理職、教諭、専門職、その他教育に携わる多種多様な分野の有識者の皆様、総勢 25 名の知恵を結集しました。

A5 判・本体価格 1,700 円 + 税

書籍に関するお問い合わせは東洋館出版社［営業部］まで。TEL:03-3823-9206 FAX:03-3823-9208